新时代国际中文教育的创新研究

肖　毅◎著

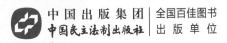

中国出版集团

中国民主法制出版社

全国百佳图书
出版单位

图书在版编目（CIP）数据

新时代国际中文教育的创新研究 / 肖毅著 . —北京：
中国民主法制出版社，2023.6

ISBN 978-7-5162-3250-7

Ⅰ.①新…　Ⅱ.①肖…　Ⅲ.①汉语－对外汉语教学－
教学研究　Ⅳ.① H195.3

中国国家版本馆 CIP 数据核字（2023）第 096266 号

图书出品人： 刘海涛

出 版 统 筹： 石　松

责 任 编 辑： 张佳彬　刘险涛

书　　　名 / 新时代国际中文教育的创新研究

作　　　者 / 肖　毅　著

出版·发行 / 中国民主法制出版社

地址 / 北京市丰台区右安门外玉林里 7 号（100069）

电话 /（010）63055259（总编室）　63058068　63057714（营销中心）

传真 /（010）63055259

http：// www.npcpub.com

E–mail：mzfz@npcpub.com

经销 / 新华书店

开本 / 16 开　787 毫米 ×1092 毫米

印张 / 12　字数 / 248 千字

版本 / 2023 年 9 月第 1 版　2023 年 9 月第 1 次印刷

印刷 / 北京荣玉印刷有限公司

书号 / ISBN 978-7-5162-3250-7

定价 / 35.00 元

出版声明 / 版权所有，侵权必究。

前　言

我国国际中文教育事业经过 70 余年的发展，已进入高质量内涵式发展的重要阶段，时代赋予国际中文教育新的历史使命。2019 年 12 月 9 日，在孔子学院创办 15 年并连续成功举办 13 届全球孔子学院大会的基础上，2019 中国国际中文教育大会在长沙举行，标志着国际中文教育进入全新发展阶段。大会围绕国际中文教育的政策、标准、师资、教材、教学方法、考试、品牌项目建设及深化中外合作等议题展开。时任国务院副总理孙春兰出席大会并发表主旨演讲，强调深化国际中文教育，让世界更加了解中国。她指出，中国在扩大开放中深度融入世界，也为各国发展带来了机遇，到中国商务合作、学习交流、旅游观光的人越来越多。语言是沟通交流的桥梁纽带，各国对学习中文的需求持续旺盛，汉语人才越来越受到欢迎。现在很多国家将中文纳入国民教育体系，在大中小学开设汉语课程，支持企业、社会组织参与中文教育，促进了中外人文交流、文明互鉴和民心相通。孙春兰强调，中国政府把推动国际中文教育作为义不容辞的责任，积极发挥汉语母语国的优势，在师资、教材、课程等方面创造条件，为各国民众学习中文提供支持。我们将遵循语言传播的国际惯例，按照相互尊重、友好协商、平等互利的原则，坚持市场化运作，支持中外高校、企业、社会组织开展国际中文教育项目和交流合作，聚焦语言主业，适应本土需求，帮助当地培养中文教育人才，完善国际中文教育标准，发挥汉语水平考试的评价导向作用，构建更加开放、包容、规范的现代国际中文教育体系。

国际中文教育学界应持"舍我其谁"的自信，勇于担当起学科建设重任，引领全球国际中文教育学科发展，为有需求的国家提供国别化汉语教育学术服务，以强有力的学术支撑为全球国际中文教育事业保驾护航。国际中文教育学界必须建立学术自信，而自信必须以强大的实力为基础。学者们应该根据中文和世界各国语言文化、教育体制等特点，开展大量广泛深入的原创性调查研究，尤其是国际中文教育的区域、国别问题研究，提出既符合国际中文教育规律又密切联系有关国家中文教育实际的理论与方法，在解决问题的过程中产出高水平原创性理论和应用成果，在服务世界各国国际中文教育需求的过程中提升自身的影响力,从而增强国际中文教育学界的学术自信。我们应努力提升学科建设水平和社会服务能力,使国际中文教育学科成为一门具有鲜明国际性、充满生机与活力、能够精准服务世界各国中文教育需求的学科。

2018年初,教育部、国家语委就中国语言的统一名称发出文件,明确要求对内尤其在民族地区,应在正式文件、正式场合中采用"国家通用语言文字"的表述;对外,建议统一称"中文",但基于目前汉语国际教育学科和专业仍然保留原有名称,故书中部分涉及学科、课程和研究生培养等的名称仍采用"汉语"。

本书一共分为六章,第一章是对国际中文教育概念、背景、发展方向和趋势的介绍;第二章分析了国际中文教育在海外的发展现状;第三章是对中文教学以及国际中文教学的分析;第四章是关于国际中文教学模式创新的研究;第五章是对"互联网+"背景下国际中文教育创新的研究;第六章是在新时代国际产能合作视野下对国际学生教育创新的研究。

本书是2023年湖南省社会科学成果评审委员会课题《高职国际学生教育产教融合平台构建研究》成果,课题批准号:XSP2023JYC104。本书由湖南大众传媒职业技术学院肖毅独自执笔完成,由于国际中文教育属于跨学科研究,所涉及的知识范围广博,鉴于研究时间和知识面限制,书中难免有疏漏之处,恳请专家、读者批评指正。

作　者

2023年4月

目 录

国际中文教育概论

第一节　国际中文教育概述

本节围绕国际中文教育的概念及相关表述，通过实践基础上的概念推演和理论思辨，尽可能在模糊的国际中文教育边界中划定出相对清晰的概念规定及概念体系，借以厘清其本质内涵，为国际中文教育研究及实践提供参考。

一、国际中文教育的概念及内涵

国际中文教育是中文作为第二语言的教育，最终目标是培养具有人文素质、国际视野、跨文化交际能力的新时代世界公民。在语言推广成为提升国家文化软实力重要战略的时代背景下，国际中文教育表述的提出避免了汉语国际推广可能引发的负面影响。这一提法和活动本身的价值不容否认，但在学界不同的理解中，国际中文教育、国际中文教学、华文教育等易使学者陷入多概念相同的误区，如何厘清其内涵，在相当程度上影响着国际中文教育的理论探讨和实践发展。

本节以国务院学位委员会《汉语国际教育硕士专业学位设置方案》中与国际中文教育相关阐释为指导，在系统梳理国际中文教育相关概念的基础上，基于概念推演和理论思辨的角度展开对国际中文教育基本内涵的分析。

（一）国际中文教育概念的提出

国际中文教育这一概念的提出既有长期的历史源流，又有特定的环境背景。明确其历史源流有助于我们了解国际中文教育从哪里来，考察其特定背景则有助于我们明确国际中文教育的现实发展情况。

国际中文教育是近年来广泛见诸高等教育领域的一个新兴概念。国际中文教育这一名称的正式使用，始于 2019 年 12 月在湖南长沙举办的国际中文教育大会。此次大会是在全球孔子学院大会连续成功举办的基础之上召开的，标志着国际中文教育进入全新发展阶段。

2020 年 6 月，中国国际中文教育基金会宣布成立，推动了国际中文教育事业的进一步发展。2021 年 3 月，新华社受权播发《中华人民共和国国民经济和社会发展第十四个五年规划和 2035 年远景目标纲要》，文件明确提出了"提升中华文化影响力""建设中文传播平台，构建中国语言文化全球传播体系和国际中文教育标准体系"。2022 年 9 月，国务院学位委员会、教育部印发了《研究生教育学科专业目录（2022 年）》《研究生教育学科专业目录管理办法》的通知，通知中专业名称使用"国际中文教育"，而不再使用"汉语国际教育"。

（二）国际中文教育及相关表述

"国际中文教育"的英文为"Teaching Chinese to Speakers of Other Languages"，在这个国务院学位委员会给定的对外名称中"teaching"对应的是"教育"一词，而非"教（教学）"，从"教（教学）"到"教育"，可见其内涵差异。自 20 世纪 80 年代以来，国际中文教育的名称和学科属性经历了"对外国际中文教学"到"汉语国际教育"，再到如今的"国际中文教育"的转变，而教学目标也经历了从"汉语语言能力"到"汉语交际能力"，再到"跨文化交际能力"的变化。[①] 国际中文教育是一个新的名称表述，对国际中文教育这一概念的理解，需要我们从其源头上加以整理，厘清与之相关的概念。

1. 国际中文教学

如前所述，"国际中文教学"难以为国外的国际中文教学活动所使用，因此，这一活动在不同国家有不同的名称表述，如美国称之为"中文教学"，日本称之为"中国语教学"。"国际中文教学"（Chinese Teaching）可以跟国内以汉语为母语的"中文教学"（对本民族中小学的汉语书面能力和汉语知识的教学，学习者可以用口头汉语交际）区别开。这个名称跟国际组织"世界汉语教学学会"及其会刊《世界汉语教学》，以及连续 9 届的"国际中文教学研讨会"名称相符，目前在一些国际场合使用较多，但是"国际中文教学"这一表述容易跟中国国内的母语教学相混淆，所以我们常常需要在前边加上"世界""国际"等词加以限制，使用其受限较多。

2. 华语（华文）教学

"华语（华文）教学"（Chinese Teaching），我国台湾称之为"华语文教学"，主要指对华裔子弟的国际中文教学。学习者虽然在国外学习汉语，没有中国国内的汉语环境，但是其周边环境中有一些人使用汉语，尽管可能不是普通话。因此，他们的学习环境既不是典型的目标语（汉语）环境，也不是典型的非目标语环境。由于血缘关系，华裔学

---

① 崔永华. 对外汉语教学的目标是培养汉语跨文化交际能力 [J]. 语言教学与研究，2020（04）：25-36.

习者跟中国有着千丝万缕的联系，学习内容既有汉语，又有大量中国传统文化知识；对非华裔的国际中文教学，学习者则没有这么多中国传统文化知识。这个名称的局限在于难以将非华裔的国际中文教学包含进去。而有一些学习者从广义上理解这个名称，认为"华语"源自"中华"，使用历史相当久远，可以用"华语教学"指称海外的国际中文教学。

3. 汉语作为第二语言的教学

"汉语作为第二语言的教学"（Teaching Chinese as a Second Language），这一名称在对外汉语的学理研究中使用极为广泛，因其使用地点、场合的普适性，无论是在国内还是国外都可以使用。这一表述的不足之处主要在于：第一，名称表述过长，音律不足够平衡，以致使用不便；第二，表述包含了对国内少数民族的汉语教学。

4. 对外汉语

一些学者认为，外国人说的汉语有自己的系统，跟我们中国人说的汉语不同。在外国人的眼里，"对外汉语"（Chinese as a Second Language）可以算是一种与中国人所说的汉语相异的独特汉语，如英语作为"对外英语"等。英语作为第二语言教学也常常被称为"English as a Second Language"，美国一些大学有"Department of English as a Second Language"，但其中并没有"教学"的字眼。北京语言大学的"对外汉语研究中心"是我国该专业唯一的教育部人文社会科学重点研究基地，因而也有一些大学的专业学院用这个名称命名，但有学者认为这个名称显示不出"教学"的特点。

5. 对外汉语教育学

一些国家把本国语言的二语教学称为"教育"。例如，日本的"国语教育"是面向国内母语者的，"日本语教育"是面向国外非母语者的。"对外汉语教育学"（Chinese Education to Foreigners）不但强调"教育"的丰富内涵，还有以"学"字提出学科研究的任务。但有学者认为，语言教学很难承担德智体美劳等综合素质的培养，尤其是面向境外的非母语者。

6. 汉语作为外语的教学

"汉语作为外语的教学"（Teaching Chinese as a Foreign Language）这一名称的使用主要基于两个原因。第一，汉语对学习者来说基本上都是外语，可以将国内少数民族的国际中文教学排除。第二，不少学者认为，"汉语作为第二语言教学"的名称不够准确。在目标语（所学语言）环境里学习的语言才叫"第二语言"，如在中国汉语环境里学习的汉语；在非目标语环境里学习的语言叫"外语"，如在外国非汉语环境里学习的汉语。目前在非目标语环境里学习汉语者占绝大多数。故此，"汉语作为外语的教学"这一提

法的不足在于未能涵盖在中国国内目标语言环境里的国际中文教学。

7. 对非母语者的国际中文教学

"对非母语者的国际中文教学"（Teaching Chinese to Speakers of Other Languages）可以涵盖"汉语作为第二语言的教学"和"汉语作为外语的教学"。国务院学位委员会有过类似的表述，而其不足之处是可能会将中国国内少数民族的汉语学习包含进来。

8. 汉语国际教育

国务院学位委员会第二十三次会议审议通过的《汉语国际教育硕士专业学位设置方案》提出："为提高我国汉语国际推广能力，加快汉语走向世界，改革和完善对外汉语教学专门人才培养体系，培养适应汉语国际推广新形势需要的国内外从事汉语作为第二语言/外语教学和传播中华文化的专门人才，决定在我国设置汉语国际教育硕士专业学位。"汉语国际教育是一门普通高等学校本科专业，属于中国语言文学类专业，主要培养具有汉语国际教育基本素养及基本技能和汉、英双语知识及实际运用能力，能在各类学校从事国际中文教学与汉语国际推广工作和在国内外相关部门与文化企业从事中外交流工作，以及相关文秘工作的双语型、跨文化、复合型、实践型专门人才。教育部中外语言交流合作中心在2007～2008年组织研制并发布的3个有关汉语国际教育的标准化文件都是以"国际汉语"开头的，即《国际汉语教师标准》《国际汉语能力标准》和《国际汉语教学通用课程大纲》。

上述每一个概念的提出都有其特定的历史背景，且在既定历史背景下具有合理性和科学性。然而，随着外部环境的变化，以及教学活动的演进和内容的更迭，这些名称也表现出了一定的不适应性。以"汉语国际教育"这一表述为例，借用北京语言大学崔希亮教授的理解："汉语国际教育"刚出现的时候指的是"对外国人进行的国际中文教学"，不管在国内还是在国外，只要是汉语作为第二语言教学都可以称之为"汉语国际教学"。[①] 因此，也有人建议把这个学科更名为"汉语作为第二语言的教学"或者"汉语作为外语的教学"。用"汉语国际教育"来指对来华留学生进行国际中文教学，就把这个名称狭义化了。不仅如此，现实中的汉语国际教学在招生对象上既有国外学生，又有国内学生，明显与"对外国人的国际中文教学"的本意有较大出入。

（三）基于现有释义的国际中文教育基本内涵分析

在通常意义上，"教育"一词被定义为一种培养人的活动，而国际中文教育被冠以"教育"之名（作为一种教育，或者说一类教育活动的总称），其也可以被定义为一种以

---

① 崔希亮. 汉语国际教育和华文教育 [J]. 世界华文教学，2019（01）：9-14.

中文教学为核心的培养人的活动。如此，我们对国际中文教育内涵的理解也就可以依照教育问题探讨的一般范式展开，系统考虑其基本概念、施教主体、受教对象、教学材料等内部各要素。

国际中文教育是国家文化软实力建设的一个有机组成部分，其从国家汉语推广战略演进而来，虽然国际中文教育的目的在于中文传播和中华文化在世界范围内的相互交流，但作为一项国家事业，这一活动本身具有明显的主、客体之分。将前述"海外"一词还原到本研究所探讨的国际中文教育主题中，因为这一动作是由中国（教育部中外语言交流合作中心/孔子学院、具备汉语国际教育资格的机构及高等学校）来发出的，故其施教主体即"中国"，所以在这里，"海外"指的是"非中国区域"。依此类推，国际中文教育定义中的"面向海外"就等同于"面向世界范围内的非中国区域"。进一步看，国际中文教育中"海外"一词是用来修饰"母语非汉语者"的，其展开的全部含义为"海外的母语非汉语者"，即它是"面向非中国区域的母语非汉语者（有别于国内的双语教学）"，而不包括"中国区域内的母语非汉语者"[①]。

基于上文对国际中文教育现有释义的展开理解，围绕"动作发出主体（施教主体）、动作发生地、动作指向对象（受教主体）、教学材料"四个维度，可对国际中文教育的现有释义作相应理解（图1-1）。

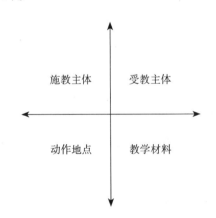

施教主体　　受教主体

动作地点　　教学材料

图 1-1　基于国际中文教育内涵展开的基本维度示意图

第一个维度，国际中文教育的动作发出主体（施教主体）是谁？因为国际中文教育是面向海外母语非汉语者进行的，这一动作的发出主体是国际中文教学资源的持有者，是国际中文教育活动的设计者、组织者、实施者。从宏观讲，国际中文教育是一项国家事业，其设计者、组织者、实施者是"国家（中国）"；从微观讲，国际中文教育是一种中文的教学，其设计者、组织者、实施者是课堂上的中文教师（汉语掌握者）。而本研究

---

① 李睿，冷冰雪，王锐．跨文化视域下汉语国际教育研究 [M]．哈尔滨：哈尔滨出版社，2020：1-3.

以探讨高等教育领域内的国际中文教育为主，故其国际中文教育的设计者、组织者、实施者更多应从教育组织实体方面来加以理解，如高等学校、孔子学院（孔子课堂）及其他正规的中文教学组织等。

第二个维度，国际中文教育的动作发生地在哪儿？国际中文教育强调对海外的母语非中文者进行，并未对动作发生地做特别规定。故国际中文教育的动作发生地既可以是中国，也可以是非中国的地域，即只要是面向海外母语非中文者进行的中文教学，无论动作发生地是否在中国，其都属于国际中文教育。从这个意义上看，无论是把外国人"请进来"学习中文，还是主动"走出去"教外国人学习中文，都属于国际中文教育。

第三个维度，国际中文教育的动作指向对象是谁？国际中文教育针对海外母语非中文者进行，顾名思义，其动作指向对象是非中国国籍的母语非中文人群。结合现实来看，国务院学位委员会关于《汉语国际教育硕士专业学位设置方案》中做出"海外母语非汉语者"的释义，主要是为了同国内对少数民族所进行的双语教学区分开来。

第四个维度，国际中文教育这一活动的教学材料是什么？国际中文教育强调"中文教学"，教学材料无疑就是"中文"，语言文字作为文化的载体，是实现文化教育和文化传递的手段。深入来看，国际中文教育的教学材料不单纯是汉语，还包含丰富的中华文化。

综合对以上四个维度的分析及理解，我们可将国际中文教育理解为一种特殊的教学活动，其以中文教学组织实施者为施教主体，以海外母语非汉语者为受教主体，以中文为基本内容。

（四）关于国际中文教育内涵理解的其他问题

在对国际中文教育基本内涵分析的基础上，下面从国际中文教育与汉语国际教育硕士专业学位教育的关系比较、国际中文教育与对外汉语专业教育的关系、国际中文教育与来华留学生教育的相关性几个方面，就国际中文教育内涵理解的一些其他问题展开讨论，以进一步深化我们对国际中文教育的理解。

1. 国际中文教育与汉语国际教育硕士专业学位教育的相关性分析

对国际中文教育与汉语国际教育硕士专业学位教育两者相关性的认识，有助于我们深化对国际中文教育内涵的理解，更为理性地对待汉语国际教育硕士专业学位教育实践。

《汉语国际教育硕士专业学位设置方案》明确提出：汉语国际教育硕士专业学位教育以培养"适应汉语国际推广工作、胜任多种国际中文教学任务的高层次、应用型、复合型专业教学人才"为目标。学位获得者应具有熟练的汉语作为第二语言教学的技能和

良好的跨文化交际能力。在招生对象及入学考试上，汉语国际教育硕士专业学位教育的招生对象一般为学士学位获得者，具体包括以下三种类型：①大学本科应届毕业生；②具有学士学位或同等学力有志于从事汉语国际推广工作的人员；③海外具有同等资质的汉语教师或专业人员。在入学考试上，汉语国际教育硕士专业学位教育入学考试采用全国统考或联考、笔试与面试相结合的办法，着重考核学生的综合素质、专业能力和专业基础知识。在培养方式上，汉语国际教育硕士专业学位教育采取指导教师负责制或导师指导与集体培养相结合的方式。课程学习与对外汉语教学实践紧密结合，学生在导师的指导下参加国内或国外的汉语教学或辅助教学工作，以加强教学实践能力的培养。在组织与实施上，汉语国际教育硕士专业学位由国务院学位委员会办公室、教育部学位管理与研究生教育司会同国家汉语国际推广领导小组办公室统筹各方面的力量，根据国务院办公厅转发的《关于加强汉语国际推广工作的若干意见》提出的汉语国际推广总体目标、发展规划以及海内外市场需求，制订汉语国际教育硕士专业学位培养计划，做好汉语国际教育硕士专业学位的组织、宣传、招生等工作。在汉语国际教育硕士培养，教学实习、就业等方面提供政策支持，并按教育部颁布的《汉语作为外语教学能力认定办法》（教育部令第 19 号）为毕业生颁发汉语作为外语教学能力证书（高级），现在称为国际汉语教师资格证书。此外，为保障汉语国际教育硕士专业学位教育质量，国务院学位委员会、教育部决定成立全国汉语国际教育硕士专业学位教育指导委员会，负责制定《汉语国际教育硕士专业学位指导性培养方案》和教学大纲，编写或推荐教材和参考用书，加强招生、培养、学位授予和质量评估等各环节的指导、管理与监督。

就前述的国际中文教育内涵理解而言，汉语国际教育硕士专业学位教育不能算是完全意义上的国际中文教育，虽然其动作发出主体、动作发生地符合国际中文教育的质性规定，但其动作指向对象明显与国际中文教育不完全相符。汉语国际教育硕士专业学位教育的动作指向对象实质就是招生对象。汉语国际教育硕士专业学位教育的招生对象一般为学士学位获得者，具体包括上文提到的三类，针对这三类对象，就当前国内汉语国际教育硕士专业学位教育的实际情形来看，其受教育的对象多为中国国籍的人群，且其母语亦为汉语。以此来看，当前所说的汉语国际教育硕士专业学位教育不属于完全意义上的国际中文教育。当然，汉语国际教育硕士专业学位教育也招收一定数量的外国学生，按前述的国际中文教育内涵理解，其理应被归于国际中文教育中。可见，汉语国际教育硕士专业学位教育的受教主体并不一定完全符合国际中文教育的要求，只有当受教主体是那些以非汉语为母语（且非中国国籍）的人时，才能被称为国际中文教育。故基于前述的国际中文教育内涵理解，汉语国际教育硕士专业学位教育并不是真正意义上的国际中文教育，而是国际中文教育师资培养的一种手段（图 1-2 ）。

图1-2　国际中文教育与汉语国际教育硕士专业学位教育关系示意图

2. 国际中文教育与对外汉语专业教育的相关性分析

对外汉语教育是指对外国人的国际中文教学，它也包括了对母语非汉语的海外华裔进行的国际中文教学。现阶段，对外汉语专业教育在国际中文推广体系中占有极为重要的地位。对外汉语专业教育的类型、层次是多元的，现将其做如下比较。

首先，从施教主体上看，国际中文教育和对外汉语专业教育，其施教主体都是国际中文教学的组织实施者。但具体来看，国际中文教育通过多种不同载体，以中文培训、中文学习和中华文化传播为主，对教学形式、教学层次的要求相对宽松；而对外汉语专业教育则长期在高等学校中存在，更多的属于有组织的正规学校教育，在教学内容、教学层次、修业年限、修业水平方面有相对严格的规定。从受教主体上看，国际中文教育的受教主体是海外母语非汉语者，对外汉语专业教育的受教主体更多的是那些有志于面向外国人从事国际中文教学的中国人（不排除其中有少数的非中国国籍的母语非汉语者）。从名称确立的时间和背景上看，国际中文教育这一名称最早可追溯至2007年，是在我国语言文化推广战略实施的背景下提出的，而对外汉语的表述则在20世纪就已出现，是在改革开放后我国来华留学生教育事业不断恢复和发展的背景下提出的。

因此，汉语国际教育专业教育和国际中文教育两者既有联系，又有差别（图1-3）。

图1-3　国际中文教育与对汉语国际教育的关系示意图

3. 国际中文教育与来华留学生教育的相关性分析

来华留学生教育，简言之就是对来华的非中国国籍的留学生进行的教育。其有学历教育、非学历教育等不同的形式分类。在不同的形式下，其教学内容也不相同，对于非学历教育的学生而言，其教学内容更多集中在中文学习上；而对于学历教育的来华留学生教育而言，其教学内容更多的是一种专业学习，如管理科学与工程专业的学习、临床医学专业的学习等。

从施教主体、受教主体、学习内容等方面展开，可将国际中文教育与来华留学生教育做如下对比。从施教主体来看，国际中文教育的施教主体为中文教学的组织实施者，而来华留学生教育的施教主体则并不一定是中文教学的组织实施者，尤其在学历教育层次的来华留学生教育中，除那些专门攻读中文等专业的学历教育生外，其施教主体更多的是某一相关知识领域的教学组织实施者；从受教主体来看，国际中文教育和来华留学生教育的受教主体是相同的；从教学内容来看，学历教育中的中文或汉语言等专业教育的教学内容和国际中文教育相同，而学历教育中的其他专业教育的教学内容则与国际中文教育不尽相同。因此，从总体上看，来华留学生教育和国际中文教育存在一定的差异，除来华留学生教育中的国际中文教学部分外，其余的来华留学生教育与国际中文教育是不同的（图1-4）。

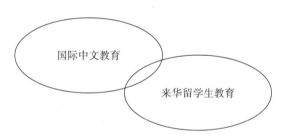

图1-4　国际中文教育与来华留学生教育的关系示意图

二、国际中文教育的特征

国际中文教育的特征是国际中文教育区别于其他各类教学活动的显著标志和不同点。下面主要从国际中文教育对象的特殊性、教育内容的丰富性、教育形式的多样性、教育层次的丰富性，以及教育属性的多元性等五个方面，展开对国际中文教育特征的探讨。

（一）教育对象的特殊性

国际中文教育针对海外母语非中文者进行，在一般情况下，相对于中国而言，其学习对象是外国人，与我们通常所说的其他教育存在明显差别。这一方面与国家发展国际中文教育的目的有关，另一方面也体现了国际中文教育"走出去"以推广中华文化、传播中华文明的价值导向。国际中文教育对象的特殊性特征正是由此产生的。不仅如此，具体到高等学校的一个班级、孔子学院的一个班级的国际中文教育来看，其受教主体在一个班上的年龄差异、学习动机差异、原有的知识水平差异、学习心理差异等也普遍存在。例如，有的学习者可能是小学生，他们没有中文学习的基础，因喜欢中文而接受国际中文教育；有的学习者可能是跨国企业或国际商贸领域的从业者，他们有一定的中文基础，出于提升中文交际能力的需求前来学习；有的学习者则可能是中华文化研究者，因对中华文化感兴趣而接受国际中文教育。可见，从总体上看，与我们一般所说的某一类教育相比，国际中文教育在受教主体上，既有国籍、母语等方面的特殊性，也有年龄跨度、从业领域等方面的特殊性。

（二）教育内容的丰富性

国际中文教育并不是简单的"教中文"，而是借助语言这一文化载体，传播中华文明。从深层看，国际中文教育其实是汉语（文）国际教育，是一种文化的传播，所以国际中文教育在内容上不仅仅是语言（以及构成语言的文字）的基本的听、说、读、写，还包括传统中华文化的书法艺术、剪纸艺术、戏曲表演、历史常识、文化简史等。不仅如此，从广义上看，国际中文教育还包含对外汉语人才培养、中文国际教育师资养成等教育方向，这些国际中文教育既有专业知识的教育，也有专业教学的教育，包括国际中文教育教学方法训练、教学内容选择、教学组织实践、教学模式改进等多方面的教育内容。

（三）教育形式的多样性

国际中文教育为学习者提供了多样的教学内容选择，使那些不同年龄层次、不同学历水平、不同学习需求的人都能在其中找到自己所需的学习内容。在丰富的教育内容背后，是国际中文教育形式的多样性。例如，远程教育形式的国际中文教育使学习者可以抛开时间、空间的限制，依靠现代信息传播技术完成中文学习；机构培训的国际中文教育使学习者可以在正规学校教育之外，自由灵活地选择进入不同的中文学习群体进行中文学习；此外，还有正规的有组织的高校国际中文教育（如来华留学生国际中文教学、国际中文教学专业人才培养等）、孔子学院（孔子课堂）组织实施的国际中文教育等多种不同的形式。

（四）教育层次的丰富性

汉语及其承载的中华文化是国际中文教育的核心内容。而无论是构成语言的字、词、句，还是由语言所组成的文章，乃至语言自身所承载的语言艺术、历史巨著、书法艺术等都是文化的重要组成部分。在国际中文教育的过程中，不同的学习者在学习心理、学习动机、知识背景方面均有差异，故其选择的学习内容也就有差异，而不同的教学内容，其学习层次又是不同的，如非学历教育的国际中文教育、小学阶段的国际中文教育、中学阶段的国际中文教育、本科阶段的国际中文教育、研究生阶段的国际中文教育等。

（五）教育属性的多元性

单就字面而言，国际中文教育无非就是将中文扩展到国际范围内来进行，然而将其置于国家实施汉语国际推广的战略背景下，还原这一提法的本意，国际中文教育无疑具有"国家事业"的意义；而从实践层面看，国际中文教育无疑还具有"教学"的含义；国际中文教育若要走向深入发展，专业化、学科化将是其不容回避的路径选择。所以说，国际中文教育还具有"学科"（或未能上升到学科，属于具体人才培养单位的专业，属于一个特定的研究领域）的含义（图1-5）。

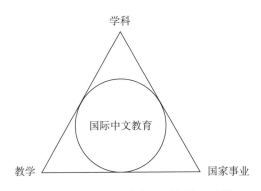

图1-5　国际中文教育多元属性理解示意图

1. 教学

国际中文教育的本意是指"以中文为基础，针对海外母语非中文者的中文教学"。在一般意义上，教学是"教师将知识、技能传授给学生的过程"。从大的方面看，教学过程涉及总体设计、教材编写、教学实施和考试评价四个内容。国际中文教育作为一种以中文为基础的教学活动，归根结底就是要根据教学活动自身的特点和规律，做好国际中文教育（作为一种具体的语言教学活动）的总体设计，即明确国际中文教育这一语言教学活动的教学目标、教学内容、教学组织形式，明确国际中文教育的教材编写和选用，以讲授法、活动法等不同的教学方法展开国际中文教育的教学工作；对一定时期、一定组织内的国际中文教育的教学效果进行评价，尤其是对学生学习效果的评价等。以此展开，就需要明确国际中文教育的类型、层次、组织形式，进而对不同类型、层次、组织形式的国际中文教育确定不同的总体设计，编写或选用不同的教材，进行不同的教学实施、不同的考试评价等。例如，对于高等学校的来华留学生教育，可以依据其学历教育或者非学历教育的语言培训划定不同的培养目标，确定不同的修业水平和修业年限；对于孔子学院或者孔子课堂一类的国际中文教育，又理应依据不同国家的具体情况在修业年限、教材选用、教学实施方面做出因地制宜的调整；等等。

从当前的国际中文教育教学实践看，不仅有中文培训教学——短期的中文识字、汉语言应用教学、中文预备教学，还有汉语言的本科教学——高等学校的汉语文专业教育以及汉语言专业下多种方向的教学；不仅有一般的进修学习，还有强化教学；不仅有一般的中文教学，还有职业中文教学，如商务中文、旅游中文、医学中文等；不仅有低层次的中文学习，还有高层次的中文研究；不但有班级授课制的国际中文教育，还有一对一的中文教学辅导；等等。

2. 学科

学科简单来说就是学术的分类。与此同时，学科还有教学、科研等功能单位，是对高校人才培养、教师教学、科研业务隶属范围的相对界定的理解。在一般意义上，成为高等学校的一个学科的基本标志是：①有独立的名称；②有专门的研究领域；③在高等学校开设专业培养人才；④有专门的研究人员和理论基础。就国际中文教育的学科属性来看，虽然其起步较晚，但在 1993 年国家教委颁布的专业目录中，"对外汉语"被列为"中国语言文学类"下正式的本科专业。从实际情况看，国际中文教育在一些基本问题的认识上、在学科体系和理论框架构的建上还有诸多尚待深入的地方。

作为一个学科，对外国际中文教学不但包括教学，而且包括和教学密切相关的理论研究和系统研究。这种研究的内容不应仅仅是教学中出现的大大小小的各种现象，而应该侧重对外国际中文教学中的一般原则、方法和规律。国际中文教育在一定程度上是由对外国际中文教学发展而来的，在很大程度上以高等教育领地内的专门知识分类而展开。在现有认识下，学界将对外国际中文教学的基础学科确定为语言学、心理学及教育学，并以语言学理论、心理学理论和教育学理论作为对外国际中文教学的基本理论。在这种理解下，围绕国际中文教育和对外国际中文教学的关系以及国际中文教育固有的特殊性展开，国际中文教育的学科基础除语言学、心理学、教育学之外，理应还包括传播学、跨文化交际学、神经生理学等内容。第一，国际中文教育虽然以传播中国文化、发扬中华文明为核心，但其载体仍旧是汉语这一基本语言；第二，国际中文教育从宏观看是达成国家国际中文教育推广战略的具体手段，是一种文化的传播和输出，因此，还涉及传播学的内容；第三，国际中文教育从微观看是一种语言教学，涉及教学心理、教师心理、学生心理、学习心理、文化心理等诸多内容，因此，国际中文教育还涉及教育学、心理学的内容。语言学重点研究"教什么""如何学""怎么教"这三个问题，以及这三者之间的相互关系。

事实上，学科和教学既有区别，又有密切联系。通过系统研究，我们才能认清应该对学习者教什么，了解学习者按什么顺序习得语言项目，用什么策略学习语言知识、掌握交际技能，明白用什么教学方法、教学顺序、教学手段才能取得最好的教学效果。只有这些研究有了阶段性成果，才可能促使教学有阶段性的发展。早期的国际中文教学没有意识到"教什么""如何学""怎么教"的重要性，对此也没有研究，将一些对母语为汉语者的教学内容放到对母语为非汉语者的教学中，或把语言本体研究中语言项目的次序直接搬到对外汉语教字中，这些做法都不利于教学的顺利进行。

3. 事业

国际中文教育除具有教学、学科的基本属性之外，还是一项国家和民族的事业，是一项国家的汉语国际推广事业。《国务院批转教育部国家教育事业发展"十一五"规划纲要的通知》中提到"加强汉语国际推广工作。完善汉语国际推广的统筹协调机构，加快建设汉语国际推广基地和网络平台。加快推进孔子学院建设，规范管理、提高教学质量。适应多样化的需求，加强汉语国际推广教材的开发和应用，做好汉语国际推广教师的培训和选拔工作，改进汉语水平考试及其管理模式。加强汉语国际推广的研究工作"。有关部门采取了一系列措施推广国际中文，如：商务部负责组织实施在我国出口商品上增加汉字标签和说明，在调研基础上抓紧确定有关出口商品范围和重点出口企业，利用援外经费支持中文国际推广工作，国家广电总局负责指导 CCTV-4、CCTV-9 等频道在现有中文教学系列节目时段和内容上进一步优化服务，指导国际广播电台充分发挥其播出语种多、覆盖面广等优势，增加和提高汉语节目播出的数量和质量，利用分布于世界各国的 3600 个听众俱乐部，开展汉语教学和考试。可见，我们今天所说的国际中文教育，其在概念的源头上并不仅仅限于我们一般意义上所说的教育，而是一项集政治性和策略性于一体的国家事业。

三、国际中文教育与汉语国际推广

汉语国际推广作为国家大外交战略的一个组成部分，其发展目标是实现三大转变：一是从国际中文教学向全方位汉语国际推广转变；二是从"请进来"学中文向同时加大中文"走出去"力度转变；三是从专业国际中文教学向大众化、普及型、应用型教学转变。可见，这一概念的提出并非为世界范围内的中文教学找一个共通的概念，而是在于探寻一种与"请进来"相结合的以"走出去"为主的国际中文教学模式，服务于国家汉语国际推广战略。从这个意义上看，国际中文教学不应该被看作是取代对外国际中文教学的高级阶段，而应该看作是对外国际中文教学的一种延伸。国际中文教育与对外国际中文教学是同一个体系的两个方面，具有多样化、多层次、普及性的教学形式特征。

从 2004 年起，随着国家相关政策的调整，国际中文教学开始向汉语国际推广转型，孔子学院在世界范围内遍地开花。截至 2020 年 12 月，全球已有 70 多个国家将中文纳入国民教育体系，4000 多所国外大学开设了中文课程，2500 万人将汉语作为第二语言进行学习，参加汉语水平考试的人数累计超过 560 万，参加各类中文测试的人数累计 3800 万，学习和使用中文的人数已接近 2 亿。海外汉语教育总体呈现出迅速发展的态势，"国际中文教学"这一说法越来越不能适应国际中文教学发展的需要，"汉语国际传播""汉语国际教育""国际中文教学"等说法被越来越多的人认可并使用。尤其，2007 年我国开始设置汉语国际教育硕士专业学位，2012 年将原有的"对外汉语"本科专业更名为"汉语国际教育"本科专业，从学科定名的变化也可以发现，"国际中文教学"的说法正在被逐渐淡化，"国际中文教育"正逐渐取代它成为涵盖国内和国外中文教学的名称。而且"国际中文教育"的内涵和外延比之更加丰富，不仅包括国际范围内的中文教学，而且包括中文教学的研究、中文教师的培养、中文教材的开发、中国文化在世界范围内的传播等。随着汉语国际推广事业的进一步发展，国际中文教育的内涵将会更加深刻，外延将会更加广博。

国际中文教育既是一门学科，又是一项事业。作为一门学科的国际中文教育正在往越来越成熟的方向发展，从学科定位到培养目标再到课程设置都非常清晰，培养了一批又一批优秀的国际中文教师和国际中文教育研究人员，为中文的国际推广输送了大量人才，加快了中文国际传播的步伐。国际中文教育作为一项事业，经过多年的发展取得的成就也有目共睹。海外汉语学习需求不断增加，无论是来华留学生还是海外学习者的人数都保持稳步增长的势头，针对华人华侨的中文教育也开展得丰富多彩、如火如荼。教育部中外语言交流合作中心每年选派的中文教师志愿者的规模不断扩大，各国本土中文教师队伍也在不断壮大。中文教材和教学资源日益丰富、多元，可以满足不同语种、不同层次以及不同阶段汉语学习者的需求。中文国际传播的媒介和渠道不断拓宽，网络孔子学院、广播孔子学院、电视孔子学院等的成立，为世界各地的中文学习者提供丰富的中文课程和中文学习资源，方便学习者随时随地学习中文。国际中文教育领域的研究也日趋成熟、深入，其研究成果层出不穷，日渐成为一个独立的学术研究领域。

在语言推广成为提升国家文化软实力的时代背景下，国际中文教育的概念避免了汉语国际推广可能引发的负面影响，这一提法和活动本身的价值是不容否认的，但因现有定义解释的非明确性在学界见仁见智的理解中，或明显不属于国际中文教育的活动被纳入国际中文教育，或与国际中文教育完全等同的内容被排除在外，典型的如国际中文教学、国际中文教育、中文教育等概念的混用，不仅有碍国际中文教育的学理探讨，还在一定程度上影响着国际中文教育的实践。

国际中文教育就其本质来说，也是一种主动性的推广行为。中文如今在国际上的地位与日俱增，要快速实现国际传播，我们仅仅在语言教学的进程中想到教育学如何、应用语言学如何是远远不够的，需要更多地考虑市场的开发，也就是必须创造性地研究如何尽可能地动员从政府到社会的各种力量，在充分研究目标"传播"人群的接受心理与需求的基础上，主动地"推广"。只是这一"汉语国际推广"的联想意义不如"国际中文教育"和"国际中文传播"那么积极、平和。因此，在技术上应该是努力"推广"，而在口号上，却应该淡化"推广"。任何"推广"都是"传播"，因此以"传播"为核心概念，以"传播学"为理论基础，便构成了"国际中文教育"研究的宏观理论分析框架。

国际中文教育不仅是教育行为和教学行为，而且是"国际传播"行为。因此，需要以"传播"为核心概念，有效地构建出一个宏观的分析框架，以能够真正地既充分注意到中国未来的地位和中文的既有国际地位，又注意到世界各国对国际中文教育的接受态度及其政策条件，有效地把握国际中文教育的宏观模式，为落实国际中文教育提供切实可行的建议。然而，以孔子学院为领头羊的国际中文教育经过多年令人惊叹的迅猛发展，在全世界掀起"汉语热"的同时，各种质疑的声音接踵而至，甚至接连出现关闭孔子学院的事情。因此，我们十分有必要反思和调整汉语国际推广的策略，积极应对和化解国际社会对我国国际中文教育的质疑和偏见。今天，国际中文教育发展的重点不应该继续放在追求数量和速度上，而应该放到更加注重"质"的内涵式转型和调整上，确保中文和中华文化的有效传播，提升中文和中华文化在国际上的受好感度和实际影响力。

综上所述，国际中文教育是面向海外母语非中文者的中文教学活动的总称，其动作主体是中国，动作发生地点可以是任意区域，动作指向对象是母语非中文者（不以国籍为限）。在国际中文教育实践中，个人不能代表国家作为施教主体发起国际中文教育，但是可以获得国家的国际中文教育教师资格授权，从事国际中文教育的教学工作。只要满足了国际中文教育施教主体、受教主体、教学材料的要求，就可以以任何形式进行教学，无论是远程教育、函授教育、一对一中文培训，还是高等学校集中办学，或者是孔子学院和孔子课堂的模式，无论是低层次的中文培训、语言学习，还是较高层次的中文研究，都是国际中文教育的有机组成部分。

第二节　国际中文教育的背景

教育是永恒的，与人类历史发展相伴相生，并随着人类历史的发展而发展。与此不同，国际中文教育则是历史的。国际中文教育并非从来就有，其伴随着人类多元文明的交互发展而产生、演进，在新的时代下，经济全球化的国际形势促进了国际中文教育发展的现实需求。国际中文教育作为一类教育活动，其存在、发展与外部社会环境（宏观背景）高度依存，国际中文教育过去的历史、现在的发展、未来的走向均与此密切相关。

一、国际中文教育的发展历程

国际中文教育一方面与来华留学生教育、国际中文教学、中文作为第二语言的教学等活动一脉相承；另一方面，国际中文教育的提出具有丰富的内涵和广阔的发展路径。国际中文教育作为国际中文教学适应新形势的一种重要发展概念，有效促进了我国语言文化传播事业的发展。如果说在国际中文教育概念被提出之前，我国的语言文化传播事业仅以来华留学生的中文教学为载体，那么在国际中文教育出现之后，我国的语言文化传播事业则呈现"内外相济，多元并举"的局面。在国内，国际中文教学不断辐射来华留学生群体，成为一种以国内为主阵地，以来华留学生中文教学（更多强调来华留学生的学历性中文教学和非学历性中文教学）为主的"请进来"的中文国际传播；在国外，国际中文教育综合面向全世界，成为一种辐射全球的，以海外母语非中文者为教育对象的以"走出去"为主的中文国际传播。此外，随着国际中文教育推广事业教育性、专业性和实效性的提升，国际中文教学人才培养也逐步拓展为国际中文教育的一个新体系。

（一）国际中文教育的阶段

国际中文教育的发展历程分为前国际中文教育阶段和国际中文教育阶段。前一阶段处于摸索阶段，在有限的区域内围绕国际中文教学展开，主要是通过"请进来"教外国人学习中文，输出中华文化和传播中华文明。后一阶段呈现了以"走出去"的中文教学为主的局面，在全球以吸引与输出相结合的方式铺开以进行国际中文教育。

1. 前国际中文教育阶段

中文是世界上最古老的语言之一，有着悠久的国际传播历史。从秦、汉开始，中文就开始了向外传播，并逐步在东亚和东南亚地区形成了一个"汉字文化圈"，主要包括中国、朝鲜半岛、日本和东南亚的越南。

汉字在朝鲜半岛、日本、越南的传播大致可以分为三个阶段。第一阶段——用汉字记录本民族语言。第二阶段——满足记录本民族语言的需要。这一阶段，汉字的作用在一定程度上被改变，一些特殊的、有别于传统汉字的新汉字被创造，如越南的"喃字"、日本的"国字"。第三阶段——依照中文特点创造本民族文字。例如，日本在相当于我国的唐朝时期，在汉字楷书基础上设计出供本国使用的"片假名"，随后又在汉字草书的基础上设计出"平假名"。朝鲜在1443年，由其世宗大王仿照汉字结构，设计出朝鲜文字，但创立后仅下层人士、妇女使用，官方、知识界仍用汉字和中文书面语。直到

1919 年，当地爆发了"三一运动"，文化上倡导"言文一致"，提倡使用本国文字，汉字的地位逐步下降。越南在 17 世纪之前普遍使用汉字，其现在使用的越南文是在 17 世纪后由葡萄牙、西班牙、法国等国到越南的传教士创造并逐步演进而成的。

日语、中文、越南语等语言中均存在大量（约 60%）的中文借词（虽然现在越南已经不使用汉字了）。在日本，当今的日语还有超过 2131 个汉字借字和若干人名用字；日本现在每年还举办汉字鉴定考试，受测人数已超过 200 万；日本有超过 800 万部手机具有传输汉字短信的功能；日本计算机公司生产的汉字字库、字体有 1900 余款；一些小学仍旧提倡诵读《论语》。在韩国，当今仍有大约 1800 个汉字在使用。

总体而言，自秦汉以来，中国的对外汉语传播就从未中断过。其中，尤以唐宋及明清时期为盛。唐代，中国的经济空前繁荣，绚丽多彩的文化吸引了周边国家许多友好人士前来学习，留学生教育（当时被称为遣唐留学生，也被称为遣唐使）成为当时中文传播的重要手段，典型的如日本的阿倍仲麻吕等。宋代，周边国家的人对中文学习倾注了很大热情，推行了一系列富有成效的措施，促进了中文与中国文化的传播。尤其是在活字印刷术发明以后，汉文典籍外传的效率提高、规模扩大，典型的如 1246 年，宋僧道隆应日僧的邀请，率弟子数人东渡日本，创建建长寺，宣扬禅风等。及至明清时期，我国与周边国家的民间交往日益频繁、深入，加上西方传教的需要，中文国际传播的速度不断加快，同时还出现了一批很有影响的中文学习教材。例如，《老乞大》《朴通事》《训世评话》等是明代初期朝鲜人学习中文口语的教材，《官话指南》《燕京妇语》是日本人在北京工作和生活所用的中文口语教材，《语言自迩集》等是欧洲人编写的适合西方人学习中文的教材。

在此之后，饱受鸦片战争、甲午战争之苦的中国逐步沦为半殖民地半封建社会国家，虽然在文化上、政治上、经济上与西方的交互越来越多，但中国往往处于弱势一方，大多不具有对等性。尤其是在中国进入新民主主义革命后及至中华人民共和国成立的相当长的一段时期内，中国主动的中文传播几近停滞。

中华人民共和国成立后，1951 年，清华大学开办"东欧交换生中国语文专修班"，开始接收中华人民共和国第一批外国留学生并对他们进行中文教学，中国的中文传播事业重新拉开了序幕。

1952 年，我国向海外派遣了第一批中文教师，朱德熙先生等人被派往保加利亚等国任教，执行政府间的协议，成为向国外推广中文教学的第一批使者。为适应国际中文教学事业的不断发展，1962 年国务院批准成立了"外国留学生高等预备学校"，1964 年定名为"北京语言学院"，这是我国第一所以国际中文教学为主要任务的高校。

1971 年，我国恢复了联合国合法席位，40 多个国家要求向我国派遣留学生，国内高校陆续恢复招生。在这种形势下，北京语言学院于 1972 年复校，接着，全国各省区高等学校陆续恢复招收来华留学生。

教学规模的扩大和本科教学的创建，使得设立一门专为外国留学生中文教学服务的学科成为当务之急。1982 年 4 月，国内 21 家教学单位在北京语言学院举行"对外汉语教学学会"第一届筹备会，"对外汉语教学"的提议得到一致肯定，会议一致同意学会的名称叫作"中国教育学会对外汉语教学研究会"，后来研究会提升为一级学会的时候，就顺理成章地叫作"中国对外汉语教学学会"。为了便于国际交流，学会的英语译名被定为"All China Association for Teaching Chinese as a Foreign Language"。

1987 年 7 月，"国家对外汉语教学领导小组"成立，并设立常设办事机构——中国国家对外汉语教学领导小组办公室（后改称"中国国家汉语国际推广领导小组办公室"，简称教育部中外语言交流合作中心）。

1991 年，汉语水平考试（HSK）正式实施，迄今为止，全世界共有 40 余万人参加了考试。

2002 年 8 月，教育部中外语言交流合作中心举办首届"汉语桥"世界大学生中文比赛。此后，"汉语桥"世界大学生中文比赛成为每年一次的惯例比赛。

总的来说，在上述中文传播及发展历程中（前汉语国际教育阶段），整个中文教学活动可以说是相对被动的，所做的工作更多限于接待好来华的各类学习人员（尤其是语言上的交流与互通）。在这个过程中，外国人是学习中文的主动者，国家语言文化的推广主要是通过"请进来"教外国人学习中文，输出中华文化和传播中华文明。但必须看到，我们今天所说的国际中文教育也正是通过各历史时期中文传播发展积累起来的，他们之间有着无法割裂的历史联系，没有历史上中文传播的积累及当今时代发展需求，就不可能形成今天的国际中文教育时期，故此，我们把上述阶段称为前国际中文教育阶段。

2. 国际中文教育阶段

20 世纪末，尤其是 21 世纪以来，以计算机、电子信息技术为主导的信息科技革命席卷全球，全球化的交往呈现出前所未有的趋势，使中文的跨文化、跨国界交往成为一种可能，更成为一种必要；另一方面，随着中国经济发展水平的提升，对外经济交往和贸易活动逐年大幅度提升，中文也自然成为国与国之间交往、经济贸易往来、文化交流传播必不可少的沟通工具。此外，随着中国经济的持续发展和世界文化的加速融合，中文及其所承载的东方文化越来越引人注目，全球中文学习者人数持续增加，在世界范围内推广中文教学，介绍中华文化，让更多的人以更快捷的方式掌握中文，成为全球化时代中文国际传播的趋势。

进入 21 世纪后，过去那种单纯"请进来"的中文推广战略已经不再适应形势需要，为适应经济全球化和我国加速融入世界的需要，"请进来"与"走出去"的结合无疑成为"加快汉语国际推广，提升我国文化影响力和软实力"的必然选择。

2004年4月15日，教育部正式启动"国际汉语教师中国志愿者计划"，选拔培训合格的志愿者教师赴海外从事全职国际中文教学工作，以图解决全球国际中文教师紧缺问题。外派中文志愿者教师活动标志着中文教育的"主战场"由国内转向国外，中文教学在实质上进入了国际中文教育时代。

2004年，国务院批准了国家对外汉语教学领导小组制定的国际中文教学事业2003～2007年发展规划——"汉语桥"工程，明确提出将"集成、创新、跨越"作为国际中文教学和汉语国际推广工作的发展战略。

2004年11月21日，全球第一家孔子学院在韩国首尔成立。2005年2月18日，欧洲首个孔子学院——北欧斯德哥尔摩孔子学院在斯德哥尔摩大学中文系挂牌成立。2005年3月7日，美国的第一所孔子学院——马里兰大学孔子学院挂牌成立。

2005年7月，首届世界汉语大会在北京举行，来自五大洲66个国家的300多位代表出席了这次大会。这次大会既是一次汉语国际推广的动员大会，同时也是一次汉语国际推广的宣传大会。对内，这是一次汉语国际推广的动员大会，对外，实际上是一次汉语国际推广的宣传大会。此次大会之后，国内的国际中文教育力量被动员起来，国外的国际中文教育的热情得到了进一步提升，汉语国际推广工作由此进入高速发展阶段。

2006年，对外汉语教学向国际中文教学的转变得到教育部中外语言交流合作中心等有关部门的政策推动。针对我国多年来对外汉语教学的主战场在国内，以来华留学生为主要教学对象的传统汉语教育模式不适应国外对汉语的需求状况，大会提出了转变观念的要求，明确了工作重点，实施了六大转变：一是发展战略从对外国际中文教学向全方位的中文国际推广转变；二是工作重心从将外国人"请进来"学汉语向汉语加快"走出去"转变；三是推广理念从专业汉语教学向大众化、普及型、应用型转变；四是推广机制从教育系统内推进向系统内外、政府民间、国内国外共同推进转变；五是推广模式从政府行政主导为主向政府推动的市场运作转变；六是教学方法从纸制教材面授为主向充分利用现代信息技术、多媒体网络教学为主转变。六个转变实际包含了三个层面：体制和机制，对象和教学类型，教材和教法。换言之，从过去的"请进来"，对有一定学历的成年人进行面对面教学，发展到"走出去"，对社会上各式各样的人进行多种方式的教学，需要全方位的改革。

2006年3月，国务院办公厅转发了《关于加强汉语国际推广工作的若干意见》，从国家战略的高度阐明了汉语国际推广工作的重要性和紧迫性，提出了加快汉语走向世界的指导思想、总体规划和政策措施，把提升学科地位、建立汉语作为第二语言教学的专业学位制度列为重要任务之一。

2006 年 7 月，全国汉语国际推广工作会议明确提出，要树立新的汉语国际推广观，从发展战略、工作重心、推广理念、推广机制、推广模式和教学方法实现"六大转变"，强调要加强汉语国际推广能力建设，对汉语作为第二语言、外语教学教师的能力与素质提出了更高的要求。同年 9 月，陈至立国务委员明确指出，要超常规、大规模地培养教师，加大派出规模，成千上万地向国外派遣教师。

2007 年 3 月，国务院学位委员会第二十三次会议审议通过了《汉语国际教育硕士专业学位设置方案》，"汉语国际教育"这一名称得以正式确立。

此后，国务院学位委员会于 2008 年 9 月确定了中国人民大学、山东大学、北京外国语大学、厦门大学、北京语言大学等 8 个汉语国际推广基地。此后，又陆续确定了大连外国语学院、南开大学、中山大学、武汉大学、东北师范大学、海南师范大学、延边大学 7 所高校为第二批汉语国际推广基地学校。

2015 年，在第十届全球孔子学院大会上，时任国务院副总理刘延东强调："文明交流互鉴的大趋势、中国与各国合作共赢的大潮流，为孔子学院发展带来难得历史机遇和广阔发展空间。要突出特色，贴近各国不同的文化传统、习俗习惯，因地因校制宜，改革教材内容和教学方法，逐步实现孔子学院本土化。要适应需求、融合发展，服务民众、拓展领域，为中外合作共赢服务。要以提高办学质量为重点，树立品牌意识，大力提升中外院长和教师素质，打造人文交流精品项目。要整合资源、共建共享，创新管理体制机制，加强院校支撑能力建设，为推进孔子学院持续发展，为促进多样文明和谐共生作出新贡献。"

截止到 2015 年 12 月，我国已在亚洲、非洲、欧洲、美洲、大洋洲等的 134 个国家和地区建立了孔子学院 500 多所，开办孔子课堂超过 1000 个。其中，既有创办在西方发达国家和地区的孔子学院（孔子课堂）的国际中文教学，也有在第三世界国家开展国际中文教学的培训机构，其教学对象既有进入高等教育研究生教育层次的中国语言文学研究（专业教育），也有纯粹的汉语识字和汉语言培训。

孔子学院数量 2015 年开始增长速度趋缓，一直到 2018 年，基本处于平稳发展的阶段。这一时期，随着学科的发展以及对孔子学院研究的不断深入，孔子学院的发展开始更加关注"质"的提升，出现了不同类型的孔子学院。

2019 年底，"孔子学院大会"改名为"国际中文教育大会"并在长沙召开，教育部发布第一批一流本科专业建设点名单，其中包括"汉语国际教育"专业；2020 年以来，疫情对国际中文教育的开展产生重大影响，同时加剧了国际形势的复杂变化，使中文走向国际面临的挑战更显严峻。在这些重要和特殊的背景下，2020 年关于国际中文教育的研究在"国际中文教育"概念解读、疫情影响下国际中文教育发展趋势、线上线下中文教学融合发展、国际中文教育一流本科专业建设等方面形成一系列热点话题。同时，提升中文的国际功能、推动中文国际教育本土化发展、孔子学院建设与管理等话题继续受到学界关注。围绕这些话题，学界多视角探讨了国际中文教育的发展形势和转型发展方略。

近三年来，受国际环境恶化的影响，孔子学院发展压力增大，出现了个别关停的现象，因此，在总数量上出现了下降趋势，孔子学院（孔子课堂）的发展在一定程度上进入了瓶颈期，面临着转型发展和提质增效的新形势。

（二）国际中文教育的时代应答

经过了前国际中文教育阶段、国际中文教育阶段的发展，今天的国际中文教育正紧贴时代步伐，广泛融入社会生活中。例如，"中国文化周""中国文化月""中国文化年""中国文化节"等活动在法国、俄罗斯等国屡见不鲜；在各类电视报道和电视节目中，外国人学说汉语、学习中国书法、唱中国歌的情况更比比皆是。随着全球化与中国现代化的交互，世界性"汉语热"正成为 21 世纪语言文化传播的重要特征。

"汉语国际推广，路已渐宽，路还很长。"在国际中文教育不断推进的新形势下，尚且还有诸多亟待解决的问题。诚如北京语言大学王路江教授所说，"过去，我们更多地看到的是语言源于民族文化的根基的一面，忽略了语言还有更加有价值的跨文化、跨国界传播的一面，没有发现我们汉语有在非本土传播文化的强大生命力。我们注意到，在世界经济全球化的推动下，大众消费文化以不同的民族语言，在不同的国家疆界内同步叙述着相同的文本，已经成为十分普遍的生活现象，这使语言超越国家的疆界为其他国家所用成为事实。是世界经济全球化的图景向我们展示了汉语的国际化趋势，也使'对外汉语教学'向国际中文教学的转变成为一种日渐明显的趋向，引起我们的关注和思考。"[①]

在新的时代背景下，"国际中文教育，它比以前应用最广的'国际中文教学'的内涵以及外延都扩大了。从'国际中文教学'到'国际中文教育'不仅是名称的变化，更重要的是把我们置于更宽广的背景下思考我们的学科发展现状以及未来。我们把视线从'国际中文教学'放眼到国际中文教育，把我们的事业置于国际化背景下思索时，我们有必要重新审视我们的位置，作出学校发展新的战略规划"。这是我们每个一线国际中文教育实践工作者和国际中文教育研究者所肩负的使命，更是国际中文教育必需的时代应答。

---

① 王路江．汉语国际教育硕士专业学位的人才培养 [J]．北京教育（高教），2010（06）：49-50．

二、国际中文教育的发展现状

从 2007 年国务院学位委员会提出"国际中文教育"这一名称至今，国际中文教育不论是在规模上，还是在质量、效益上都取得了相当程度的发展。一方面，国际中文教育机构不断健全，相关政策、法规不断完善，考试制度日渐完备，教材建设、师资培养逐步走向深入；但另一方面，国际中文教育亦存在专业化水平不高、基础性研究缺乏、质量控制不严等诸多亟待解决的问题。

（一）国际中文教育发展概况

国际中文教育作为一项综合性的教学活动，其发展是多维度的，既有参与者人数的增加，也有教学资源的更新和积累，还有评价标准、外部支持等方面的变革。围绕国际中文教育发展的相关因素，目前国际中文教育发展的现状体现了以下几方面的特点。

1. 国际中文学习人数不断增加

随着"汉语热"的持续升温，国际中文学习人数激增已成为不争的事实。当前，全世界有超过 100 个国家和地区的 3000 多所高等学校自发开设了汉语课程[①]。在与中国交往较为密切的部分国家和地区，国际中文学习还呈现出从高等教育领域向初等教育、学前教育扩展的趋势。据不完全统计，世界各国学习国际中文的人数，很多国家都是以 50% 甚至是翻番的速度增长，全世界现在学习国际中文的人数已经超过了 3000 万人。例如，泰国有 1000 多所中小学开设汉语课，有接近 30 万的学生学习汉语；俄罗斯开设汉语课的学校从 2004 年的 50 所增加到 2018 年的 150 余所，学生从 5000 余人增加到 15000 余人；德国有近 500 所公立中学开设了汉语课，汉语学习人数超过 1 万。

国内外知名高校掀起学习中文的热潮，如：北京语言大学、北京大学、北京师范大学、复旦大学、华东师范大学、南京大学、南京师范大学、南开大学、厦门大学等 10 余所高校，其每年的在校留学生都在千人以上。世界著名大学中有超过 40 所大学建立了孔子学院。典型的如美国加州大学洛杉矶分校、澳大利亚的墨尔本大学、俄罗斯的莫斯科大学、日本的早稻田大学、英国爱丁堡大学等。与此同时，在美洲、欧洲、非洲的多个国家和地区，孔子课堂采取因地制宜、灵活多样的办学形式，面向大中学校、社区和企业，教授汉语，推介中华文化。目前，全世界 500 多所孔子学院及 1100 多个孔子课堂共开设各类汉语课程 9000 多班次，注册学员 3000 多万人。

---

① 马箭飞，梁宇，吴应辉，等. 国际中文教育教学资源建设 70 年：成就与展望 [J]. 天津师范大学学报（社会科学版），2021（06）：15-22.

2. 国际中文教育机制逐步形成

从中华人民共和国成立初期摸着石头过河的"交换生"教育到今天形式多样的国际中文教育，其管理制度、机构设置也得到了进一步的健全和完善。为保证国际中文教育工作健康、有序、顺畅、高效运行，国务院的 11 个有关部门发起并成立了"中国国家汉语国际推广领导小组办公室"，后改称"教育部中外语言交流合作中心"。教育部中外语言交流合作中心直属于中华人民共和国教育部（简称教育部），是司职国际中文教育的专门性机构，旨在负责制定汉语国际推广的方针政策和发展规划，支持各国各级、各类教育机构开展国际中文教学，在多个国家和地区与大学和中学合作；制定国际中文教学标准并组织评估，开发和推广国际中文教材；制定对外国际中文教师资格标准并开展培训，选派出国对外国际中文教师和志愿者，实施汉语作为外语教学能力认证；制定国际中文教学网络建设标准，构建相关网络平台并提供资源，开发和推广各种对外汉语考试，指导中国孔子学院总部及各类孔子学院建设。

在教育部中外语言交流合作中心成立并不断规范指导国际中文教育发展的同时，全国多个省（市、区）教育主管部门将汉语国际推广列入教育工作议程，成立相应的教育领导小组，制定工作规划，极大地促进了汉语国际推广工作。除高等教育主管部门、高等学校、出版机构外，也有为数众多的中小学、企业（如文化、教育公司，计算机、网络公司等）也加入汉语国际推广中，基本上实现了国际中文教育推广机制从教育系统向系统内外、政府民间、国内国外共同推进转变，推广模式从政府的行政主导为主向政府推动的市场运作转变。例如，商务印书馆出版了以赵金铭为总主编的"商务馆对外汉语教学专题研究书系"，共计 22 本，内容包含"学科理论研究""教学理论研究""教材研究""课程大纲与教学模式研究""听力教学研究""口语教学研究""阅读与写作教学研究""教材研究""综合课教学研究""国际中文教学研究""汉语作为第二语言的学习者汉语认知研究""汉语水平考试研究""语言测试理论及汉语测试研究""计算机辅助教学的理论研究""计算机辅助教学的实践研究""教师素质与教学培训研究""课堂教学技巧研究"等。此外，商务印书馆还发行了以外国人为阅读对象的《汉语世界》刊物，北京大学出版社则定期出版《汉语教学学刊》。

3. 中文水平考试制度逐步健全

20 世纪 90 年代，随着全球中文学习人数的增长，传统的"教师考学生"的中文水平考试方式亟待改进。在这一背景下，北京语言大学中文水平考试中心设计研制了汉语水平考试（HSK）并于 1990 年 2 月通过专家鉴定正式开考。今天，汉语水平考试已经在逐步发展中成为国家汉语水平考试委员会、北京语言大学汉语水平考试中心共同负责的国家级汉语水平标准化考试，相应的 HSK 汉字、词汇、语法等级标准和等级大纲逐步得到完善，基础中文水平考试，初、中等中文水平考试和高等中文水平考试三个层次的汉语考试认证制度不断发展。2006 年，海外 42 个国家的 172 个考点有 64666 人参加了汉语水平考试，到 2015 年，海外参加汉语水平考试的人数达到 138000 万人次。2021 年 3 月，经国家语委语言文字规范（标准）审定委员会审定，《国际中文教育中文水平等级标准》（GF 0025—2021）由教育部、国家语言文字工作委员会发布，作为国家语委语言文字规范自 2021 年 7 月 1 日起正式实施，HSK 重点考查中文非第一语言的考生在生活、学习和工作中运用中文进行交际的能力，考试标定初、中、高"三等"和 HSK（一级）、HSK（二级）、HSK（三级）、HSK（四级）、HSK（五级）、HSK（六级）和 HSK（七—九级），开创了"三等九级"的新范式，形成了三个评价维度和五项语言技能，被国内高等院校作为招收不同层次国际学生的评价标准。

为促进国际中文教学的全面发展，保证考试的延续性和评价的多元性，根据国际中文使用群体的差异，出现了设计理念各有侧重的中文考试。商务汉语考试（BCT）重点考查第一语言非中文考生在真实商务或一般工作情境中运用中文进行交际的能力。BCT 考试分为笔试和口试两部分，且二者相互独立。笔试包括 BCT（A）、BCT（B）。BCT（口语）是基于网络的计算机自适应考试。目前，BCT 考试已在新加坡、韩国、美国、日本、比利时、泰国等国正式开考，并呈现不断扩大和持续发展的势头。由教育部中外语言交流合作中心主持开发的少儿汉语考试（YCT）分为笔试和口试两部分，笔试包括 YCT（一级）、YCT（二级）、YCT（三级）和 YCT（四级）；口试包括 YCT（初级）和 YCT（中级）。少儿汉语考试已在我国北京及日本、俄罗斯、泰国、韩国、菲律宾等国家和地区成功开考，并受到了当地汉语学习者的喜爱和欢迎。由教育部中外语言交流合作中心、汉考国际联合国内五所重点医学院校共同研制的考查医学中文应用水平的标准化语言测试：医学中文水平考试（MCT）主要面向医学专业留学生、在中国境外用中文进行医学专业学习的学生，以及在中国境内外用中文进行临床诊疗的中文非第一语言医护工作人员，考查其在医学 / 医疗场景中与患者、医护人员及相关人员用中文进行交际的能力。为加强国际合作，积极推进海外中文考试服务，教育部中外语言交流合作中心推出认证海外中文考试。至此，国家中文水平考试进入了一个新的发展阶段，一方面在高等学校高层次的国际中文教育中充当着准入门槛的角色，另一方面，也为世界范围内的国际中文教育确立了一个相对统一的基础性评价标准。

4. 国际中文教学资源建设取得明显实效

我国已成为中文教学资源最大产出国，全球有 496 家出版社从事国际中文教材的出版发行工作，越来越多的中外高新科技发展公司加入数字资源建设，多方力量协同形成"资源建设共同体"。经过近 70 年的努力，出版国际中文教材达 19530 种，涵盖 80 个语种，年均发行世界 101 个国家的 1200 余个中文教学机构，融入 20 余个国家国民教育体系；数字教材近 4000 种，慕课、微课近 2 万节，数字应用近 1000 个 [1]。融合国际中文教育数字资源建设成效显著，随着人工智能、大数据、云计算、区块链、5G 网络等新技术广泛应用，中文数字资源建设不断与时俱进。标准的规范和引领作用日益凸显，除中国研发的《HSK 标准教程》《YCT 标准教程》等教材以外，还有英国 GCSE 中文课程标准指导下的《步步高中文》《进步》等，美国 AP 中文课程标准指导下的《加油》《AP 中国语言文化课程概述》等。美国、俄罗斯、法国、英国、韩国、新加坡等近 20 个国家基本实现了基于标准的资源建设。资源建设逐步实现"四大转变"，从"对外汉语教材"向"国际中文教材"转变；从"数量增长"向"质量提升"转变；从"纸质教材"向"数字资源"转变；从"单一类型"向"多元结构"转变。多主体、立体式的资源"融进去"新格局初步建立，截至 2020 年底，共有 126 个国家（地区）的 488 所孔子学院研制了 3466 种本土教材，在一定程度上满足了当地的学习需求。70 多套中文教学资源多方式、多机制服务海外 20 多个国家国民教育体系内的中文教学，深化了教学资源本土化的内涵，展现了中文的魅力，丰富了世界语言生活。海外中文教学资源本土化逐渐增强，越来越多的海外在线教育平台投入中文数字资源建设中，为中文教学资源的本土化发展增添了新的活力。数字资源集成效果突出，资源建设机制初步建立，资源库规模不断扩大，资源建设趋向结构化和系列化。

未来资源建设应坚持标准引领、优化教材体系、智能技术、提升中文经济价值、注重科研支撑、讲好中国故事，使国际中文教材体系将日臻完善。

5. 师资培养质量及输出水平提高

为推进国际中文教师队伍建设，提升国际中文教育输出水平，教育部中外语言交流合作中心通过开展国际中文教师能力认定；根据各国教育机构需求，选派、培训国内大、中小学教师和高校中文教学专家赴外工作；支持国际中文教师培训；支持聘用专、兼职本土中文教师；支持各国本土中文教师发展等举措培养及输出大量国际中文教育从业者。

国际中文教师：根据国际中文教育机构申请，参照国际中文教师标准，选拔、推荐优秀教师赴国外从事中文教学工作，任期一般为 2 学年。

中外高校合作培养中文教师：为支持各国培养本土化、专业化的中文教师，资助有条件的外国大学设立中文师范专业，采取外方独立培养或中外高校联合培养的方式培养本、硕、博学位的本土中文师资人才。

专、兼职本土中文教师：为支持各国中文教育发展，满足国外教育机构对中文师资

---

[1] 马箭飞，梁宇，吴应辉，等. 国际中文教育教学资源建设 70 年：成就与展望 [J]. 天津师范大学学报（社会科学版），2021（06）：15-22.

的需求，依据相应补贴标准，资助国际中文教育机构聘用专、兼职本土中文教师。并且为支持各国本土中文教师专业发展，实施"来华研修"和"专家赴外培训"项目，向外国大中小学本土中文教师提供线上线下短期专业培训。

中文教育志愿者：遴选中文教育志愿者，赴各国教育机构开展中文教学相关工作，包含国际中文教育志愿者联合资助项目和本土（海外）志愿者资助项目。鼓励本科毕业生到海外志愿服务，志愿服务两年以上，服务期满后三年内报考硕士研究生享受加分、同等条件下优先录取政策。

为积极应对国际中文教育在不同国家、不同地区、不同文化环境的师资适配性问题，国际中文教育师资培养机制改革也随之展开。具体工作包括以下三点。①改进对外汉语本科教学，加大外语、外国文化、跨文化交际、中国文化才艺、国外中小学教学法等内容的学习训练，加大国际中文教学实习尤其是到海外实习的分量。②对国内文科相关专业的学生（尤其是外语专业的学生）进行汉语作为外语教学方面的短期培训，使之能胜任相关工作。③设置国际中文教育博士专业学位教育，培养适应汉语国际推广工作，胜任汉语作为第二语言/外语教学的高层次人才。通过与美国密歇根州立大学，陶森大学，德国哥廷根大学等国外大学合办师范学院（专业）的方式培养外国本土教师。在这些举措的指引下，北京语言大学、厦门大学、延边大学、云南师范大学等国内先期开展国际中文教育师资培养的学校不断创新国际中文教育师资培养模式。例如，云南师范大学采用"2+2模式""3+1模式"探索国际中文教育师资培养的新模式。经过近几年的发展，一批具备较高汉语素养，具有异国文化适应力和较高国际中文教育水平的师资队伍得以形成和外输，国际中文教育师资在不同国家和地区的适配性问题得以部分解决，国际中文教育的师资培养及输出水平明显提高。

6. 学科建设进程逐步深化

在国际中文教育的学科发展上，2008年，"国际中文教育"被列入"中国语言文学"之下的二级学科。在这一基础上，北京语言大学、北京外国语大学等高校开展了不同程度的国际中文教育学科化研究，将国际中文教学的学科体系和学科内容进一步迁移，力图在汉语国际推广的新形势下构筑国际中文教育的专门学科体系（有的称作国际汉语教学学科）。就个体层面的学术性研究而言，陆俭明、崔希亮、王路江、刘珣、周小兵等学者也在各自的研究中提到了国际中文教育学科化的构想。从国家政策的层面看，近年来，国家还先后设立了包括国际中文教学方向的博士点和国家重点学科，建立了国家级的人文社会科学重点研究基地——对外汉语研究中心，并正逐步在一部分留学生办学条件较好、办学水平较高、办学基础较扎实的高等学校建设一批国际中文教学基地，以便在教学、科研、教材建设、师资培训和国内外学术交流等方面发挥示范作用。

汉语国际推广的标准化建设在逐步完善。第一，国际中文教育学习资助体系逐步确立。近年来，教育部中外语言交流合作中心等相关部门设立了面向海外的国际中文教学基金——汉语桥基金，加强了与国际中文教学界的联系、交流与合作，加强了对国内外国际中文教师的培训工作，世界范围内的国际中文教育学习资助体系初步得以建立。第二，国际中文教育的标准化要求逐步形成。2007年年底，教育部中外语言交流合作中心组织国内外人才在合理借鉴若干国外语言教学大纲经验的基础上，提出了国际中文教育的三个标准——《国际汉语教师标准》《国际汉语能力标准》及《国际汉语教学通用课程大纲》。在这三个标准要求中，《国际汉语教师标准》对从事国际汉语教学工作的教师应具备的知识、能力和素质进行了全面描述，建立了一套完善、科学、规范的教师标准体系，为国际汉语教师的培养、培训、能力评估和资格认证提供了依据。《国际汉语能力标准》对国际汉语的总体能力、汉语口语和书面交际能力，分5级进行了描述，同时还列举出了各种语言能力级别应完成的汉语应用任务，为国际中文教学总体设计、国际中文教学大纲的制订、国际中文教材的编写提供了主要依据，同时也为测评汉语学习者语言能力以及开发、设计汉语能力考试提供了参照。《国际汉语教学通用课程大纲》对汉语作为第二语言课程目标与内容做了系统全面的梳理和描述，尤其是对课程目标及学习者所应具备的语言知识、语言技能、策略和文化意识等方面，进行了分级分类描述，为国际中文教学机构和教师在教学计划制订、学习者语言能力测评和教材编写等方面提供了参考依据和参照标准。此外，教育部中外语言交流合作中心/孔子学院总部的成立、孔子学院设立章程的确立也极大地促进了国际中文教育的标准化进程，这些标准性建设既体现了国际中文教育专业水平的提高，又为国际中文教育的学科发展丰富了内容、创造了条件。

（二）国际中文教育的现存问题

透过如上国际中文教育的基本现状梳理，我们不难发现，虽然国际中文教育在师资培养、教材建设上，以及在孔子学院（孔子课堂）建设方面取得了一定成绩，但国际中文教育的可持续发展问题、理论研究问题、质量控制问题仍有极大改进空间，无论是学界的理论研究，还是一线国际中文教育实践都应加强对这些问题的深入探讨。

1. 关于国际中文教育的可持续发展

一是汉语国际推广的发展定位。长期以来，国际中文教学大多局限于专业人才培养，过分强调其学术性和系统性，汉语国际推广工作没有被提到应有的战略高度，没有成为国家大外交和大外宣工作的有机组成部分，也没有作为"走出去"战略的重要内容进行总体规划与实施。时任教育部中外语言交流合作中心主任许琳接受新华社采访时

指出："怎么样才能够把孔子学院让大家认可为公共外交和人文外交的重要抓手，或者是作为一个很好的品牌，全国人民都来参与才行，不光是对外宣传。中学也好，小学也好，地方也好，中央也好，不管你是劳务出口也好，还是国际交流合作，出去的人，哪怕是开饭馆的人，应该想到我要带文化出去，带我们的语言出去，要有自觉意识就好了。"战略定位的明确性对国际中文教育的发展有重要的推进作用。从广义上看，无论是高等学校国际学生国际中文教育（国际学生语言培训、国际学生国际中文教学）、在海外对母语非汉语者的国际中文教学（以孔子学院、孔子课堂等为载体实施的国际中文教育等）还是国际中文人才培养（含高校汉语国际教育专业教育、汉语国际教育硕士专业学位教育）都是国际中文教育。而国际中文教育的类型、层次、内容的多元性特征，使其发展必须体现分类指导，现有的从事国际中文教育的各类机构，逐步建立了各司其职、各属其能、各得其所的发展定位，从而形成可持续发展的国际中文教育。

二是汉语国际推广的运行机制。汉语国际推广是一项重要且具有市场前景的文化产业，但目前的推广体制基本是由政府主导的计划经济指令模式，而运用市场竞争机制及政策激励相关机构和社会力量积极参与的措施不够。就现实来看，当前的国际中文教育在更多层面上依靠高等学校和孔子学院两个主体来展开，而这两个主体所开展的国际中文教育都是由政府统筹的。开办孔子学院需要向国家孔子学院总部申请，只有获得国家孔子学院总部的授权方能开办；在高等学校领域，国际中文教学专业、国际中文教育专业的开设，都要通过教育主管部门的审批，市场力量、社会力量在其中所起的作用可谓微乎其微。事实上，在经济全球化和我国市场经济不断发展的今天，在国家宏观调控的基础上，允许市场在国际中文教育的资源配置中起基础性的决定作用，广泛引入社会力量参与国际中文教育，对于传播中华文化、发扬中华文明来说无疑具有极大助益。

三是汉语国际推广的效能提高。近年来，教育部中外语言交流合作中心／孔子学院总部为开展国际中文教学工作发挥了重要的作用，但与汉语国际推广的新形势、新要求相比，在层次和职能等方面都不匹配。有研究者提到，近年来，虽然我国为进一步扩大汉语影响，也采取了一些可行的手段和措施，如"通过各种国际文化交流扩大汉语影响""积极向海外派遣国际中文教师，建立孔子学院""成立孔子学院总部以进一步推动汉语国际推广"等。但从总体来看，我国汉语国际推广的手段还不够丰富，尚有许多可取的方法和途径没有被很好地利用起来，有的专业学者提出能够充分利用汉语拼音的优势来推动汉语国际化进程，积极争取汉语在各种国际活动中的话语权地位来发挥汉语的国际影响。有必要在实践中将这些想法进行深入的探索。现阶段，汉语国际推广的投入及效益值得关注。一方面，目前我国每年国家财政拨款给有关部门直接用于汉语推广的经费不足 3 亿元人民币，与发达国家在英语、法语、西班牙语、德语、日语等语言的传

播上每年动辄十几亿、几十亿美元经费投入差距很大；另一方面，国家财政资源分散，缺乏统筹规划和管理，致使有限的投入未能充分发挥效益。

四是国际中文教育师资队伍的建设。国际中文教学、海外华文教育在师资、教材方面严重不适应"汉语加快走向世界"的要求，已经成为制约汉语国际推广的瓶颈。"我们现在作为汉语母语国，中国教材的覆盖率在全球来说，现在四千多万人群学汉语，每年出口的教材来看覆盖率也就是百分之十几……"我国现有的专职对外国际中文教师数量远不能满足实际需要，现有教师大多知识结构陈旧，具备汉语和外语等复合技能的人员极少；高校培养的汉语国际教育专业毕业生数量少，而且只有少部分人从事国际中文教学工作。在外派汉语志愿者方面，遴选、培训、外派管理、评估等均不成体系。国际中文教材开发和供给能力不足，缺乏面向不同国家和地区、不同层次要求的多样化教材，特别是大众型、入门型教材、网络多媒体教材和多种形式的口语教材。

五是国际中文教学工作的创新发展。目前，国际中文教学工作主要依靠少数高校，以接收来华留学生的国际中文教学为主，在汉语国际推广由"请进来"向"走出去"的转变进程中，汉语推广的教育理论和方法匮乏、教学手段落后，国际中文教学规律的研究，尤其是针对不同国家和不同文化背景的国际中文教学研究不够。汉语水平考试（HSK）标准设置不合理，门槛过高，难度过大，研发和推广的主管单位权责不明确，导致考试设计和考务运作水平低，考点布局、实施手段、题库建设等方面都与推广汉语水平考试的要求不适应。这些既是国际中文教育的现实困境，也是国际中文教育发展迫切需要改进的问题。

综上五点内容，表明我国的国际中文教育的发展尚存在改进的空间，如何进一步明确国际中文教育的定位、主体、参与机制和内容，加大汉语国际推广的经费投入，并从制度上、机制上营造汉语国际推广的良好运行环境，实现国际中文教育的最大效能，是国际中文教育的发展需要长期关注并探索解决的问题。

2. 关于国际中文教育的学理研究

国际中文教育的一些基础性问题、本源性问题仍旧未能得到很好的确认和解决。首先，国际中文教育的内涵问题缺乏深入系统的理论研究。国际中文教育作为一种特殊的教育活动，是随时代发展而产生的新概念，有其存在和形成的基础和价值。国际中文教育并非不证自明的概念。众所周知，概念是对内容本身的高度凝练。没有明确的国际中文教育概念就难有明确的国际中文教育发展思路，这个发展思路既有理论研究上的内容，也涵盖实践操作上的内容。对于一项研究工作来说，没有明确的研究内容，就不可能选用明确的研究方法，不可能形成既定的理论体系和理论基础；而对于一项实践工作来说，没有明确的思路，就不能找出明确的操作对象，具体可行的操作方法。另外，国

际中文教育的内容厘定问题。简要来说，就是国际中文教育做什么和教什么的问题。国际中文教育的实施类型及层次是多元的，使其内容也呈现多样性。然而，针对不同类型、层次的国际中文教育，在制定相应的内容要求、提供相应的教学材料、构建配套的考核评估体系等方面尚不够完全规范，尤其是在国际中文教育的专业化发展，专业人才的培养目标、修业年限、课程设置等方面的内容都存在深化理论研究、改进实践模式的问题。再次，国际中文教育的战略发展问题。国际中文教育从哪里来，这是国际中文教育的历史本源探究的问题；国际中文教育走到何处，这是国际中文教育的现状问题；国际中文教育要去哪里的问题，就是国际中文教育的走向，这是国际中文教育的未来发展问题。从这几个问题上思考，势必应该深入系统地研究国际中文教育的可持续发展，从宏观上加强国际中文教育的政策环境与路径等问题研究，从微观上深化国际中文教育的教学方法、教学手段、教学目标、教学理念、教学评价、质量保证等问题的探索。只有不断提高国际中文教育研究的理论水平，重视国际中文教育的专业化、学科化发展，才能促进国际中文教育的实践成效，以使国际中文教育更好地服务于国家的文化推广事业。

3. 关于国际中文教育的质量控制

"当前全球汉语服务业面临教学课程质量控制不足、国际中文教师供不应求、汉语水平测试缺乏一套通用大纲和国际标准等棘手问题。"吴英成在其《汉语国际传播：新加坡视角》一书中提到："近年来，中国经济的快速发展使国际中文教学课程和国际中文教师需求激增，国际中文教学作为一个产业，还处于发展的初始阶段，对突如其来的需求表现得措手不及，这导致世界范围缺乏合格的教师以有效开展教学。由于缺乏专门的组织监督汉语服务业，汉语课程的质量以及学习效果千差万别，这样一来将会对汉语学习、汉语全球化产生消极影响。"严格来看，吴英成教授的表述更多的是从更为宽泛的国际中文教学的角度来说的，但毋庸置疑，这种情况在不断发展起来的国际中文教育中也是普遍存在的。当前的国际中文教育，其形式是多样的，内容也是多元的，典型的如汉语课程水准不一、汉语程度测试标准缺乏相对统一性等（表1-1）。

表1-1　当前汉语相关考试及其组织单位一览表

测试名称	英文简称	组织
汉语水平考试	HSK	北京语言大学
华语文能力测验	TOP	华语测验推动工作委员会
美国大学入学考试中文专科测验	SAT II	美国大学理事会
高中先修课程考试——中文	AP Chinese	美国大学理事会
美国大学生中文能力测验	CPT	美国应用语言学中心

如表 1-1 所示，当前的汉语水平测试是多种多样的，且各种汉语水平测试之间还存在互不相认的情况。在这种情况下，各组织采用的评估准则、评分系统大相径庭，因此测试出来的结果，通常也只能得到本国或特定小区域的认可。对以汉语作为外语的学习者来讲，没有一个像托福、雅思那样得到广泛认可的汉语水平测试。当前，除 HSK 可在一定程度上充当国际中文教育的评价标准之外，还没有一个统一的国际中文教育的既定评价范式。HSK 在更多的时候也是扮演着测定来华留学生汉语学习水平的角色，而非具体地被指定为国际中文教育的测试标准。就现实情况来看，我国当前在世界各不同地区创办了孔子学院和孔子课堂，招收了数以万计的学生，但是对于学生们汉语学习水平的测定，公认的普遍的统一标准尚未形成。在全球化的今天，国与国间的人才流动，面向世界性就业市场的就业、求学都变得非常普遍。因此，在国际中文教育不断发展的征途上，我们有必要加强通用的国际中文教育质量评定标准的构建，逐步形成有影响力、认可度高、适应性强的质量评价标准，以使国际中文教育能在不同区域、不同形式下获得相对统一的发展指导和质量认定，打破因缺乏统一认定标准而导致的国际中文教育壁垒。

第三节　国际中文教育的发展方向

国际中文教育正越来越广泛地进入高等教育领域。在高等学校这个围绕知识发现、知识生产、知识传播和知识运用而建立起来的知识操作系统中，学科化、专业化、体系化的知识构建是高等学校国际中文教育发展的方向。从理论上看，高校国际中文教育是一个专门的知识领域，这就决定了国际中文教育在高等学校理应走专业化的发展道路；从价值判断上看，单有高等学校国际中文教育的专业化是不够的，还需要综合化、体系化，以更好地促进其专业化；从实践上看，国际中文教育是一项社会性活动，理应在自我发展的过程中不断与周围环境交互协调发展，故从这个意义上看，区域化也是高校国际中文教育发展的趋势。本节主要围绕高等学校国际中文教育的专业化、体系化和区域化发展展开讨论。

一、高校国际中文教育的专业化

专业化即高度分化基础上的专门化。作为一个基本的事实判断，高等学校国际中文教育专业化的基本内涵是什么？作为一种价值判断，高校国际中文教育的专业化好还是不好？作为一种或然性，高等学校国际中文教育的专门化是否有必要？如果说高等学校国际中文教育的专门化是好的、有必要的，那么如何实行其专门化？对这些问题的探讨即构成本节的基本内容。

（一）高校国际中文教育专业化的相关概念

高校国际中文教育的专业化有两层含义，一是要让高校国际中文教育从不专业走向专业，使其成为高等教育领地内一个专门的运营体系；二是高校国际中文教育应形成自己的学科体系，在理论研究上、实践运行上都不断深化发展。

1. 专业化

"专业化"一词最早来源于社会产业部门，根据产品生产的不同过程而分成各业务部门，这个过程就是专业化。按照现代广泛运用的利伯曼"专业化"标准的定义解释，所谓"专业"，理应满足以下基本条件："一是范围明确，垄断地从事于社会不可缺少的工作；二是运用高度的理智性技术；三是需要长期的专业教育；四是从事者个人、集体均具有广泛自律性；五是专业自律性范围内，直接负有做出判断、采取行为的责任；六是非营利性，以服务为动机；七是拥有应用方式具体化了的伦理纲领。"

2. 国际中文教育专业化的内涵

联系"专业化"一词的一般性认识，高校国际中文教育的专业化可基本理解如下：一是具有明确的国际中文教育范围，垄断地、独立地开展国际中文教育的工作，使高等学校国际中文教育成为整个国际中文教育体系中必不可少的组成部分；二是高校国际中文教育应具有高度的理智性技术，即在高校国际中文教育的组织实施过程中，要有自己高度科学、高度规范的教学方法、教学技术和教学手段；三是高校国际中文教育应向专业教育发展，使其成为一种长期、固属的高等教育领域内的国际中文教学活动；四是高校国际中文教育参与者（包括个人、社会组织等）应具有广泛的自律性，自觉按照国际中文教育的基本规律和运行规程来约束自身；五是所有参与人员应在高校国际中文教育的范围内，独立地、创造性地进行高校国际中文教育专业研究和专业实践；六是高校国际中文教育必须遵循其作为国家事业和国家战略的要求，保持其非营利性，以传播中华文化、发扬中华文明为其一以贯之的目的；七是高校国际中文教育应形成一套规范的价值标准和价值准则。

高校国际中文教育作为一种专门性的人才培养活动，对其专业化的考察，一方面需要考虑其作为社会产业部门的专业化特性，另一方面还需要考虑其教育基本属性。从这个意义上看，走专业化发展的道路，要求高校国际中文教育必须具有自己专门的研究领域、专门的教学内容、专门的师资队伍、专门的研究管理人员和专门的研究人员。进一步来看，我们也可以从学科化的角度来理解高校国际中文教育的专业化问题。

"学科"一词是典型的西方高等教育词汇，最早表述为" discipline"。有学者认为："学科是与知识相联系的一个学术概念，它是指按门类划分的系统知识，或说知识门类。""可以说，学科是自然科学、社会科学两大知识系统内知识子系统的集合概念，学科是分化的科学领域，是自然科学、社会科学概念的下位概念。"而所谓"学科化"，简单来说就是使某一现阶段的"非学科"事物达至"学科"的程度。通俗来说，"化"即指事物性质或形态改变，是一个动态的过程。故"学科化"也是一个动态的过程，用以指将那些作为人才培养基本单位的专业按照一定的知识分类集合起来形成学科的聚集，并构建专门的研究对象、研究内容和研究方法的过程。

综上所述，国际中文教育的专业化，归根结底就是要让国际中文教育在高等教育领域中从不成熟走向成熟，从不完善走向完善，从单纯的实践走向理论与实践相结合，确立国际中文教育专门的研究领域、专属的研究内容，在大学开设相关专业，构建专门的学术团体，打造专门的学术刊物的过程。

（二）高校国际中文教育专业化发展的必要性

国际中文教育以国际中文教学活动为基础，尚处于起步阶段，其中还存在诸多亟待解决的问题。在国际中文教育的发展过程中，解决这些问题正是国际中文教育专业化发展的必要。正如王路江等学者所言："面向世界加强汉语作为外语教学的学科建设，是加快国际中文教学、汉语学习和汉语应用国际化进程的一项核心工作。"在国际交往日趋扩大，全球化不断深入发展的今天，"国际中文教学""来华留学生国际中文教学"等表达已无法适应现实社会对国际中文教学和汉语应用国际化的需要。国际中文教育理应不断发展其内涵，走专业化发展的道路，进而最终实现高校国际中文教育的学科化，这既是应对现实挑战的需要，也是国际中文教育发展的必然。

（三）深化高校国际中文教育专业化的发展

高校国际中文教育专业化是一个动态的过程，其目的在于实现国际中文教育的学科化，使其成为一个完备的学科，有自己专门的研究领域、专属的研究内容、专门的研究人员、专门的学会团体和学术刊物。

1. 确定国际中文教育专门的研究领域

国际中文教育是一种以海外母语非汉语者为受教主体，以中文教学为基础的教学活动的总称。从层次上看，国际中文教育有高有低，既有学历教育，也有非学历教育，既无最高的学位授予限制，也无最低的准入限制；从形式上看，国际中文教育既有班级组织形式，也有一对一等形式；从内容上看，国际中文教育既同语言学相关，又同教育学相挂钩，还与留学生教育相交融……国际中文教育太庞杂，还有太多的概念、术语需要规范，还有太多的内容、内涵需要达成共识，以至于我们更多地只能就学理意义上给出国际中文教育是什么和不是什么，而不是在实践中具体划分哪些内容属于或不属于国际中文教育。事实上，在实践中的国际中文教育认识与划分，必须建立在理论确认的基础上。因此，将国际中文教育的研究对象限制在"海外""中文教学""母语非汉语者"三者限定的区域内。

"海外"规定了国际中文教育受教主体的来源，强调其对象为母语非汉语者。以此展开，国际中文教育的受教主体可以来自美洲、非洲、大洋洲或者欧洲等，国际中文教育的研究就可以拓展为欧洲国际中文教育研究、美洲国际中文教育研究、大洋洲国际中文教育研究等。进一步说，在这些大洲内，还有另外层次的国家划分，因此，国际中文教育又可以确定到英国的国际中文研究、美国的国际中文教育研究、澳大利亚的国际中文教育研究等。

"国际中文教学"固定了国际中文教育的内容（或教学材料）。教的是什么？是中文。中文是什么？首先是一种语言，其次还承载了一种文化，确切地说是一种以语言为基本承载体的文化。可见，国际中文教育在教育内容上，既有语言的一面，也有文化的一面。在语言的一面，显然与语言学相关，需要从语言学教学和语言学学习的角度加以研究；在文化的一面，需要从文化学的角度来展开。

"母语非汉语者"规定了国际中文教育的受教主体。这个世界上有上千种语言，通用的、惯用的也有百余种。只要其是母语非汉语者，学习中文大抵可以归类到国际中文教育中来。那么，国际中文教育的研究领域就可以考虑英语母语者的国际中文教育研究、俄语母语者的国际中文教育研究、法语母语者的国际中文教育研究、西班牙母语者的国际中文教育研究、葡萄牙语母语者的国际中文教育研究、日语母语者的国际中文教育研究等。若从广义的国际中文教育审视，国际中文教育的专业化发展，则还涉及国际中文教育师资的培养问题。从对象上看，既有中国国籍的教师培养、培训，也有非中国国籍的教师培养、培训；从专业设置上看，目前与国际中文教育相应的专业仅有国际中文教学专业；而对未来，在国际中文教学专业基础上，是否有可能拓展对外汉语旅游专业、对外汉语经济专业等，这些问题有待于在实践中深化探索。

2. 确定国际中文教育专属的研究内容

国际中文教育具有事业、教学和学科的多重属性（当然，现在国际中文教育学科还未完全确立起来）。国际中文教育是一种教学活动；国际中文教育还具专业化发展、学科化发展的可能；国际中文教育还是一项国家事业。围绕这三个维度的每一个"维"展开，我们都可以从中找到一些国际中文教育的研究内容。

从"教学维"看，既然国际中文教育是一种教学活动，就要涉及教学的主体、教学活动的客体、教学活动的材料、教学的方法、教学的手段、教学评价等；需要研究的国际中文教育内容就应该有国际中文教育的主体问题、国际中文教育教学材料的问题、国际中文教育教学内容的问题、国际中文教育教学方法的问题、国际中文教育教学手段的问题、国际中文教育教学评价的问题等。

从"学科维"看，国际中文教育有学科体系建设的问题、学科基本内容确定的问题、学科研究对象研究的问题、学科逻辑起点审视的问题、学科基本概念厘定的问题、学科研究方法的问题等。那么，国际中文教育的研究就应该考虑什么是国际中文教育、国际中文教育的本质问题是什么、国际中文教育研究应该采用什么样的方法的问题、国际中文教育学科研究的意义问题等。

从"事业维"展开，就有国际中文教育的政治意义的问题，国际中文教育的经济意义的问题，国际中文教育的社会意义的问题，国际中文教育的文化意义的问题，国际中文教育在国民生活体系中的地位问题、管理权限归属问题，国际中文教育战略选择的问题，国际中文教育发展动向的问题，国际中文教育政策保障的问题等。围绕这些内容展开，国际中文教育在研究内容上理应考虑研究国际中文教育的战略定位、战略选择，以及国际中文教育的统筹归属等。

3. 加强国际中文教育专门学术研究组织建设

一个成熟学科，往往都在大学里设立相关专业，有自己专门的学术组织、学术团体和学术刊物。例如，哲学学科，在国务院学位委员会公布的学科专业目录中，其首先是一个学科大类，下设多个一级学科，一级学科下又分设多个二级学科，二级学科下又分设哲学史、西方哲学等多个不同的专业。就专门的学术组织来看，有全国的哲学学会、哲学史研究学会等；从专门的学术刊物来看，有《哲学动态》《世界哲学》等。就二级学科来看，以高等教育学为例，高等教育学是教育学下的一个二级学科，建有全国性专门学术组织——高等教育学会，在全国高等教育学会下面，还有各区域的如北京高等教育学会、上海高等教育学会等，此外，还有中国高等教育学会高等教育学专业委员会等不同的次级学术团体；就专门学术刊物来看，有《中国高教研究》《高等教育研究》《高教探索》等数十种学术刊物。

就当前实际情况看，在国际中文教育领域虽然已经有《汉语国际推广论丛》《国际中文教学研究》等学术刊物，但与其他学科的专门性学术刊物相比较，国际中文教育的地位、作用却显得不足。2022 年，国际中文教育领域首部文化教学参考框架《国际中文教育用中国文化和国情教学参考框架》及《＜国际中文教育用中国文化和国情教学参考框架＞应用解读本》发布，为海内外中文教学机构在课程设置、课堂教学、教材编写、学习者能力测评等方面提供了参考依据。《参考框架》主要通过划定中国文化和国情教学范围、确定教学目标、描述教学内容、划分教学层级来回答教什么的问题。《应用解读本》主要通过阐述教学原则、归纳教学活动、列举教学评估方式、解析教学方案等来回答怎么教和怎么评的问题。从社会生活、传统文化、当代中国三大板块的32个二级文化项目提供教学实践参考。指明国际中文教育的方向和思路，对国际中文教师更好地介绍中国文化和当代社会有所启发和帮助。在专门性的研究组织（学会组织）的层面上，虽有中国对外汉语教学学会等组织，然而考虑到对外汉语教学在内涵和外延上与国际中文教育的差别，专门性的国际中文教育学术团体还不完备。在国际中文教育专业化发展进程中，应加快建立全国国际中文教育学会或全国国际中文教育研究会等组织，使相对零散的国际中文教育研究人员凝聚到一个公共的学术组织下，形成集中的国际中文教育研究力量，针对国际中文教育的现实、发展问题，有计划地组织实施专题研究，逐步提高国际中文教育的理论指导性和实践有效性。

二、高校国际中文教育的体系化

国际中文教育是一个集应用型、普及化于一体的多形式国际中文教学活动的总称，其具有多个不同载体、多种不同的组成形式、多个不同的教学内容、多组不同的教学模式。国际中文教育要发展，其载体需要融合，形式需要规范，内容需要确定，教学模式需要不断调整。国际中文教育的组织及实施是一个相对独立的体系，国际中文教育应走体系化的发展道路。

（一）高校国际中文教育体系化的基本概念

高校国际中文教育体系化，简单来说，就是要将其内部彼此割裂的各部分联系起来，将其内部的分散运作整合成一个相对完备的整体。

1. 体系与体系化

"体系"是一个科学术语，泛指一定范围内同类事物按照一定秩序和联系组合而成的整体。所谓的"体系化"，就是使事物成为体系的过程。体系化的过程，实际上就是把割裂的、分散运作的、互不协同的组织机体的各部分重新"黏合"起来，形成强大的组织力量，以实现组织目标。体系化又可简单地分为横向体系化和纵向体系化。横向体系化是指组织同级单位之间的协同，尤其是同级中心/部门之间的协同；纵向体系化是指上下层级之间的一致性和分工协调，这是一个平衡的问题，也就是如何在分权和集权之间平衡的问题。

2. 教育体系化及国际中文教育体系化

联系上述对体系化的理解，我们可对教育体系化和国际中文教育体系化做简单理解。所谓的"教育体系化"就是指将整个教育活动形成体系的过程，即某个或某类教育活动从教学对象、教学主体、教学内容、教学材料、教学方法、教学手段、教学模式、评价标准、评价程序、教学实践、课程安排、修业年限等形成一套前后相继的、相互促动的完备的教育体系的过程。

在这一基础上，国际中文教育的体系化可基本界定为：将国际中文教育这一教学形式从国际中文教育的教学对象、教学主体、教学内容（汉语识字、汉语言运用、汉语文化研究）、教学材料（汉语）、教学方法（讲授法、模仿法等）、教学手段（纸质教学法、多媒体技术手段运用、远程教学手段等）、教学模式（学校专业培养方式、实践活动培训等）、评价标准（HSK、AP考试等）、教学实践（汉语对话、汉语翻译等），以及与国际中文教育相关的课程安排、修业年限等形成一套前后相继、彼此联系、相互促动的完备的教育体系的过程。

（二）高校国际中文教育体系化的必要性

纵观国际中文教育发展的历程，在明确的"国际中文教育"这一提法出现之前，人们惯用国际中文教学、来华留学生国际中文教学等说法，而在国际中文教育的概念被明确提出后，似乎所有的表述都换成了国际中文教育，高等学校的对外汉语教育学院、汉语国际培训中心、留学生院一夜之间都可换成"国际中文教育学院"或"国际汉语教育学院"，而其师资队伍、办学设施乃至办学目标变化并不大。例如，李立诚教授在为蒋小棣的《汉语国际教育硕士专业课程设置研究》一书所作的序言中提到："我还有一个怀疑，我们的院校一夜之间摇身一变，将原来在'语言学及运用语言学'或者'课程与教学论'甚至是'汉语言文字学'专业之下的国际中文教学硕士课程换个名称，叫做MTCSOL课程，还是原来的机构和地点，还是原来的师资和教材，还是原来的观念和方法，仅仅调整了几门课程，如此我们就能改变现在的窘况，培养出适合汉语国际推广的人才吗？其实在国内办学没必要改变名称，改变观念比改变名称更重要……"

这些事实表明，高校国际中文教育在当前仍旧是不规范、不成体系的。不仅是名称上的不规范，还有内容上的不规范，教学方法上的不规范，概念认识和内涵理解上的不规范与不成体系。

从国际中文教育实践看，当前的国际中文教育仍处杂糅状态，既有孔子学院（孔子课堂）所开办的国际中文教育，也有高等学校为载体的国际中文教育形式，还有相关培训机构的对外汉语人才培养等。在这些不同类型的国际中文教育中，其教学内容、教学要求、教学体系、教学目标也都不相同，有的是为了汉语识字而进行国际中文教育，有的则纯粹是听、说训练，很少涉及写，有的属于学历教育范畴，有的则属于非学历教育范畴。不仅如此，在不同国家，国际中文教育的教学标准、学习分类、教学评价、修业水平、修业年限也都存在差别，有的采用 HSK 作为衡量国际中文教育学生修业水平的衡量标准，有的则采用 AP 考试的形式……总体上缺乏一套完整严密、相对统一的国际中文教育体系。

从国际中文教育的未来发展上看，国际中文教育的本意在于加快汉语走向世界，通过中华文明的传扬和中国文化的传播，加强国际的理解和相互信任，为提升文化软实力和综合国力贡献文化力量。但就当前看，"国际中文教育更多地被办成国际中文教学、汉语识字，文化含量过低，甚至个别国家和地区的国际中文教育纯粹就没有文化含量，沦为应用性的、工具性的汉语培训。我们认为，国际中文教育并不单纯的是汉语识字教育，更是汉语（文）教育，需要具有较高的文化定位"。

综合来看，无论是国际中文教育的理论研究，还是国际中文教育的实践运行，乃至国际中文教育的未来发展定位，以及当前国际中文教育所表现出的种种问题和不足，都从不同侧面呼唤着国际中文教育的体系化。

（三）加强高校国际中文教育体系化的建设

高校国际中文教育的体系化是由制度建设、平台建设、队伍建设、教材建设等多个维度组合而成的，体系中各要素的相互协调发展至关重要。仅从教育内容因素考虑，应加强以下几方面的主要工作。

1. 提升孔子学院建设效能

孔子学院是以教授汉语和传播中华文化为宗旨的非营利性公益机构，其主要职能是提供形式多样和符合用户需求的面授及远程国际中文教学、培训课程，开展标准化教师培训和国际中文教学能力认证，提供留学生中国资讯，支持开展当代中国研究，举办传播中国文化的活动等。故此，在当前的汉语国际推广形势下，提升孔子学院的建设效能是加强高校国际中文教育体系化建设的当务之急。

2. 推进国际中文教育数字化、网络化、智能化建设

教育部把加快推进实施教育数字化战略行动作为 2022 年重大工作部署，国家智慧教育平台正式上线标志着教育数字化战略行动取得了重要成果，为国际中文教育的数字化转型升级提供了模板和范例。国际中文教育在线教学常态化，要求加强数字化、网络化、智能化建设。按照《国际中文在线教育行动计划（2021-2025 年）》《国际中文教育数字资源建设指南》等政策文件要求，到 2025 年基本实现国际中文教育数字化、智能化、泛在化的发展目标，构建"教学、考试、研究"一体化的支撑服务体系。

3. 加强国际中文教育师资队伍建设

充分利用现代教育技术，提升教师在线教学能力，实现国际中文在线规模化教学与

个性化培养相统一。建立师资培训全球网站，开发多媒体培训课件，提供在线培训辅导，通过网上网下、境内境外相结合的方式，大幅度扩大师资培训规模、提升师资培训质量。根据《国际中文教育中文水平等级标准》的新要求，及时培训教师更新课程结构、教学内容和教学方法，提升教学质量。充分利用高校现有的对外汉语、外语、中文、教育等专业在校生和毕业生资源，通过短期培训和实习，使其成为合格的志愿者师资。扩大海外汉语能力考试、培训和认定范围，与国外相关高校联合培养海外国际中文教师及本土国际中文教师，增强海外师资队伍自身发展后劲。充分发挥"国际汉语言文化传播基地"的作用，集国际中文培训师资培训、研讨、实训于一体，多维度打造国际中文教育师资队伍。

4. 完善全球国际中文教育平台

采取有效措施，积极吸引国内外企业、社会机构参与汉语国际推广网站建设。整合现有国际中文教育网络建设资源，努力建成汉语学习网、汉语国际推广广播电视网和海外国际中文教学支持服务网，大幅度扩展汉语节目的全球覆盖区域。开发低门槛、贴近外国人思维和习惯的国际中文教学、娱乐、游戏产品，以游戏、娱乐等多种不同的渠道扩大汉语辐射面，拓展国际中文教育平台。

5. 创新国际中文水平认证体系

在高校国际中文教育体系化建设的过程中，应借鉴国外发达国家考试产品的推广经验和成功模式，积极进行中文水平考试的商业策划和市场运作，力使中文水平考试的研发工作和考务工作贴近市场需求、符合现实需要。与此同时，力争对国外现有中文水平考试中那些规模较大、质量较高的考试进行认证，将之纳入全球中文水平考试推广服务体系中来，以为海外测试者提供多层次、多渠道的中文水平认证。

6. 加速开发海外国际中文教学市场

通过美国 AP 中文项目等，形成鼓励、支持和引导国外中小学开设国际中文课程的新局面；与国外国际中文教学运营机构、语言传播运营机构联合开发适用于 AP 中文项目的网络多媒体教材，力使国外开设汉语学校的数量和学生人数大幅度增长。

三、高等学校国际中文教育的区域化发展

教育内外部关系规律表明，高等教育一方面要适应经济社会发展，另一方面也受社会政治、经济发展的影响和制约。进一步延伸，高校国际中文教育要发展，归根结底就是做到内部协调、外部适应，注重区域化的发展。区域化有两层基本含义，一是地理区位上的区域化，二是与经济社会发展的联系过程。前者意味着某一事物形成的地理区域

上的扩散，后者意味着某一事物同环境的不断融合。高校国际中文教育的区域化发展，核心就在于高等学校国际中文教育应不断与区域社会、政治、经济发展相适应，不断融入区域的发展。

（一）高等学校国际中文教育区域化的理解

在经济全球化、高等教育国际化趋势发展的时代背景下，高等教育区域化发展研究成为教育界关注的热点问题。国际中文教育作为高等教育发展的重要组成部分，其中是否有区域化的问题，如何推进区域化国际中文教育、加快汉语国际推广的进程，是一个值得探索研究的现实课题，应该引起国际中文教育工作者的重视和思考。

国际中文教育区域化从字面上可解释为"根据不同地域的国际中文学习来研究中文、推广中文"。也就是说，汉语国际推广要充分考虑不同区域在地域、文化、语言等方面的差异和相同之处，同时，对于实施国际中文教育推广的组织部门，需要优化结构布局，明确发展定位。按照主体指向不同，可以从两个方面认识和理解国际中文教育区域化：一是指在开展实施国际中文教育推广事业进程中，我们应该按照不同国家、地区所处的社会教育状况、地域特点以及语言和文化的相关性来规划和实施汉语国际推广工作，适应和满足国际社会对中文学习的要求。国际中文教育的区域化不同于某个高校的国际中文教育系统，而是从更高的视野来审视国际中文教育推广事业的一个整体的、宏观的要求。二是指国内实施国际中文教育的各级各类部门的区域布局走向和服务区域指向。由于国内不同区域在地域文化、语言基础、教育发展水平等方面存在一定的差异性，国际中文教育发展的内容、方式及策略等方面也都有所不同，国际中文教育的发展呈现出区域性的特征。国际中文教育的区域化既是国际中文教育发展的动态过程，又是区域国际中文教育发展到一定阶段的状况。

在汉语国际推广的过程中，国际中文教育的本土化是一个重要问题，与此同时还应加强区域国际中文教育的研究。本土化与区域化既有共性，又有差异性。在积极推行国际中文教育本土化的实践进程中，我们应该加强海外国际中文教学师资、教材及教法的本土化建设。本土化更强调"国别化"，具有针对性、单一性的特点，而区域化强调的是一个问题的两个方面，既从施教组织的角度审视如何优化布局，明确发展定位，又从受教者的角度考虑如何选择学习方式，提高发展效能。因此，国际中文教育区域化具有针对性、双向性的特征。从高等教育区域化发展研究启示中，我们深切感悟到，由于国际中文教育的多样性与特殊性，国际中文教育区域化是一项客观存在的实践活动，需要我们长期关注与探索，通过深化理论认识，指导实践效能的提高。

联系上述对高等教育区域化、国际中文教育区域化的认识，高等学校国际中文教育的区域化，一方面可以理解为地理区域上的区域化，即高等学校国际中文教育在世界地理区位上的空间分布，如美洲国家的国际中文教育、欧洲国家的国际中文教育、东南亚国家的国际中文教育。还可以从施教主体和受教主体的角度来进行划分。从施教主体角度进行划分，就形成了一对多的局面，以高校联合创办的孔子学院为辐射源，就生源构成看，孔子学院即便是创办在一个固定的国家（地区），其招生对象也可能是来自不同的区域，或者说区域内的不同国家，如美洲地区孔子学院、东南亚国家的孔子学院；从受教主体角度看，同样可以对海外的母语非汉语者进行区域上的分类，如来自美洲国家的母语非汉语者、来自亚洲国家的母语非汉语者、来自欧洲国家的母语非汉语者。另一方面，高校国际中文教育的区域化，还可以从国际中文教育与当地社会经济发展相融合和相适应的角度来理解。国际中文教育为一个地方的政治、经济社会发展服务，另外，国际中文教育对其所在区域内社会、政治、经济发展的贡献。

综合来看，高校国际中文教育的区域化，一是高等学校国际中文教育要为所在区域内的高等教育服务，形成一定的文化影响，并辐射各级各类的其他教育；二是国际中文教育还必须为高等学校所在区域内的经济发展服务，如通过国际中文教育的促动，推动经济发展，并使区域内国际中文教育所培养的人才能顺利地进入到区域的相关产业和相关部门服务，形成直接的经济、社会发展促动力量；三是国际中文教育发展理应在区域内形成一种政治、经济文化的综合效益，深层促动地方的全面发展，如文化的繁荣、经济的进步等综合社会效益。

（二）高校国际中文教育的区域化特征

高等学校国际中文教育的区域性体现在教学内容、教学手段、教学模式等方面，国际中文教育所讲授的内容、所传导的中国文化和中华文明需要不断贴近受教育者的文化背景和心理因素；国际中文教育的教学方法、教学手段、教学组织模式也需要考虑区域的教育文化因素。

1. 教学内容的区域化

国际中文的学习内容是丰富多彩的，形式是多种多样的。就学习者的角度来看，由于不同的文化背景，其对国际中文的理解，对同一个国际中文教学内容的理解也可能是不一样的。例如，中国人学习汉语，首先是学习拼音，然后才进行汉字学习，继而进行词语、句子的学习，在这一基础上才过渡到写一段话，做一篇文章，大多遵循先读写、再听说的原则。但是对于部分外国人来说，他们可能更习惯于先听说，然后再过渡到读写。国际中文教育内容的实施具有明显的区域性特征，需要在教法上下功夫和加强针对性。

2. 教学手段的区域化

中国的国际中文教学（针对中国人的国际中文教学），主要的教学手段就是讲授法，即采用教师讲授、学生听课的方式。而在外国，大多数人从小接受的教育，在教学方法上与中国存在明显区别。如果将中国国际中文教学的一套方法不加改变移植到国外，势必存在国际中文教育的区域非适应性。因此，国际中文教育的区域化，要求我们在教学手段上做相应的调整和变革，以适应区域内学习者的要求。

3. 教育模式的区域化

当前的国际中文教育授课模式，一般有班级授课制、一对一教学、大课堂教学等几种模式。分班教学的模式一般针对不同年龄和不同水平的学习人群，在有的国家和地区，分班教学组织形式也采用男女分教的方式，这种文化差异引起的教学模式问题，也是国际中文教育区域化过程中应被关注的。

4. 地域拓展的区域化

李宇明教授在其《强国的语言与语言强国》一文中提到，在新的时代背景下，在调查世界上汉语使用现状的基础上，配合和平崛起战略，进一步明确汉语国际传播思路。比如，从人群和地区来看可以划分三个战略区域：海外华人社区圈、传统的汉字文化圈（朝鲜、韩国、日本、越南等）和辐射圈（世界其他国家或地区）。不同的区域采取不同的传播方略。譬如，首先加强海内外华人社区的语言协调，并以文化为基底与汉字文化国结成语言同盟，再尽力向辐射圈辐射。先争取汉语作为各种国际会议（特别是在中国召开的国际会议和以华人为主体的国际会议）的会议语言的地位，再逐步争取各种国际组织以汉语作为工作语言，争取汉语在汉字文化圈和辐射圈的主要外语的地位，力促汉语进入其国民教育体系。传播的主要途径，可以定位于文化、贸易、教育及在中国举行的大型国际活动等。语言传播组织可考虑以民间为主，官方成立有权威的高效率的协调机构。在汉语国际传播战略的指导下，通过各种具体操作，促进汉语尽快走向世界。这就需要国际中文传播在地域上不断拓展，不断体现区域化特征。

（三）区域化国际中文教学分析

随着国际中文教育事业的深入，教育整体观念不断创新，区域化国际中文教学是顺应时代而生的产物，也是十分有意义的尝试，积极推动着国际中文教育的发展。

区域化国际中文教学不是一种具体的教学理论或教学方法，而是一种教学理念，涉及教学规划、课堂教学、教材编写等方面。根据不同的地域划分来研究国际中文教学，以有的放矢，更好地提高教学效果。区域化国际中文教学包含地域维度上的区域化教学、语言类型维度上的区域化教学与角色导向维度上的区域化教学三个方面。

1. 地域维度上的区域化教学

地域维度的区域化是区域化的自然理解。地域维度的区域化，就是地理位置方面的区域化。区域化国际中文教学包括办学主体区域化和教学对象区域化两个方面。

办学主体区域化实现了以国家办学为主体，地方共同办学的多元化办学模式。随着孔子学院、孔子课堂等海外中文机构的不断增加，区域化办学逐步呈现，要求各地根据区域特色，发挥地域优势，以点带面，优化办学。教学对象区域化与办学主体区域化相对应，有助于办学主体与教学对象深入联系。

我国地域辽阔、边境宽广，并与邻国保持着良好的关系，这为我国开展区域化国际中文教学提供了有利的条件。目前，地域维度上的区域化国际中文教学在我国已经呈现出雏形，但还不清晰，还有广阔的发展空间。例如，东南亚地区与我国西南地区的高校建立了密切的联系，东亚地区（包括俄罗斯）与我国东北地区的高校联系较为密切，呈现出区域化的良好互动趋势。

地域维度的区域化教学的优势不仅在于互动地区在地域上的相邻性、自然气候的适应性上，还在于文化的认同上。例如，东南亚地区与我国西南地区、东亚地区与我国东北地区，因地缘与历史原因具有相近的文化与历史发展进程，这种文化的认同能够为国际中文教学提供极大的便利。

除此之外，地域维度的区域化教学也是符合教育的非均衡发展理论的。非均衡是一个经济学的术语，它的原意是指不存在完善的市场、不存在灵敏的价格体系的条件下所达到的均衡。经济的发展就是在非均衡状况下，通过对经济内部不断的改革与有效运作，而达到相对均衡的过程。地域维度的区域化教学拥有得天独厚的机动灵活的优势，可以进行优势互补。在目前教学资源还不是很充分的情况下，能部分解决教学资源短缺的问题。

2. 语言类型维度上的区域化教学

语言类型维度的区域化与地域维度的区域化有共同点也有不同点。同区域的国家或地域受到语言接触的影响，在语言类型上会有密切联系，地域维度与语言类型维度往往具有一致性。但二者的区别也很明显，同一地域的民族在语言上属于不同类型、不同地域的两个民族使用一种语言或同一类型的语言的现象都是普遍存在的。语言类型维度上的区域化教学，主要是把国际中文学习者根据其母语类型进行区域划分，从语言类型关系上去考虑具体的教学方法与教学措施。在学习汉语的过程中，学习者很容易受母语迁移的影响，所以在教学中要注意有效利用母语的正迁移，谨慎排除母语负迁移的干扰。大量的第二语言教学研究显示，母语的迁移作用确实是存在的，从语言类型角度分析学习者的母语以及研究母语与汉语的类型关系、亲密程度就变得非常有必要。语言类型维度上的区域化教学研究有以下两项重要内容。

其一，语言比较研究与类型研究，这是区域化教学的基础工作。这里用汉语和英语做比较，汉语与英语都有状语，但语序类型有别，汉语状语的常规句法位置在谓语动词的前面，而英语状语的常规句法位置在谓语动词的后面。具体到状语类型，在语序方面有一些有意思的规律。例如，汉语中时间状语与处所状语在谓语前同时出现，基本语序规律是"时间＞处所"，而英语中时间状语与处所状语在谓语后同时出现，基本语序规律是"处所＞时间"。因此，在汉语中，"张三昨天在商场买了一件新衣服"是合格的句子，"张三在商场昨天买了一件新衣服"就是不合格的句子；而在英语中，"Zhang San had bought a piece of new clothes at the mall yesterday."是合格的句子，"Zhang San had bought a piece of new clothes yesterday at the mall."就是不合格的句子。从这里可以看出，英语与汉语在状语语序方面存在明显的差异，汉语是"状语＞谓语""时间＞处所"型语言，而英语是"谓语＞状语""处所＞时间"型语言。在对以英语为母语的汉语学习者讲解状语语序问题时，这种差异是值得重点强调的。

其二，针对国际中文学习者的汉语习得研究，这种研究的成果可以直接指导教学。偏误研究发现，不同母语学生国际中文学习的偏误情况不一致。不同语言类型母语留学生在习得汉语动宾句式方面或多或少存在着差异。在国际中文教学中，把母语类型差异的因素考虑进去，对提高教学效果有很大的帮助，同时要求教师熟悉授课对象的母语。语言类型维度上的区域化教学还对办学条件提出了更高的要求，需要根据国际学生母语类型差异实施分班教学，在现阶段，作为办学主体应由求"量"多向求"质"高转变，这也是区域化国际中文教学过程中必须突破的难关。

3. 角色导向维度上的区域化教学

所谓角色导向维度上的区域化教学，是指根据学习者学习汉语的目的及汉语学习的侧重点差异进行的区域类型划分。比如，以兴趣为目的、以考试为目的、以职业学习为目的等，就属于角色区域不同，相应的学习内容也属于国际中文的不同范畴。一般来说，在汉语国际教育的本科教育阶段，就会有很多区域化的分支，如商务汉语、旅游汉语、法律汉语，医用汉语等。

角色导向区域的国际中文学习在词汇、句式、语体风格、篇章结构各个方面有所区别。我们可以以生活汉语和法律汉语进行对比：人们在一般社交中会使用生活汉语，生活汉语在词汇上的特点就是以白话词汇为主，比较通俗，而法律汉语因其庄重性会更多地使用文言词语；在句式上，生活汉语以短句为主，这有利于交际中的信息能够被快速地解码和接受，而法律汉语则会有大量多重的限定性定语或者状语；在语体风格上，生活汉语体现随意性，而法律汉语则体现庄重性和严肃性；在篇章结构上，生活汉语有更多的自由性，可以随意转换话题中心，而法律汉语则要求有稳定性。不同时代，角色导向区域的倾向性也有差异。据高彦德等对外国人学习汉语情况所做的调查分析，在20世纪90年代初期，国内外学习汉语的中高年级学生的学习目的最多的是"为了了解中国"，而"以从事外交、外贸工作"为目的的合起来只占第二位。而现在，应用型的汉语学习很受欢迎，特别是从事与中国有关的经济活动是推动汉语学习热潮高涨的第一个动因。近年来国内外的国际中文教学机构纷纷开设商务汉语课程，学习商务汉语课程的留学生增长最快。也正是由于商务领域的需求激增，商务汉语的研究才逐渐热化，也出现了相关的教材和理论及教学方法的研究成果。现实梳理表明，商务汉语教材的内容大多分不同专题进行编排。例如，北京大学出版社出版的《国际商务汉语教程》，该书的主要内容有查询、议价、资信调查、订货、达成协议、付款方式、货物包装、装货、货运、报关与清关、商品检验、保险、索赔与赔偿、争议与仲裁、和解等，充分体现了区域多类型的特色。

随着学生学习阶段的提高、学习目标的变化及时代的变迁，我们在实施国际中文教学时，应该积极应对、适当调整，找到适当的教学区域，最大可能地实施有效教学。

第四节　国际中文教育的发展趋势

当今世界正经历百年未有之大变局，突如其来的疫情加剧了大变局的演变，国际环境日趋复杂。在此背景下，国际中文教育面临怎样的发展形势？未来会呈现什么样的走向？从2020年学界的相关研究中大致可以概括出以下三个特点。

一、挑战与机遇并存

就宏观形势而言，华东师范大学对外汉语学院院长吴勇毅指出，国际中文教育经过十多年前所未有的大发展之后出现"高位震荡"：一方面受到单边主义抬头、逆全球化趋势加剧、国际政治格局变化、国际关系重组等多种复杂因素的影响，国际中文教育的发展遇到一定的挫折，比如出于各种原因，欧美个别国家相继关闭了一些孔子学院；另一方面也由于"构建人类命运共同体"的理念越来越深入人心，"一带一路"合作倡议下的各项行动惠及沿线各国乃至其他非沿线国家，中国政治、经济、文化在国际舞台上的影响与作用日益凸显，大多数国家的中文教育（汉语作为外语的教学）的走势持续向好，其广度和深度都有所突破，中文在国际上的认可度和接受度愈来愈高。[①]

---

① 吴勇毅. 国际中文教育"十四五"展望 [J]. 国际汉语教学研究. 2020（04）：9-15.

就疫情的影响而言，初期学界不太乐观。不少学者指出，受疫情影响，国外中文项目生源减少，有的被迫中断，来华留学规模萎缩，学习者数量减少；"一带一路"沿线国家在防疫过程中面临资源短缺、资金匮乏的困难，企业中的当地员工学习汉语的动力受到抑制；在线教学的时差问题、互动性不足、资源不足等也减弱了学习动机；疫情常态化加上逆全球化和污名化中国的思潮，各国学习者的中文学习需求出现不确定性。随着中国抗疫取得重大战略成果，学界提出"要用更长远、更开放的眼光乐观看待国际中文教育的未来发展"，总体认为，疫情的影响是机遇大于挑战。一是认为后疫情时代的人才竞争将更加激烈，中国成功抗疫的经验和经济生产的快速恢复，将吸引更多的外国留学生到中国学习；二是认为大规模网上教学的成功实施积累了经验、丰富了资源，推动了中文教学理念的更新，改变了中文学习的生态。北京外国语大学教授文秋芳认为，对于孔子学院来说，大力发展在线教育的特殊意义不仅仅在于能够保障突发公共卫生事件下国际中文教育的正常开展，更重要的是其相对线下教学而言，抵御外部政治、经济风险的能力更强。[①] 南方日报记者赵杨认为，疫情防控期间孔院教学转到线上，教学效果并未受到很大影响，且为未来发展指出了一条新路；近年来有些国家关闭了一些孔院，实体孔院遭遇发展障碍，但是汉语需求依然旺盛，疫情防控期间线上教学的广泛开展，消除了人们之前的抵触心理，为其进一步开展铺平了道路。

二、中文的外语角色有发展但仍有很大不足

吴勇毅指出，随着国际中文教育的发展，目前已有越来越多的国家把中文纳入其本国的国民教育体系，尤其是国民基础教育体系，包括在中小学甚至幼儿教育阶段开展中文教学（中文作为外语、双语的教学），以及中文进入中考、高考体系。这是中文"走出去"后真正"融进去"且落地生根的标志，其意义之重大，堪比英语及其他语种的教学进入我国的基础教育阶段，可以说国际中文教育进入了一个崭新的重要的发展阶段。

北京语言大学教授李宇明、唐培兰提出，某种外语对外语国所发挥的作用呈现"外事外语→领域外语→泛领域外语→基础教育外语→重要外语→语言"的外语角色梯级。决定外语角色、外语角色梯级及外语角色进/退阶的因素主要有本土国的综合实力、外语国与本土国的关系、外语国的外语教育传统和世界语言风尚等。汉语作为外语，其角色已经经历了外事外语、领域外语、泛领域外语，正在进入基础教育外语阶段。目前，已有 70 国把汉语纳入其基础教育体系，但是其汉语教育总体上还处在初级水平。

辽宁师范大学教授李宝贵、庄瑶瑶发现，有 25 个"一带一路"沿线国家已经或即

---

① 文秋芳，杨佳．从新冠疫情下的语言国际教育比较看国际中文在线教育的战略价值 [J]．语言教学与研究，2020（06）：1-8．

将将中文纳入国民教育体系，纳入层次集中于基础教育阶段、进入形式多为开设中文课程、课程设置以选修为主，纳入考试体系的不多，高等教育阶段中文纳入比例较低[①]。中文纳入"一带一路"沿线国家国民教育体系面临着进度不一、教育延续性弱、教育资源适配度偏低和孔子学院／课堂的助力作用发挥不够充分等现实挑战。

著名汉学家、翻译家，德国美因兹大学翻译学、语言学与文化学学院主任柯彼德则指出，世界上只有少数人和国家真正认为在本国教育制度中汉语必须列为与英语、法语、西班牙语、意大利语、俄语等大语种具有同等地位的外语。全球一亿汉语学习者中绝大部分是初学者，并且汉字读写能力十分有限。初级阶段"汉语热"，高级阶段"汉语冷"，达到专业性汉语水平、从事高级翻译的人数从全世界的需求来看还远远不够。汉语难学是国外得出的普遍结论，不仅花费的学习时长多，学习汉字更是一大障碍，绝大部分在中国长期生活和工作的外国人是汉字文盲，汉字很难真正成为重要的国际交流工具。

三、国际中文学习需求分化明显

吴勇毅认为，当前来华留学生中学习的专业门类增加、学历层次大幅度提高，学历生的增加和语言生的减少是未来重要的发展趋势，意味着国际中文学习需求正在发生从普及化到专业型、从通用型到职场型的变化。崔永华认为，汉语学习者即国际中文教学对象正在发生巨大的变化，中小学国际中文教学、职业国际中文教学、对社会人士的国际中文教学、网络国际中文教学的迅速发展可以简称为"四化"：低龄化、职业化、社会化、网络化。邢欣、宫媛则指出，伴随着中资企业和民企华商"落地开花"，汉语人才需求空前高涨，"一带一路"沿线国家的民众越来越意识到，学好汉语是机会；沿线国家对人才的需求不同，国际中文教学越来越多样化；参与学习的年龄层次既有低龄化倾向又有成人化趋势，成人化趋势的发展主要是随着"一带一路"建设给沿线国家带来的就业岗位越来越多，带动了大量岗位成人汉语的学习需求。

---

① 李宝贵，庄瑶瑶. 中文纳入"一带一路"沿线国家国民教育体系的特征、挑战与对策 [J]. 语言文字应用，2020（02）：89-98.

国际中文教育在海外的发展现状

　　国际中文教育的对象个体差异非常明显：有些是在当地高等院校接受学历教育，有些是通过孔子学院或各种培训机构等接受非学历教育；学习者的主体是学生，但也有来自社会各行各业的人；年龄层次多样，年轻人居多，但也不乏幼儿和老年人；学习者广泛分布在世界各地，但以亚洲国家人数居多。伴随着中国国际地位的提升与国际影响力的扩大，特别是近年来中国"一带一路"倡议的落实，国际中文教育在世界许多国家都呈现出强劲的发展势头，同时也暴露出一些共性的问题和区域性的差异。

　　本章将从"汉字文化圈"和"非汉字文化圈"的角度概述代表性国家或地区的国际中文教育的跨文化发展现状。

第一节　汉字文化圈的国际中文教育

　　"汉字"是记录汉语的文字。虽然直至汉朝才有"汉字"之称，但其形成实际历经了几千年演变，是中华文化的独特载体。"在古代亚洲，汉字是具有国际性质的书面符号"，掌握汉字才可以更好地在该地区进行经济、文化甚至政治等方面的交流活动，而"以汉字作为书写与阅读工具的地区，我们称为汉字文化圈"。

　　历史上，"汉字文化圈"的范围既包括当时被称为蛮夷的两夏、辽、金等割据政权，还包括现代国家形成之后，作为中同邻国的朝鲜、韩国、日本、越南等周边国家和民族。此外，如下华人的聚居区也常常被纳入"汉字文化网"的范围："新加坡（有时也被纳入大中华地区）、马来西亚（有时也被纳入大中华地区）的华人聚居地区（如：吉隆坡、怡保、新山、古晋、槟城、马六甲等两海岸地区）、印尼华人聚居地区、文莱华人聚居地区、泰国华人聚居地区、日侨聚居地区（如巴西的日侨聚居区）、越侨聚居地区（如欧洲、北美的越侨聚居区）、韩侨聚居地区（如欧洲、北美的韩侨聚居区）等等"。

　　汉字是一种表意文字，具有"语""文"分离的特性，因此，它在"汉字文化圈"呈现出"一种以'植文'为主的独特的传播形式"，即将汉语汉字广泛应用于书面表达与沟通当中，但日常交流通常使用自身的口语进行。这种将汉字作为跨地区、跨民族、跨语言文字的情况一直持续至19世纪末20世纪初。有学者认为，汉字在近代之前被广泛借用"主要靠的是文明发展的落差形成的文化向心力，吸引着周边国家主动学习"。日本学者两屿定生将"汉字文化圈"各个地区所展现的文化共性总结为如下要素："以汉字为传意媒介，以儒家为思想伦理基础，以律令制为法政体制，以大乘佛教为宗教信仰等等作为共同的价值标准"。如今，这些隶属古代"汉字文化圈"的国家都形成了自身的文字，但汉字对其文字的影响不容忽视，比如"朝鲜语、越南语和日本语词汇的六成以上都是由古汉语派生出的汉字词组成的"。

"汉字文化圈"各地区与汉语以及中华文化保持着长期的接触和交融，以下将概述韩国、日本和越南这三个"汉字文化圈"代表性国家的国际中文教育现状。

一、韩国地区的国际中文教育

韩国位于朝鲜半岛，是中国的海上邻国之一，在东北亚地区占有重要地位。相传，中国汉字早在商末周初便已传入朝鲜半岛。历史上，朝鲜半岛部分地区曾被西汉、唐朝、元朝等纳入王朝版图或进行间接统治，汉语言文字和文化都曾对其及周边地区产生深远的影响。已有研究表明，"公元 2—3 世纪，朝鲜半岛自北向南，开始采用汉文教育。公元 8—9 世纪，统一朝鲜半岛的新罗王朝模仿中国以经学取士的科举制度，使汉文汉字成了朝鲜半岛知识分子得以仕进的利器。此后直至 1910 年日本占领朝鲜半岛前，汉文汉字始终是朝鲜半岛的官方语言文字"。朝鲜半岛上的百济、高句丽、新罗诸国在高丽王国统一半岛之前都曾用汉文编撰其国史，在 2000 多年的汉字传播过程中，汉字是各个时代的文人的书面用语，他们用汉字宣布文告。还用汉文创作了大量的具有较高岂术水平的汉诗、散文、小说作品，大量文献流传至今。

现在，韩国用于书写的是谚文而不再是汉字，但长期的接触使汉字已在韩语的发展中烙下深深的印记，如"韩国出版的所有国语词典中汉字词都占词汇总量的 50% 以上"。在韩国，现代意义的国际中文教学始于其独立之后的第二年，以 1946 年首尔大学中文系的成立为标志。2004 年，中国在全球兴办的第一所孔子学院即选址在韩国首尔。截至 2023 年 3 月，中国在韩国共设有 24 家孔子学院和 4 家孔子课堂，是在亚洲国家中最多的。

"韩国大学国际中文教学 20 世纪五六十年代处于起步阶段，七八十年代有了一些发展，1992 年中韩建交以来大学国际中文教学得到了长足发展，国际中文教学规模和质量有了较大的跃升。"当前韩国国内的国际中文教学规模宏大、普及度极高，"据韩国教育统计研究中心统计，2016 年，韩国共有普通本科院校 189 所，专科院校 138 所，其中设立中文专业的本科院校有 149 所，专科院校有 43 所，在读中文专业本、专科学生达 29410 人"，还有大规模的国际中文教学以公共通识课的形式展开，孔子学院直接参与了这些大学的国际中文教学工作。"韩国对本土汉语师资的学位要求很高，通常中小学国际中文教师都要求具有硕士以上学位，而高校老师则普遍要求具有博士学位"。中国综合国力的提升、中韩交流的增多以及广阔的市场和就业前景是促使韩国人学习汉语的重要因素。在韩国国际中文教学快速发展的同时，其课程设置也在适应市场需求而不断调整：除开设传统的语言和文学类的课程外，还增加了关于中国地理、经济、政治等文化类课程的比重；除培养专科、本科层次的人才外，还加大力度培养硕士、博士等更高层次人才。在 2012 年中韩建交 20 周年之际，中国教育部中外语言交流合作中心和韩国国立国际教育院达成协议，开启 CPIK（Chinese Program in Korea）项目，通过每年派遣 200 名左右的教师志愿者赴韩以帮助韩国中小学提高国际中文教学质量和水平。研究显示，韩国人在国际中文学习过程中，由于历史中的长期接触通常能较快形成良好的阅读能力，但在语言出现相近情况时则会因为过度泛化而出现词性、词义以及语体偏误等母语负迁移现象。此外，较为内敛的民族性格使得学习者们在课堂中的主动参与意识不强。解植永认为韩国汉语教育存在如下问题：国际中文教师入职没有统一标准，缺少监督，语言学类教师数目低于文学类教师；尚未编订针对中文专业和国际中文教学的权威教学大纲，教学目标和要求不够明确；教师在教材选择方面较为随意，市面上符合韩国国情的汉语优秀教材较少；教学方式和理念更新不及时、教学中会厚古薄今、重文轻语，强调到目标语环境锻炼而忽略了在本土进行的口语能力培养，需要通过与国内各高校以及中国各级教育机构进行教学交流等方式不断改进。

二、日本地区的国际中文教育

日本位于亚洲东部，地处太平洋，与中国隔海相望，领土由 7000 多个岛屿构成，古称"倭"。日本作为一个统一的国家开始较晚。据史书记载，公元前 1 世纪左右汉武帝攻灭朝鲜并设置真番、临屯、玄菟、乐浪四郡，"当时倭人分为百余个小国，由三十多个小国通过朝鲜半岛与汉朝产生了联系；魏晋南北朝时期，日本列国与朝鲜半岛以及中国当时的封建王朝都有使者往来；隋唐时期，中国国力空前强盛，周边国家和民族纷纷遣使入贡、学习，日本就在其中。日本的遣隋使、遣唐使规模庞大，返回的使节、留学生激起知识阶层强烈的求知欲望，造就了盛唐时期连绵不断的留学生和学问僧。汉文化全面进入日本，汉字也在日本社会生根、开花。汉文主要是在社会上层中流传，并未在日本社会广泛推广。在这些以知识人士为主的社会上层中，许多人具有极高的汉文造诣，能够读汉学典籍并用汉语创作诗歌、散文等文学作品和编纂历史，但在一般场合中仍然通用日语。

刘海燕梳理了中国各个历史时期汉语在日本的传播情况，将之区分为汉唐时代的古典期、日本明治维新的转型期、日本侵华战争期、抗战之后的中日关系隔离期、中日关系蜜月期和现阶段六个不同的时间段。在古典时期，日本国际中文教学是全盘接受中国文化，汉语、中华文化以及儒家思想的传入一方面经由朝鲜，另一方面是借助派出的遣隋使、遣唐使（从 593 年圣德太子执政时期直至德川幕府时代）；该阶段日本国内官学的教学方式都与中国传统语文教学方法一致；公元 10 世纪，日本从公元 8 世纪即开始在汉语基础上发展的平假名－片假名文字系统基本成熟，并成为训读汉字、学习汉语的工具。在这一转型时期，中日海上贸易催生了既会语言又懂贸易的"通事"（翻译的意思）一职，强调"字""话"的唐通事"家学式"教学成为这一阶段的汉语学习特色，并一直持续至明治维新。日本汉语学习由阅读经典转向实用目的，对此后的日本国际中文教育深具影响。此后，日本的社会、语言等发展进入了全面西化的阶段，关注英、德、法等外语的学习，"脱亚入欧论"盛行，学习汉语和朝鲜语更多意在实现自身的军事扩张。在日本侵华阶段，出于实用的目的，日本出现了历史上最大一次汉语学习热潮，"军用汉语""商务汉语"等专门用途汉语被编入教材，在中国东北地区，日本人聚集地国际中文教学、水平测试、教材和词典编写等全面展开，沉浸式国际中文教学伴随着侵略战争的准备渐入丧心病狂的状态。日本战败后，汉语学习者的数量锐减，直至 1972 年中日邦交正常化后再次蓬勃发展。现阶段，日本的国际中文教学主要在大学进行，外国语大学有汉语国际教育专业，综合大学有中国文学专业和语言专业，许多人文社科专业将汉语作为第二外语选修课。同时，一些高中、高专以及文化补习所、私人教室等社会机构开展的国际中文教学也比较普遍。受西方语言教学思想的影响，语言考试一直是日本国际中文教学的重要环节。早在 1904 年，日本就已开始实行以实用翻译为主的检定考试，目前日本国内有中国语检定考试、中国语导游翻译业考试、商贸中国语检定、中国语交际能力测试等多种考试服务。日本历史中上述汉语教育的做法对汉语在其他国家或地区的传播具有特别的借鉴意义。

如今，基于中国经济的蓬勃发展、中日两国语言文化共同的基础和长期的接触交流以及部分媒体的积极传播，汉语在日本的发展规模和范围已超过以往各个时期，日本人对汉语的认同度仅低于英语，但仍存在不尽如人意之处。主要有①汉语学习者众多，大学国际中文教学十分普遍，但中小学国际中文教学相对薄弱，同时学习者在各阶段学习中经常遇到汉语课程衔接问题；②顶层设计缺失，教学环境和教学效果欠佳，目前是由民间机构推出汉语学习的教学指导纲要，大学公共汉语课时较少，有重文化轻语言倾向、中高级的教材较少，专业化师资教学水平参差不齐；③与中国合作不够，专业交流不足。

已有汉语国际教学研究显示，日本人同中国人类似，整体性格谨慎内敛，课堂主动回答问题的同学较少，一些同学已经学习汉语较长时间，但普通话水平却不尽如人意、说话洋腔洋调，这主要是因为汉字曾长时间作为汉字文化圈各地区进行书面交流的工具，其口语表述与汉语差异较大，因此可以引入朗读教学，注重课堂管理的艺术性，帮助学生"敢说、乐说"。

三、越南地区的国际中文教育

越南，旧称"交趾"或"安南"，地处东南亚腹地，是中南半岛的重要国家。清朝之前，此地曾一度作为中国的行政区之一：隋唐时期曾在此处考试选官；唐朝在此开办学校，发展文化教育、培养人才；明朝永乐年间在此处设"交趾布政使司"，直至明宣德年间它才作为中国的藩属国从中国版图中划出去。"越南"的同名实为清代嘉庆皇帝御赐所得，曾经的安南王国只包括今天越南北部的地区，之后它向南不断扩张，将北部具有千年历史的占城古国并入其中。

越南在作为郡县的时代，并没有自己的文字，有一千余年历史的越南王朝一直将汉字作为其正式的书面文字使用，"越南史家在宋代末期撰写《大越史记》、在元代编撰《安南志略》、在明代编撰《越南史略》、在清代编撰《钦定越史通鉴纲目》《皇越地舆志》《大南一统志》《大南实录》等，都是使用汉字"。此外，汉字也曾是越南官员选拔的基本要求，越南于 11 世纪李朝（1010—1225 年）中期开科取士，以掌握汉字和儒学的程度选人才、授官职。越南科举制度延续数百年，直到 20 世纪初才最后被废除。在此时期，被称为国音字的"喃"字虽存在和在一定范围使用，但长期属于非正统文字，被认为低俗不雅，而汉字称儒字，大受推崇。中越两国士人口语表述各异，汉字为媒介的"笔谈"成为双方进行交流的独特方式。越南文化深受中国传统文化影响。直至今天，越南当地许多文化风俗，如庆祝春节、中秋节等，都与中国类似。约 17 世纪，一些两方传教士到达了越南的南方，为了传教方便，他们开始用拉丁字母拼写越南语，这就是后来的越南语的拼音。19 世纪中期之后，越南逐步沦为法国的殖民地，拼音文字逐步由殖民当局在越南全境推广。1945 年的八月革命结束了历时 80 年的法国殖民统治，新成立的越南民主共和国政府终止了"汉字"和"喃字"的使用，将拉丁文字作为自身的"国语字"。现在，越南语是越南的官方语言，其发音与我国的广东话较为接近。从越南历史看，越南是一个受多种外来文化影响的国家，它对某种外语最需要（也可以说受影响最深）的历史大致可以分为五个时期：第一个时期，1885 年越南沦为法国殖民地以前受汉语影响最深；第二个时期，1885 年至 1955 年受法语影响最深；第三个时期，1955 年至 1975 年北越受俄语影响最深，南越受英语影响最深；第四个时期，1976 年越南统一后至 1986 年，俄语占压倒地位，英语次之；第五个时期，1986 年至现在，以英语为首、汉语为次的多种外语在越南得以普及，汉语的需要处于上升的阶段。

汉字与汉文化在越南流传有着悠久的历史并一度非常盛行，但国际中文教育在越南的开展却是时起时落，深受其国内政治的影响。在越南民主共和国初期，汉语曾经被纳入越南的教育体系。此后，中越两国从冷战初期的"同志加兄弟"的亲密关系急转直下，直至1991年中越关系正常化后，越南高校开设汉语国际教育专业或汉语课程不再受到政策限制，国际中文教学日渐恢复。在2006年5月《普通教育课程：中国语课程大纲》由越南教育培训部颁布，标志着汉语被越南教育部纳入中学课程大纲，与英语、俄语和法语共同成为越南教育体系中的主要外语。据陈传俊调查，截至2012年越南全国有448所大学，其中27所学校开设汉语国际教育专业，每所学校每年招收100至200名学生，全国每年约有3500名学生考上汉语国际教育专业，另外49个专业可以用汉语进行考试；这些高校使用的教材多为中国内地出版社出版，极少数由中国香港、中国台湾以及越南本地教师编写。虽然是拥有九千多万人口的汉字文化圈主要国家，越南国内目前仅在河内大学设有一家孔子学院。吴应辉的调查显示国际中文教学在越南高等教育中已初具规模，但基础阶段的国际中文教学仍显薄弱；虽然外语是越南中学中的必修课，但是在英、法、俄、汉、日等外语中，大多数学生选择学习英语，中高级的汉语师资短缺。[①]他认为越南具备大力发展国际中文教学的基础条件，但继续发展仍须其政府自上而下的推动，也离不开中国的支持，须增进双方高层磋商，借助设立国际中文教学基金会、发挥本地华文学校华文教育示范作用、联合培养师资等方式推动越南国内的国际中文教学与研究。

第二节 非汉字文化圈的国际中文教育

在"非汉字文化圈"的各个国家和地区中，亚洲的各地区以及美洲、欧洲和大洋洲的国际中文教育发展状况各具特色。

一、亚洲"非汉字文化圈"国家的国际中文教育

中国所处的亚洲是世界上人口最多的大洲，其中有14个国家与中国接壤，6个国家为中国的海上邻国。据Population Reference Bureau数据，亚洲人口过亿的国家有7个，除中国外，还有印度、印度尼西亚、巴基斯坦、孟加拉国、日本和菲律宾。

相对于亚洲庞大的人口，孔子学院（课堂）目前在亚洲的设置并不充分，特别是在

---

① 吴应辉. 汉语国际教育面临的若干理论与实践问题 [J]. 云南师范大学学报（哲学社会科学版），
　2016，48（01）：38-46.

中国的周边国家的设置极不均衡。截至 2023 年 3 月，与中国同处于汉字文化圈的日本共有 14 家孔子学院，2 家孔子课堂，但亚洲人口第二大国印度仅有 2 家孔子学院，2 家孔子课堂，印度尼西亚有 8 家孔子学院，巴基斯坦有 5 家孔子学院和 2 家孔子课堂，孟加拉国和菲律宾分别有 2 家和 5 家孔子学院。下文简要介绍国际中文教育在东南亚、南亚、西亚和中亚的发展现状。

（一）东南亚

东南亚通常泛指亚洲东南部的地区，包括越南、老挝、柬埔寨、缅甸、泰国、马来西亚、新加坡、印度尼西亚、菲律宾、文莱、东帝汶等。东南亚地区是海外华人聚居区，也是目前全球汉语传播效果最好的地区。据庄国土的调查，东南亚地区的华侨华人约占全球华侨华人总数的 73.5%，华文教育在广大华人华侨中一直得到较好的保留，这有利于当地国际中文教育的进行。

20 世纪以来，汉语在东南亚各国的传播明显受到当时国内政策的影响，吴应辉、何洪霞称之为"波段共振性"。多数东南亚国家在 20 世纪经历了欧洲国家殖民、日本短暂占领（约 1942—1945 年），在两次世界大战结束后获得独立等重大历史阶段。在人民投身于争取独立过程、民族情绪高涨之时，许多国家的汉语学习处于停滞状态，部分国家国内甚至发生了严重的反华排华事件或运动。直至 20 世纪 80 年代，东南亚各国才与当时改革开放积极投入经济建设的中国不断改善关系。20 世纪末，东南亚各国国内的汉语学习逐步恢复，汉语学习不再仅是华人的选择，其他族群也在积极学习汉语；文莱、老挝、越南、菲律宾、柬埔寨、越南、泰国、印尼等都出台了较为宽松的外语学习政策，但国别差异仍然明显。据郑通涛等人的调查，东南亚各国学习汉语的人数超过 160 万，开设汉语国际教育专业或汉语课程的大学约有 102 所，开设汉语课程的中小学达 2500 多所，各类汉语培训机构 500 多家，教授汉语的教师将近两万人。其中，最引人注目的是泰国。吴应辉等人将当前汉语在泰国超越常规速度的快速发展现象称为"世界国际中文教学的一面旗帜"。

泰国旧称暹罗，通过海路与中国相连，中泰两国关系紧密。据中国史书记载，在 1370—1643 年之间，暹罗使节来到中国访问和贸易达 102 次，中国明朝使者回访也有 19 次之多。第二次世界大战期间，泰国是日本的盟军；与东南亚多数国家不同，二战之后的泰国选择追随美国不与中国发展友好关系，甚至与中国对抗。20 世纪 50 年代至 90 年代，泰国的国际中文教学发展十分艰难，学习人数日趋减少，华文学校陆续关闭，从几百所降到几十所。因此泰国的当代国际中文教育起步较晚，直至 1992 年，汉语教育才在泰国取得合法地位。2003 年之后泰国的国际中文教育以惊人的速度发展，汉语进入泰国各类教育体系中，包括高等教育、基础教育、职业教育，甚至学前教育，汉语课程在各级学校的数目十余倍增长，汉语已经成为仅次于英语的第二外语。吴应辉、杨吉春将泰国汉语快速传播的模式总结为政府主导，高校快捷地推动泰国全国性的国际中文教学；民间响应，形成各级各类学校争相开设汉语课的良好局面；中国支持，成为泰国汉语传播的助推器；媒体造势，形成推动国际中文教学的舆论氛围。吴应辉、肖舜良等的研究也进一步总结了泰国"汉语热"得以产生的诸多有益做法：泰国无论是皇室、政府还是社会团体都大力支持国际中文教学，从政府层面进行了国际中文教学的顶层设计，推动国际中文教学进入主流教学体系，政府与民间都积极投入经费解决国际中文教学中的实际问题，与中国紧密合作解决本国国内国际中文教师师资和教材缺乏等问题，名人和名校引领推动泰国国内国际中文教学以及媒体的宣传，并认为汉语在泰国的成功推广很大程度上是因为学习者能够从学习和使用中获得利益、取得优势、满足特定的需求和目的。李宇明也持同样观点，语言传播价值的大小有无，不在语言自身，首先取决于语言领有者的社会及历史地位，中国经济的快速增长以及国际影响力的不断增强正是汉语国际传播最根本的驱动力。在亚洲，泰国的孔子学院（课堂）数量仅次于韩国，截至2020年，泰国共建有11家孔子学院、12家孔子课堂。

泰国国际中文教育在保持强劲发展势头的同时尚存在一些问题。韦丽娟将其概括为三个方面：第一，泰国目前缺乏明确系统完善的国际中文教学大纲，未形成权威统一的国际中文教学评价标准和国际中文水平测试系统，各阶段汉语学习内容常出现重复，缺乏系统性和持续性，影响了学生学习的积极性；第二，高层次汉语人才十分缺乏，尚不能满足泰国社会的实际需求，需要通过调研制定长期的发展规划，鼓励学生明确学习目标、端正学习态度，提高国际中文学习效果；第三，国际中文教学能力建设有待加强，需要补充更多专业师资、更新教材、做好课程和本土化教材开发，提升教育管理层次。还有研究建议需通过文化的理解提升教学效果，比如东南亚国家的学生学习风格多具有场依存型，老师在教学时可以采取小组合作方式教学，降低学生的畏难心理。

东南亚各国的语言政策、组织机构和华文教育是"新时代东南亚汉语教育发展进程的重要根基。"大湄公河"次区域合作、"中国—东盟"自南贸易区建设等一系列经济发展举措都促使汉语在该地区地位不断提升，东南亚地区正在成为亚洲东亚汉语圈之外的第二大汉语圈。

（二）南亚

南亚国家包括斯里兰卡、马尔代夫、巴基斯坦、印度、孟加拉国、尼泊尔和不丹。当前，我国关于南亚地区国际中文教学和传播的研究成果比较有限。

以印度为例，印度是中国的近邻，是南亚次大陆面积最大的国家，人口数量居世界第二位，近年来经济发展态势良好，与中国同为金砖国家组织成员。印度是一个宗教大国，其中印度教徒约占总人口的 80.5%，教派、禁忌和信仰繁多，且互不相同。中印双方同为文明古国，两地自秦朝以来已拥有 2000 余年的交流史，达摩和玄奘等圣人的足迹和佛教传播是当时两国文化交流和沟通的基础。现代的印度是在摆脱 300 余年的英国殖民统治后于 1950 年宣布独立的。其官方语言有印地语和英语两种。不结盟是印度历届政府外交政策的基础。印度早在 20 世纪 50 年代即与中华人民共和国建交，但曾有一段时期两国关系有所波折，1976 年恢复互派大使后，两国关系才逐步改善。

20 世纪以来伴随着中印关系的起伏，国际中文在印度的学习和传播也在不断变化。印度本身具有完备的高等教育体系，在校大学生规模仅次于中国，有着世界规模第二大高等教育体系。"一带一路"倡议提出后，中国与印度的教育交流有一定增多，印度来华留学生数量已经超过去英国的留学生数量。其国内的国际中文教育也得到了一定的发展，国际中文课程成为法语、德语、日语等传统外语课程之外的新选择。现代印度大学开设国际中文班的历史可以追溯到 1918 年。诺贝尔文学奖得主泰戈尔在 20 世纪 30 年代创办的国际大学开展的国际中文教学与研究，主要是沿用欧洲与美国中国学（汉学）界的相关研究机构及其治学方法。谷俊、杨文武将印度 20 世纪至今的国际中文教学情况划分为三个阶段：兴盛时期（20 世纪 30 年代—60 年代初）、停止时期（20 世纪 60 年代中期—80 年代中后期）和深入发展时期（20 世纪 80 年代末至今）。目前印度的国际中文教学主要是在印度大学、社会（非学历）汉语培训班以及孔子学院进行。大学在国际中文教学与研究方面实力较强，许多大学设有汉语国际教育专业和中国文化研究中心，通过严格的选拔才能入学，同时，在印度，教授国际中文课程的大学教师资格要求拥有汉语国际教育专业硕士学位，同时拥有国家资格考试（National Eligibility Test/NET）证书。NET 这门考试的难度比较大，它并不仅仅考查考生的汉语水平，如语法、汉英笔译和英汉笔译以外，考试同时也考查考生的中国历史、文化、文学、地理等各方面的知识。私营培训多为 30-40 学时的短期项目，重视培养基础的国际中文交际能力，学习者多从事商贸往来工作，培训机构在新德里比较集中，在孟买、加尔各答等大城市以及德拉敦、纳西克等小城市的分布也日趋增多。由于历史原因，当前印度国际中文师资的断层现象相当严重，需引进与培养高水平的国际中文教师，教学水平参差不齐，教材老化。另外，印度有 100 多个民族，语言复杂，如何找出适合印度学生需要的国际中文教学方式方法，让印度学生更好地理解和学习与其拼音文字不同的方块汉字，学好汉语语法、语调等都是十分困难的任务，如今，一些地区开始尝试通过网络开展远程国际中文教学。

印度的文化习俗与中国差别较大，在交流过程中需要注意手势等非语言行为的使用，比如印度教师表扬学生不能触碰学生头部，因为这被认为是人体最神圣的部位；同样，在中国如果表达"思考、想"等意思时可以将食指放在太阳穴位置绕一下，但在印度则表示头脑不正常。

再如孟加拉国，同是亚洲人口大国，其国际中文教育主要是在其高校中展开。虽然中孟两国正式建交是在 1975 年，但达卡大学早在 1948 年就已经开始国际中文教学。南北大学孔子学院于 2006 年 2 月建成，设在南北大学继续教育学院之下，这是孟加拉国也是南亚地区第一家孔子学院，课程以听说为主。龚苗等对孟加拉国达卡大学（Dhaka University）（公立）、南北大学（North-South University）（私立）和孟加拉美国国际大学（American International University-Bangladesh）（私立）进行调查，发现国际中文教学和传播主要是以这些大学为基地，借助各种文化活动，向各地推广。汉语在孟加拉国的影响不断扩大，但也存在一些问题。比如，国际中文教学进度经常受到其国内政治局势、教学活动的安排、国际中文课程的课程性质影响而延缓或中断；英语、法语、西班牙语等语言的强势竞争、汉语学习动机不强和汉语本身的难度等也使得很多学员中途流失。

（三）西亚

西亚位于亚、欧、非三大洲交界之处，是连接大西洋与印度洋的枢纽，自古以来就是沟通东西的战略要地。该地区地域广阔，总人口超过 3.4 亿，包括 20 个国家。中国与西亚国家的贸易投资合作主要集中在石油贸易领域，并在不断向新材料、信息等贸易投资领域拓展。由于历史、宗教、资源、地缘政治等多方面原因，西亚地区各国国情复杂，比如，卡塔尔等产油国与阿富汗等非产油国的国内生产总值差距悬殊。西亚一些地区长期动荡，政治局势和安全形势都具有极大的不确定性，宗教极端势力、民族分裂势力、国际恐怖势力活动频繁，各国间的区域合作难以展开，国际中文教育在该地区发展滞后。

良好的经济共同发展和就业前景是拉动西亚地区汉语学习热情的重要因素。比如，沙特是世界最大产油国，而中国是世界第一大能源进口国；中国提出"一带一路"倡议，意在强化与欧亚大陆发展中国家的经济合作，而沙特提出"2030 愿景"以谋求产业的多元化。对此，2019 年沙特政府在其王储结束访华之际即宣布将汉语纳入沙特王国所有教育阶段的课程之中，有评论认为，在沙特的国际中文教学将促使中沙合作拥有更多"共同语言"。

土耳其一直是西亚地区具有强大影响力的大国。土耳其的国际中文教学目前只处于初级阶段。据苗福光研究，土耳其当前有 5 所大学开设汉语国际教育专业课程，还有近 10 所大学以及 15 所中小学开设国际中文教学课程或活动。在这些教学机构中，历史最为悠久、影响最大的是在其国父穆斯塔法·凯末尔·阿塔图尔克的建议下创立的安卡拉大学汉学系。该系具备完整的本科、硕士、博士的学科培养体系，将梳理其突厥先祖历史以及研究中国作为其汉学研究目标，积累了一定的研究成果，但相较于德国、英国、法国等西方国家的汉学研究，仍比较薄弱。2004 年，国际中文被土耳其教育部门确定为中小学第二外国语备选语种，但总体而言，当前土耳其国内国际中文学习者人数有限，教学水平和层次也不高。

全世界 22 个阿拉伯国家中有 12 个分布在西亚的沙姆地区（巴勒斯坦、约旦、叙利亚和黎巴嫩）和半岛地区（沙特阿拉伯、伊拉克、也门、科威特、阿拉伯联合酋长国、卡塔尔、巴林、阿曼）。阿拉伯国家越来越重视国际中文教学，只是其师资薄弱、针对性教材缺乏："目前懂阿拉伯语的国际中文教师仍然较少，学生与教师间的沟通及课堂解释性语言通常只能是英语，语言的障碍使教师在教学过程中不能充分发挥，学生在学习过程中不能透彻地理解。"文化差异也是汉语传播的重要障碍，通过在阿拉伯地区的国际中文教学发现，中华文明与伊斯兰文明虽然在某些观点上存在相同之处，但其语言在实际使用中的意义差别很大，许多在中华文化中寓意深刻的内容在其他文化中却是无法被理解的。这都需要相关人员在汉语国际传播中更主动地去认识、理解和探索彼此文化。据研究，当前阿拉伯国家很多关于中国的报道并非来自一手资料，而是转自西方或其他传播力较强的世界级媒体，阿拉伯公众最关心的是中国的发展经验、中国的外交政策、当代中国人的生活以及伊斯兰教在中国的发展。可见，当代中国是阿拉伯国家希望了解，但又时常被误解的方面。中国对阿媒体在宣扬中国传统文化的同时注意呈现真实的现代中国。

在汉语在西亚的传播过程中，中国自身国际地位和影响力的提升是必要的前提，当地政府的积极关注是重要保障，这些直接影响到国际中文学习者的数目和热情。比如，在约旦，国际中文教学虽然 20 世纪 70 年代刚刚起步，但发展迅速，不仅有一些兴趣班，也有大学开设汉语国际教育专业。来自约旦的艾瑞海对约旦大学中文系的国际中文教学状况和问题进行了阐释，发现目前的课程设置比较单一、课时较少，学生学习进度经常落后于教材设置的教学进度，导致学习者学习动机和兴趣逐步下降；教师数量存在缺口，且很多教师的教学方法、专业素质等时常被学生质疑，学生希望既懂阿拉伯语又懂国际中文教学的教师任课，教师要具备区域性的教学观；许多课程还是以教师讲授为中心，学生参与机会较少，课程重视精读忽略泛读；此外，中约两国当前的合作和交往还处于初级阶段，当前懂国际中文的人在相关企业或单位的就业机会比较有限。

（四）中亚

中亚地区的国际中文教育从 20 世纪初起步，迄今已有近 120 年的历史。近年来，随着中国经济的发展和国际地位的提升，中国与中亚地区的交往日益密切，尤其是 2013 年提出"丝绸之路经济带"构想后，中亚地区国际中文教育发展呈现快速上升的态势。

在中亚各国中，吉尔吉斯斯坦官方语言是俄语，土库曼斯坦、塔吉克斯坦、乌兹别克斯坦是从苏联分离出来的，这 3 个国家规定其母语分别为：土库曼语、塔吉克语和乌兹别克语。但是，俄语在这 3 个国家中使用领域依然最广，承担官方语言和族际交际语言的能力依然最强，在地缘政治、劳务输出、教育留学、区域经济合作等方面功能依然强大。中亚各国的风俗习惯、宗教信仰和思维方式也比较接近。

在中亚地区，高等院校是汉语国际教育的重要机构。李琰、聂曦对中亚吉尔吉斯斯、哈萨克斯坦、乌兹别克斯坦和土库曼斯坦 4 国 37 所高校进行了实地调查，发现国际中文在这些高校的传播呈快速增长态势，但整体发展不均衡。在所调查高校中，17 所高校设有汉语国际教育专业，7 所高校将国际中文列为必修课程，还有 21 所高校开设了国际中文的选修课程。这些高校开设的课程主要是综合类和语言类课程，文化类课程较少；专任教师多集中在少数高校，本土教师的数量超过了孔子学院公派教师和志愿者，各高校在增设汉语课程中都在一定程度上遇到了师资缺乏问题；中国编写的教材是国际中文教材的绝对主体，但自编教材在中亚各国高校中也普遍使用。

"一带一路"倡议被提出后，许多中国企业走出国门、投资建厂，参与当地经济建设。研究显示，中亚国家的中资企业中，中国员工与当地员工的比例大多是 2：8，中国员工占两成，当地员工占八成。这种招工比例极大地激发了当地青年学习汉语的兴趣。孔子学院在中亚企业语言培训中发挥了重要作用。依据孔子学院的统计，截至 2023 年 3 月，哈萨克斯坦有 5 家孔子学院，吉尔吉斯斯坦有 4 家孔子学院，乌兹别克斯坦有 2 家孔子学院，塔吉克斯坦有 2 家孔子学院，土库曼斯坦尚未设立孔子学院或孔子课堂。以塔吉克斯坦企业为例，"塔中矿业有限公司日常聘用当地员工五六千人，多时近万人。中国企业特变电工承建塔吉克斯坦杜尚别首都热电厂，既需要大量的建设人员，还需要长期维护保修人员，需要大量懂汉语的当地员工。中石油公司则与孔子学院签署国际中文教学协议，联合培养塔吉克斯坦员工的汉语能力，提高其汉语水平。"

二、美洲国家地区的国际中文教育

美洲依据自然地理状况被分为北美洲、南美洲和中美洲三个部分，位于北美洲的美国是该地区综合实力最强的国家，也是孔子学院（课堂）设置和汉办志愿者任教最多的国家。以下以美国为例，结合已有研究探讨该地区的国际中文教育现状。

截至 2023 年 3 月，美国共建有 9 家孔子学院、11 家孔子课堂。有学者对美国孔子学院的国际中文课程设置情况进行了考察，发现受访孔子学院多依据学习者国际中文水平设立了初、中、高不同层级的课程；依据学习者实际情况，上课时间多数在下午或晚上；课程主要是语言课和文化课两类，也有依据学院特殊需求面对政府、企业或学校开展《商务汉语》《医学汉语》《旅游汉语》《戏曲汉语》等专门课程，还有许多学校开始采用现代远程教育这种比较灵活的教学手段。文化课程在受访孔子学院中比较受学生的欢迎，目前开设的文化类课程和文化讲座类课程的主要内容涉及传统服饰、书画、剪纸、"一带一路"、十二生肖、中国的电影、当代中国、中国当代文学等，但主要是文化体验课，部分孔子学院注重文化活动、缺少语言学习、缺少系统完整的学习体系，无法使学生从中文角度直接理解中国文化。汉语国际教育专业学生要与孔子学院国际中文教师能力衔接，需要过硬的专业综合素质，其中包括全面扎实的语言学知识、扎实的教育学和心理学知识、适合学生的教学方法以及关于中国民风民俗、传统工艺以及文学作品等的丰富知识；课堂教学实践能力；熟练地运用外语，这在初级汉语阶段尤为重要。

针对如何提高在美国际中文教学效果，已有研究提出了一些有意义的举措。比如程龙发现很多美国人决定学习汉语和中国文化是受到一些影视作品中的中国文化吸引。国内通常采用的讲解、图片展示为主的教学方式并非为美国人喜爱。电影等多媒体资源的引入可以活跃课堂气氛、创造真实的场景进行情境化的教学，同时利于同美国的生活方式和教学方式对接。但在选择影视资源时，不要局限在中国拍摄的汉语电影，还应考虑国际中文学习者的汉语水平、年龄等，选择在美国拍摄的英语电影或者中美合拍的一些影片，如《花木兰》《功夫熊猫》《尖峰时刻2》《刮痧》等电影都可以被应用到课堂中，方便不同程度的学习者对中国文化的理解和学习汉语语言。另外，孔子学院在海外的国际中文教学面对的许多学习者是中小学生，需要以鼓励为主、奖罚分明、注意讲话的语气，更要"对美国的教育体制、组织结构、教学方式以及美国学生的学习特点和风格等都有一个全面的掌握"，发展和做好不同的教学管理和教学应对策略。

相较于美国孔子学院的教学实践，美国许多本土高校在汉语高端课程设置、高端人才培养领域成绩更为突出。美国汉语课程的开设始于19世纪70年代末，发展至今，哈佛、耶鲁、哥伦比亚等美国大学的东亚语言系早已汇集了世界一流的国际中文教师和学者队伍，其国际中文教学与研究在世界享有盛誉。以哈佛大学为例，其国际中文教育的开展始终秉承着明确的使命意识，并随着时代发展不断调整。哈佛大学汉语课程开设之初主要是出于美同对华商务与传教事业的需求以及培养能够在中国政府供职、开展商务与从事传教的人才；第二次世界大战时期转为应战时需求为美国军队培养汉语人才，承担了服务国家、维护和平的使命；而战后调整为承担起拓展哈佛大学全球视野的使命；进入全球化时代，提升哈佛大学国际学术领袖地位以及服务全球化社区成为其国际中文教学的新使命。当前，哈佛大学已经形成了较为科学、系统的国际中文教育体系，在核心课程改革以及美国政府外语战略规划双重需求的引导下，哈佛大学国际中文教学已形成汉语言专业国际中文教学与非汉语言专业汉语教育相结合、语言与文化相结合、基础汉语与跨学科汉语相结合、长期与短期相结合、本土环境（美国）与目的语环境（中国）相结合的成熟教学体系，以语言知识、语言技能以及社会文化知识为核心内容，重视语言功能，强调学生的交际能力，采用集阅读法、翻译法、听说法、交际法等方法为一体的汉语作为外语教学的综合教学法。同时，哈佛大学的汉语教育充分关注了多元组织机构的建设：在师资和课程建设的同时，哈佛大学还建有哈佛燕京图书馆、费正清东亚研究中心等机构，为国际中文教学提供了丰富的教学资料与研究成果，也得到了政府、个人和基金会丰厚的资金支持。

在美国从事第二外语教学的入职门槛比较高，需要至少拥有学士学位，并通过所在州教育行政主管部门的二语教师资格认证，认证并非一劳永逸，大多数州的合格教师证都要求持证者至少十年参加一次重新审定。美国等国家实际有充分的国际中文教师储备，虽然每年都从中国引进一些国际中文教师志愿者，但这是因为一些学校想利用中国的资源支持其国际中文教学，并非因为本地国际中文教师资源短缺。

对于我国而言，明确国际中文教育的使命至关重要，这也是孔子学院在全球建设、管理和发展过程中必须正视的问题。正如许多学者所讲，国际中文教育的使命归根结底还是语言教育，必须清醒并明确，我们自身担当的最主要、最直接的任务是想方设法帮助外国的汉语学习者尽快、尽好地学习、掌握好汉语，特别是汉语书面语。国际中文教育专业研究生在教育中要思考如何更好地夯实基本功、进行语言教学，而非刻意"传播中国文化"，语言是文化的载体，文化更多是在语言学习基础上通过"润物细无声"的方式传递的。

语言的跨文化传播需要注意互惠与和谐，"倘若把握不好传播这种纯粹性文化主张的分寸和方法，便会遭遇他者的抵制——我们眼睁睁地看见他者对我们这种带有善良愿望的文化传播活动进行'政治化'和'意识形态化'的解读，却束手无策"。比如，与全球孔子学院的数量持续增加相反，美国国内孔子学院的数量近年来不增反减：2016年12月的统计数字显示美国国内建有孔子学院110家；两年后，这一数字变为105家；2019年6月，美国的孔子学院数量已再次减少至95家，这种现象让我们不得不进行关注和反思。分析发现，对于孔子学院办学，中美双方存在较大的认知差异：中方认为孔子学院只是设立在美国大学校园内旨在推广中国语言和文化的机构，没有加入大学学分制体系，对美国高校教学和学术研究并不构成冲击，甚至没有产生大的影响；但美国学界、媒体和民众中的部分人对中国海外孔子学院的运行存在质疑，部分地区甚至发起了抵制运动。质疑和批评的原因之一是孔子学院的官方办学背景，但更主要的问题是在运营和管理过程中，缺少交流、互动以及灵活性，比如有批评称孔子学院的相关活动禁止讨论中国政治上的敏感话题、国际中文教材由中国教育部审定、教师聘用过程中的特殊要求（比如对教师的信仰有所要求）以及教育部中外语言交流合作中心可以决定教材使用和教师的聘用，这些在美国都被认为与美国高等教育崇尚的学术自由（academic freedom）、学术自治（academic autonomy）和学术中立（academic neutrality）的 3A 原则相抵触。在未来的发展中，国际中文教育需要不断探索如何最大限度地满足全球受众学习汉语和理解中华文化的需要。

三、欧洲国家地区的国际中文教育

欧洲是孔子学院分布最广泛的大洲，截至 2019 年 6 月，在欧洲 43 国（地区）共设有 184 所孔子学院和 322 家孔子课堂。中国在海外建立孔子学院、推广汉语、传播中国文化的想法最初正是借鉴欧洲国家本民族语言推广的经验。

欧洲国家有着悠久的汉学研究传统。自明朝晚期始，欧洲耶稣会会士就开始关注国际中文教学。与 19 世纪欧洲传教士不同，来华耶稣会会士的工作除了用汉语翻译基督教经典以外，他们还通过自己的专业所长以及欧洲大学的事务关系，在欧洲高等教育领域成功引介国际中文教学。当时西方大学者主要的研究兴趣在中国古代汉语和历史考证，他们将之作为研究汉文化的基础。因此，20 世纪中叶欧洲几乎所有主要的大学都设有古代对外汉语专业的学位，并且成果斐然。比如，20 世纪上半叶，法国汉学在中国古代史、中国宗教、敦煌学和考古学等领域均有不同寻常的研究成果问世。

欧洲国家各高校的国际中文教育始于 19 世纪。此时，西方世界渴望与东方世界进一步沟通，增进对东方文明的认识和了解。德国柏林大学、英国牛津大学等欧洲大学先后开设汉语课程。在许多欧洲大学汉语国际教育专业学生的培养中，通常都要设置为期一年到中国大学的交流学习时间，作为课程的一个必修环节；当代中国也成为欧洲各大高校国际中文教学和研究的重要领域。

相较于欧洲的教学机构，位于欧洲的孔子学院所能提供的国际中文教学多数只是广泛意义的汉语教学和文化互动，缺少优秀的师资。有研究指出从中国派往欧洲的教师基本不具备所在国家必需的教师资格认证条件，同时，他们当中很多教师亦缺乏必要的课堂管理知识和激发学生潜能发展的情境创设能力，而无法获得所在地学校和学生的认同和赞赏。

汲传波、刘芳芳以 27 位中国志愿者在意大利、波兰、匈牙利、奥地利、西班牙、德国 6 国 6 所孔子学院为期一学年的实习记录为研究素材，概述了志愿者所在的欧洲孔子学院在中华文化国际传播、学习者特点、课程及教材、课堂教学与管理等方面的状况和存在的问题，并给出了技术性的处理方法和建议。第一，在欧洲孔子学院任教，如果缺乏文化的辅助，国际中文教学将举步维艰。其中文化辅助的活动主要分为三类：①当地民众可以参与互动的表演类文化活动，如书法、剪纸、中国结、中国茶艺、太极拳、踢毽子、包饺子、中国象棋、中国武术等；②欣赏类的文化活动，比如中国画展、中国电影、中国音乐、诗文朗诵等；③讲座类的文化活动，如中国的节日习俗、中医讲座、中国礼仪、中国笑话等。国际中文教师和志愿者在出国任教前，有必要学习和思考如何通过中华才艺等中国文化因素在课堂，尤其是低年龄阶段学生课堂激发起学习兴趣。第二，欧洲孔子学院的学习者相较于国内高校的留学生群体，年龄差距悬殊，需要我们在课程设计、教材选取、课堂教学与管理等方面都进行差异性、针对性的安排。针对国际中文教师和志愿者在教学中反映的共性问题，如缺少适合的教学资源、不会所在国母语而限制了教学以及与同事的沟通等，教育部中外语言交流合作中心可以考虑在赴任前培养外派教师和志愿者对教材进行选取和取舍调整的能力，如能掌握教材编写能力则更佳。在欧洲的儿童国际中文教学中，课堂管理通常比教授学生汉语更为重要，志愿者们发现了较为有效的处理办法：加大中国式教学的听写、默写、考试的分量，并制定一整套奖罚制度；在游戏和活动中加入学习内容，而非以学习为主以游戏为辅。此外，如果外派教师不懂赴任国语言，至少要在赴国外任教之前对课堂指令用语、澡堂管理用语、简单的日常用语进行学习，以解燃眉之急。同时，在汉字教学中，可考虑淡化拼音学习，借助书法课和书写比赛等提升学生学习汉字的热情。

在欧洲国家中比较特殊的是俄罗斯，其国土横跨北亚和东欧，境内包含160多个民族、文学、艺术、军事、科技等都非常发达。近年来，中俄新时代全面战略协作伙伴关系不断深入，双方在金砖国家组织、上海合作组织等国际机构中通力合作、共谋发展，双边经贸往来日趋频繁。正如新华社评论所言，在70年风雨兼程中，中俄关系已经成为互信程度最高、协作水平最高、战略价值最高的一对大国关系。

经济因素在俄罗斯的国际中文传播过程中发挥了决定性作用。李宝贵的统计显示，俄罗斯本土汉语学习人数、俄罗斯孔子学院国际中文学习者人数以及俄罗斯来华留学生人数都随着中俄经贸合作的变化而变化；同时，共建"一带一路"为俄罗斯国际中文传播带来了新机遇；2019年，俄罗斯首次在国家统一考试中进行国际中文科目考试，2020年，俄罗斯把国际中文完全纳入国民教育体系。

近年来，中俄经贸往来日趋紧密，然而中国的出海企业都在一定程度上遇到了跨文化沟通的问题。许多学者提出在对俄国际中文教育中，除语言教学外，也要阐释好中俄文化的对立统一关系，对不同的习俗、思维方式、价值观念的忽视极易导致跨文化交际失误或失败。这其中包括以下表层的礼仪习惯，比如"俄罗斯人的时间观念与中国人有很大差异；对于送花的礼仪也有很大的不同，如中国人喜欢在母亲节和教师节给母亲或教师送康乃馨，而在俄罗斯康乃馨却是给故去的人送的，送花的数量是单数还是双数也与中国习俗相反"。同样，我们需要提升对深层次、较为细微的文化特征以及文化差异的认识。俄罗斯处于东西方文明的交界处，文化兼容东西，文化当中也展现出很多固有的矛盾性：个人主义和集体主义；谦恭和反抗、奴性和自由、软弱和残暴；自我牺牲和利己主义、精选原则和人民性，以及高级别的原始宗教性、对唯物主义的崇拜和对崇高精神理想的喜爱；无所不包的国家性和无政府主义的自由性；国家的自负和与大国主义相连的民族自负和弥赛亚的万能型；东正教的强制俄化与努力将东正教变为世界性宗教；寻求社会自由与服从国家专制及等级主教制；接受僵化的尘世事件与无限的自由、寻找上帝的真理；西方派所向往的进步、个性自由、合理组织生活与东方派感兴趣的有序、稳定且复杂的与俄罗斯现实相区别的生活……这些现象都是俄罗斯文化中矛盾但又互为依存的部分，这些部分构成了俄罗斯文化的二元体系。这种矛盾统一呈现在课堂教学系中，即成为来自不同文化背景的障碍。黑龙江大学教授李丹宁对来华俄罗斯留学生国际中文教学所提出的教育策略对在俄罗斯开展国际中文教学同样有益，他认为讲解语言知识与讲解文化语言同等重要，要有针对性、选择性和主导性，在教学中要认识和挖掘中国文化与俄罗斯文化的矛盾性、神本意识和使命感中的共同之处，关注俄罗斯现代舆情变化调查、以"中和""仁者爱人"和"修齐治平"等作为衔接点，结合俄罗斯文学作品叙事或者现当代关于中俄两国的历史事件诠释"两国文化中的对立和对应关系"，推动双方的理解。[①] 正如彭树智先生所言："根据古今中外不同文明之间的辩证联系的规律，差异性并非必然导致冲突，同一性并非必然导致融合……在多元文明时代，不同文明之间通过交往的必由之路，是寻找彼此之间的交汇点，而不是一方化掉另一方，更不是一方消灭另一方。"

四、大洋洲国家地区的国际中文教育

大洋洲陆地分散、岛屿众多，是世界上面积最小的大洲，人口不足 3000 万。该洲共由 14 个国家构成，曾为英国殖民地，所以绝大多数居民使用英语。其中，澳大利亚是该洲所处的南半球经济最为发达的国家。

澳大利亚是一个移民国家，英语是官方语言，汉语当前是该国使用人数第二多的语言，同时还有近 400 种语言在各民族、家庭内普遍使用。位于大洋洲的澳大利亚历来重视与其地缘联系紧密的亚洲发展经济关系，也重视对亚洲国家语言的学习。20 世纪 80 年代以来，世界经济格局已逐步转变，亚洲的经济地位日益提高，中国在这一新的形势下取得了令人瞩目的成就，并在 2006 年超越日本成为澳大利亚第一大贸易伙伴。澳大利亚在 20 世纪 90 年代开始形成自身的"亚洲政策"，这些促进了在澳汉语学习；此外，在澳大利亚的华人社区不断壮大也是国际中文学习需求增大的重要因素。澳大利亚于 2012 年出台的《亚洲世纪中的澳大利亚》白皮书提出于 2025 年前实现在所有中小学设

---

① 李丹宁. 对外汉语教育与俄汉跨文化交际人才培养 [J]. 继续教育研究，2018（05）：113-119.

置汉语、印度语、印尼语和日语四门语言课程的计划,作为第一个制定和实施多语言政策的英语国家,澳大利亚对中文教学一直比较重视,也是世界范围内少数针对中文教学制定专门指导文件的国家之一。澳大利亚2005年颁布的《优秀语言文化教学专业标准》及2007年在此基础上开发的中文教学注解版对澳大利亚的国际中文教学具有重要的指导意义。澳大利亚教育界普遍将培养"在母语文化和目标语文化之间对话的人"作为外语学习的教学目标。上述标准以及注解版由教育专家和语言文化教师合作完成,对教师标准和课程标准都做了较为详细的描述。教师标准分成教学理论和实践、语言和文化、语言教学、道德和责任、专业关系、积极参与更广泛的语境、立场主张和个性特征八个维度38项细则以及44项反思问题。比如,在语言文化方面,注解版就提示国际中文教师要具有拼音、汉字、词形、句法等关于普通话语言体系的准确知识,也要对信仰、生活方式、文化态度等中国人的价值观、态度和语言文化实践等基本方面有一定认识。

另外,海外许多大学的国际中文教师不需要注册,取得了硕士以上的汉语类或语言教学类学位,或者经由与中方的合作项目,就能够成为大学中文课的全职或兼职教师;但在澳大利亚的中小学担任正式的中文课教师,必须接受澳大利亚大学提供的本科或者研究生阶段的教师培训,修满要求的中文知识类、教育类、语言教学法、教学实习的课程和学分,并到当地州政府注册以后才能执教。因此,以教育部中外语言交流合作中心资助的海外孔子学院为例,例行工作建议不仅要包括开设中文课、传播中国语言和文化,更要帮助当地不同背景的中文教师的终身学习和职业发展。此外,澳大利亚政府自20世纪90年代初期就倡导本土培养、就地执教,陆续在本国的高等教育机构中依赖已有资源独立开展了中文教师和其他重点亚洲语言教师的培训项目,为学校新开设的中文课程提供师资。这一遍布全国高等院校的中文教师培训项目在两方英语国家中首屈一指。当前的培训主要是两类:一是在高等院校三至五年正规的系统的培养,二是短期在职培训和进修。

五、非洲国家地区的国际中文教育

相较于汉字文化圈国家及欧美国家的国际中文教学,非洲国家的国际中文教学起步较晚。1954年,中国政府向埃及开罗大学派出第一名国际中文教师,标志着国际中文教学在非洲国家拉开了序幕。1956年,开罗高等语言学校开设了中文班,两年后,中文专业设立。

20世纪60至90年代,由于非洲大陆摆脱殖民统治的民族独立解放运动的影响,非洲国家的国际中文教学发展缓慢,但在中国政府的援助和本国政府的支持下,刚果、马里、也门、突尼斯、毛里求斯、毛里塔尼亚、喀麦隆、塞内加尔、苏丹等国相继在中学和大学开设了汉语课程或汉语国际教育专业。21 世纪伊始，随着中非合作论坛的开展，中非贸易量不断增加，中国赴非旅游的人数大量增加，非洲对国际中文人才的需求极速增长，国际中文教学相应在非洲进入了蓬勃发展阶段。截至 2023 年 3 月，在非洲 47 国共建有 74 所孔子学院（课堂）。埃及、喀麦隆、苏丹、突尼斯、南非、津巴布韦、肯尼亚、尼日利亚等国部分高校还陆续开设了中文本科、硕士、和博士专业，许多非洲国家还把汉语作为第二外语纳入国民教育体系。2016 年开始，南非在部分中小学顺利启动了国际中文教学试点；此后，毛里求斯、坦桑尼亚、喀麦隆、赞比亚、乌干达等非洲国家也纷纷在本国的中小学引入了汉语课；2018 年底，乌干达把汉语课列为全国范围内 35 所中学高一和高二年级学生的必修课、高三和其他高年级学生的选修课；从 2020 年开始，汉语将与德语、法语和阿拉伯语一起，成为肯尼亚小学四年级及以上学生的外语课程。成人国际中文学习者的职业背景已从最初的旅游等服务行业延伸至教育、金融、外交、政府部门等诸多领域。一些媒体机构也加入传播国际中文的大潮，例如南非某电视公司在 2014 年开播了国际中文教学节目《轻松入门》，向当地居民讲授汉语和中华文化。

目前，非洲的国际中文教育课程大致分为三类：①学分课程，以大学的汉语国际教育专业和孔子学院，以及部分高中汉语选修科目为代表；②中小学汉语课程，主要为已经纳入部分国家国民教育体系的汉语课程，以及部分国家在中小学开设的汉语兴趣班；③成人语言课程，包括各大学的孔子学院针对不同部门和行业开设的汉语实用班，以及社会团体和媒体发起的汉语学习活动等。对国际中文能力的检测也在非洲广泛开展：当前，在非洲 33 个国家共开设有 61 个汉语水平考试（HSK）考点，其中仅南非一国就设有 9 个考点，肯尼亚和坦桑尼亚也都拥有 5 个以上的考点。其他与汉语相关的考试在非洲也都根据需求设立了相应的考点，如汉语水平口语考试（HSKK）有 52 个考点，中小学生汉语考试（Youth Chinese Test）有 17 个考点，国际中文教师证书考试有 2 个考点。非洲各国政府及人民意识到学习汉语给他们带来的便利和发展，正如肯尼亚课程发展研究所（KICD）负责人所说，作为世界上使用最广泛的语言之一、联合国官方语言之一，汉语在肯尼亚不应该被忽视。一旦汉语在肯尼亚当地得到广泛使用，将会吸引到更多的中国游客，也会吸引到更多的中国投资。学习汉语将有助于肯尼亚的经济繁荣。

非洲地区的国际中文教育具有如下发展特点。①发展迅速，影响力大。非洲各国的国际中文教学起步虽晚，但在不足 15 年间，近四分之三的非洲大陆人民接触到了汉语这一古老的东方语言，了解到了灿烂的中国文化；国际中文教学已从非洲的高等教育延伸至基础教育领域，有效提高了非洲人民学习汉语的效率，也扩大了其影响力。②紧密结合当地社会发展需求。语言作为人类最重要的交际工具，必定服务于人们的日常工作和生活。非洲的国际中文教育尤其注重语言文化与职业技能的结合，在传播中国文化的同时，不忘服务于当地的社会发展。培训证书课程和专门用途汉语是非洲孔子学院广泛开设的学习项目，培训涉及金融、会计、计算机、农业、机电等各领域。例如，埃塞俄比亚职业技术教育孔子学院开设了数控机械、机电一体化、车身材料与技术、汽车维修等培训；利比里亚大学孔子学院开设了竹藤编制的技能培训；在中国商务部和坦桑尼亚农业部的支持下，中国农业大学在坦桑尼亚莫罗戈罗省开展了"2018坦桑尼亚现代农业技术推广与转化机制海外培训班"，分享中国现代农业技术、农业技术推广与转化的经验。这些实用技能培训为当地培养了一批急需的职业技术人才，一定程度上缓解了当地的贫困问题。专门用途汉语课程则为非洲不同领域的工作人员提供了行业发展的语言保障：肯尼亚内罗毕大学孔子学院为联合国环境署、肯尼亚移民局、海关、外交部、银行、酒店等开设了专门用途汉语培训课程，为当地的经济发展助力；坦桑尼亚教育部联合多多马大学孔子学院为坦桑尼亚教育部官员培训汉语语言技能，让汉语更好地融入坦桑尼亚的国民教育体系。③教师的本土化培养与教材的本土化建设。非洲孔子学院本土教师的培养途径目前有两种：一种是在当地开设汉语国际教育师范专业，另一种是选派优秀的本土学生赴中国国内高校进行专业培训。例如，喀麦隆的雅温得第二大学孔子学院从2008年开始与喀麦隆的马鲁阿大学合作，在马鲁阿大学高等师范学院开设中西非地区首个汉语国际教育师范本科专业；内罗毕大学孔子学院与天津师范大学合作的"1+2国际中文教育硕士培养项目"帮助优秀的学生通过孔子学院奖学金资助来华学习，取得汉语国际教育专业硕士学位后回国任教；浙江师范大学孔子学院非洲研修中心从2016年开始，每年暑期都设立每期30人左右的喀麦隆本土国际中文教师培训班，目前已培训近100名喀麦隆本土国际中文教师。非洲地区国际中文教育的教材主要有三种来源：一是中国国内教材；二是中国国内教材和当地孔子学院自编教材相结合；三是当地孔子学院自编教材。在近十几年的实践过程中，国际中文教材"水土不服"的现象时有发生：有的教材内容不符合当地文化风俗；有的教材内容过多，不符合当地的学期和学制；还有的教材难度较大，不符合当地学生的学习水平。为了克服教材带来的国际中文教学上的困难，近年来，非洲多国的教育部、本地教师和孔子学院的中方教师一起讨论研究，编写更加符合本地文化的国际中文学习教材。例如，为了使汉语顺利融入本国国民教育体系，赞比亚国家基础教育部和赞比亚大学孔子学院联合组织中学国际中文教学大纲研讨会，修订后的大纲更加科学规范，结合了汉语的语言特点和肯尼亚的本土特色；津巴布韦大学孔子学院目前的外方院长李开明根据自己近十年教授汉语的经验，从津巴布韦人的角度，整理了自己教《汉字入门》这门课的讲义，出版了《汉字入门——以津巴布韦人的视角学汉字》一书；莫桑比克蒙德拉内大学孔子学院的本土教师塞尔，则用他独特的"对比法"让学生更好地理解汉语。国际中文教师的本土化培养和国际中文教材的本土化建设为非洲国际中文教育的可持续发展奠定了良好的基础。

由于非洲大陆经济整体发展滞后、教育资源相对匮乏、教育水平相对落后，非洲地区的国际中文教育尽管发展迅速，但仍存在一些不足。其一，教学发展仍不平衡。由于自身政治、经济以及与中国交流与合作程度的限制，非洲各孔子学院的发展规模和层次也不尽相同：以埃及、摩洛哥等为代表的北非诸国是国际中文教学历史最悠久、规模最大、层次最完善、颁发学历最高的地区。南部的南非国际中文教育发展迅速，后来者居上，是目前拥有孔子学院和孔子课堂最多的非洲国家。东部非洲的国际中文教学起步较晚，直到 2005 年在肯尼亚成立了非洲的第一所孔子学院后才迅速发展起来。中西部国家众多，但由于政治、经济等各种原因，国际中文教育主要以培训为主，时常中断、发展缓慢。目前除喀麦隆发展良好外，其他中西部国家还处于国际中文教育的起步阶段。此外，非洲部分地区官员和学生对国际中文教学和中国文化传播的认知不全面，把中国在非洲的国际中文教育等同于欧洲国家在非洲曾经推行的殖民政策，因而持有怀疑和戒备的心理也是发展受阻的重要因素。其二，教学资源仍不充足。相比欧美国家和亚洲国家，大多数非洲国家的生活条件较为艰苦、治安环境不稳定、交通不便，更难吸引优秀人才长期在此从事国际中文教学和管理工作。中方派往非洲孔子学院（课堂）的在职教师和志愿者流动性较高，在管理、运营、教学、活动、比赛等任务中担任主要角色，工作繁重；相当一部分非洲本土国际中文教师也因国家教师待遇偏低、担忧生活保障而选择导游、翻译或贸易公司等高收入的工作，造成了高水平本土汉语师资的流失。此外，非洲孔子学院很多教学设施设备简陋且陈旧，不能完全满足当地学生的学习需求；许多当地教学单位除了由中国政府援建的教学设施和赠送的教学设备，几乎没有经济能力自主建设教学大楼、多媒体教室、语音室等必要的教学设施设备，客观上限制了国际中文教育在这些地区的发展。其三，教学手段和方法仍需改进。由于特殊的历史原因，当地人在日常生活中已经习惯了使用英语、法语等西方语言和当地土著语言进行交流，习惯于本族的文化传统和价值观以及部分西方的思维方式和文化传统。传统的中式教学方法对非洲学生来说并不能达到理想的教学效果，甚至让学生产生厌倦的情绪：比如，单纯地让学生反复地记忆和模仿汉字的结构和发音势必会让他们感到枯燥，进而产生课堂开小差、讲话、玩手机的现象；从中国历史的角度分析汉字意义、用 HSK 等考试来强迫学生死记硬背学习的内容也效果欠佳。对国际中文教师来说，双语教学是必须的。除英语外，再掌握一门外语，如法语、葡萄牙语、阿拉伯语，或斯瓦希里语等将有效辅助教师同当地学生沟通，从而改善教学效果。因此，只有充分考虑非洲各国（地区）独特的社会、政治、历史、文化背景下学生的个体因素和学习需求，采用最适合他们的教学手段和方法，才能促进非洲的国际中文教育朝着更加成熟的方向发展。

中文教学以及国际中文教学概述

第一节　中文教学的本位观问题

一、中文教学本位观的层次性及逻辑结构

可以从结构和功能两个方面来认识语言教学与研究所面对的基本问题。从结构方面着眼，需要面对的基本问题：如何认识和处理语言成分的性质以及成分与成分之间的关系，并使之变得可以操作。因此，所谓的研究本位和教学本位都应体现于此，即立足于语言单位或结构关系。从功能方面着眼，需要面对的基本问题：这些语言成分及其关系表达怎样的交际功能，适应何种语境，从而在结构、功能、语境之间建立一定的对应关系。某些特定领域的语言研究还可以只讨论结构，而语言教学则不能放下功能不管，因为语言的交际功能是语言教学及其研究乃至语言研究的根本目标。

结构关系（及其蕴涵的语言规则）是隐性的，因此，作为显性实体成分的各级语言结构单位（就汉语而言，还包括特定涵义的"（汉）字"，下同）便容易成为各种本位观的立足点，无论是本体研究本位观还是教学本位观。这样，既会有词本位和语素本位、字本位，也必然有词组本位、句本位/句子本位/小句中枢（三者内涵不完全相同），或语段本位/篇章本位。由此还可以进一步扩展，如果注重于语音系统，便可以提出新的本位观。如汉语习得中如果语调系统掌握得不好，自然会影响习得效果，那么因此而建立"语调本位"也是可能的。不仅是语调，各种超音段的韵律单位都对语言教学和习得有影响，因此也可以提出一个"韵律本位"，或者区分出"音段本位"和"超音段本位"。像国际中文教学中有人提出音节本位，与这种背景不无关系。随着学界对某种语言单位所具有的语言价值和语言学价值的新发现，新的本位观也有可能呈现出来。如语块理论、构式理论目前开始流行起来，那么适时地提出所谓的"语块本位""构式本位"也是完全可能的。以上基于语言结构单位这样的实体成分而提出的各种本位理论都可以看作"显性本位观"。

如果立足于隐性的结构关系的话，可以合乎逻辑地提出类似"关系本位"或者"规则本位"之类的本位观。比如强调语言的组合/聚合关系并根据这种关系来组织教学内容。这种本位观可以看作"隐性本位观"。由于认知语言学特别强调各级语言单位之间的连续性，因此基于这种观念的教学和研究是不大提出某种本位观的。然而，认知语言学特别强调概念结构、语义结构在认知、研究中的主导性作用，如果以此为基础，认为它是概念本位或意义本位也未尝不可。从这个角度看，上面的关系本位/规则本位和各种显性本位（除了作为形义配对体的语块本位、构式本位）实际都是形式本位。而概念本位或意义本位也可以看作是一种隐性本位，它不能直接呈现为语言系统中的某个显性的语言片段。国际中文教学界虽然并没有在这些方面提出什么本位观，但教学过程中特别关注规则、概念、语义在语言习得中的作用，实际是与隐性的概念/意义本位的思路具有一致性的。

其实，人们在提出某个显性本位观的同时，往往蕴涵着隐性本位观，即关注显性成分实际也蕴含着成分背后的隐性关系，因为根据结构主义基本原则，没有游离于结构关系、系统之外的语言成分、语言单位，也没有不实现为语言成分、语言单位的语言结构关系。如在汉语本体研究和教学研究中影响比较大的词组本位就是如此。朱德熙指出："由于汉语的句子的构造原则跟词组的构造原则基本一致，我们就有可能在词组的基础上来描述句法……如果我们把各类词组的结构都足够详细地描写清楚了，那么句子的结构实际上也就描写清楚了，因为句子不过是独立的词组而已。"由此"建立一种以词组为基点的语法体系"。显然，建立词组本位的基础是汉语的句子的构造原则跟词组的构造原则基本一致，目的也是更方便、更一致化地描写汉语句法结构关系。

由于每个层级的语言单位都是一种客观存在，因此在此基础上提出的语言学范畴都有一定的心理现实性，以此作为一种观察、描写和教授、学习的基点，是完全可以的。如果教学和研究过程中又侧重于其中的某个层面、某种单位，那么，就很容易将这个层面、这种单位作为研究和教学的支点了。如国际中文教学中特别强调汉字教学，就是因为汉字不同于一般的拼音文字，其形、音、义的关系在学习（书面）汉语中起到了相当重要的作用。因此字本位观便具有特别的理论意义和实践价值。又由于各种语言单位在语言系统中呈现为层级分布，因此基于不同层级单位而形成的本位自然体现出层次性。

上面所论无论是形式本位还是意义本位，都是一种基于结构关系的本位，因此可以叫作"结构本位"。常见的本位就是基于结构单位而提出的若干本位。而如果注重于任何语言单位都应该实现为一种功能，那么就可能提出"功能本位"。如果说从功能可以进一步推广到用法/使用，自然也可以提出"用法本位/使用本位"。结构本位和功能本位、用法本位/使用本位是从不同角度来对待同样的现象，因此在实际的教学中往往将结构和功能（或用法／使用）结合起来。

再进一步，语言教学自然都以提高学习者的语言能力为旨归，那么这种基于教学根本目标的观念自然也可以称之为"能力本位"。这种本位跟上面提到的各种本位在性质上截然不同。甚至还有素质本位、学生本位的问题，就更是另一个层面的问题了。

如此说来，似乎什么都可做"本位"。其实上面很多所谓的本位，在实际教学中并不呈现为"某某本位"这种名称，只是在教学策略上凸显特定教学内容的地位和作用罢了。实际上，所有的本位都可以归纳为两个方面，一是基础本位，一是目标本位。如本节论及的本位大多属于基础本位，而所谓的能力本位、素质本位以及词典学中的"用户本位"之类就是目标本位。上述各种本位看似复杂，其实它们处于特定的逻辑结构关系之中，形成一个可能的本位系统。

目前语言教学乃至语言研究中的名目繁多的本位或准本位（即有实无名）大体都可在这张表中找到自己的定位。

当然，如果觉得单一的本位并不能解决问题（实际上单本位也确实都有局限），就可能形成复本位（综合本位）。如有人认为"词和词组双本位"比较适合作为第二语言的国际中文教学语法的特点；有人指出字本位和词本位各有优势和侧重点，二者在一定程度上可以兼顾；有人提出"以词·语素·汉字为基本框架的教学理念"，认为"汉语作为第二语言教学应当遵循汉字、语素和词汇并重的基本原则，建立有别于西方第二语言教学的国际中文教学模式"。有人则主张中文的字本位和汉语的句本位各司其职，各适其用。还有人提出并阐释了一种新型的二语教学语法体系——三一语法，其基本框架包括句子的形式结构、结构的功能作用、功能的典型语境这三个维度，它们彼此独立而又相互联系，构成一个有机整体。因此，这也可以看作一种综合本位观，但跟一般综合本位观的显著区别在于，它将语境因素引入语法教学体系之中。这种三一语法虽非严格意义上的"本位"分析，但从教学的基本立足点和出发点来考虑，跟"本位"意识也有相通之处。

需要注意的是，国际中文教学的本位问题跟本体研究中的本位问题虽然在名称上大体一致，但内涵常有不同，尤其是在具体内涵和操作上，有时会显示出显著的差异。如国际中文教学中的词本位主要强调词在教学和习得过程中的作用，而本体研究中的词本位则主要凸显词类分析在语法分析中的地位。又如汉字教学中的字本位对每个"字"的构造问题相当关注，而本体研究中的字本位对此并不关注，其主要原因来自根本目标的差异，一者基于教学实践，一者基于理论分析。本位问题就是"眼光、视角、立足点"的问题，既然这些方面有差异，其内涵必然有所不同。

二、中文教学本位观的理论蕴含

上面从语言作为一个符号系统所具有的结构特征，及其所表达的功能这个角度分析了各种国际中文教学本位观（及本体研究中的本位观）出现的可能性。这里再进一步从各种本位自身的特性来阐述国际中文教学本位观的理论蕴涵，尤其是本体论和方法论方面的问题。

（一）各级语言单位的构式性特征与确立

教学本位的关系上文已经指出，语言文字系统中的各类单位大多曾被当作教学本位提出过。为什么会如此纷繁而莫衷一是呢？这是跟教学活动的阶段性、教学内容的层级性和教学课型的针对性相联系的，每一个教学阶段、每一种教学课型都需要有针对性地重点解决某些具体的教学任务。如语音、汉字、语素、词汇、词组、句子、语段等在什么阶段教、如何教、如何配合等，都要根据学习者当前的知识结构和认知特点做出特定的安排。如果不同层级单位之间都是由严格的组合关系组装而成的话，那么教会了基础单位，自然就可以很方便地进入高一层级单位的学习。然而，语言又并非这样简单的机械系统。由于语言文字系统中的各类单位处于不同的层级关系之中，各种语言单位都是语言系统的特定组成部分，底层单位在组合成高一层级单位的过程中必然会"浮现"出底层单位原本没有的特征。也就是说，各个层级和各个单位都有自己的独特性，语言系统的每个层次都有其他层级单位所不能涵盖的特征。因此从单一具体层级出发，自然不能解决所有语言问题。这样，学习底层单位固然有利于学习高层单位，但不能必然地替代高层单位的学习。这一基本事实，从哲学层面来说就是一种本体论存在，即作为一种实在的独特对象而为人所认知。这种本体论存在必然导致学习者在学习每个层级的语言单位时都有"从头开始"之处。既然如此，各种语言单位便都有可能在不同的教学体系（及研究体系）中被作为观察或操作的立足点来对待，这就形成了基于各种语言单位的本位观。

这样的观察结果，自然使我们联想到了认知语言学尤其是构式语法理论关于"构式"的本质特征的认识。所谓构式，简而言之，就是其整体中含有各个组成部分所不具备的、别的成分或结构也不具备的形式或意义方面的特征。即上下层级单位之间、不同单位之间不具有严格推导关系。显然，就大的原则着眼，上文对各级语言单位独特性的认识正体现了它们各自所具有的"构式性"，即构式中所具有的特殊属性，或者说形如构式那样所具有的独特属性。既如此，在语言习得和教学中自然需要重点掌握和突破这种构式性特征。当下的语块理论，实际上也是强调各个具体语块在习得过程中体现的构式性或者叫语块性的特征。构式性特征为我们认识语言教学中的本位观提出了一个新的观察角度，这是确立教学本位单位的一个客观基础。

（二）教学本位观对语言系统建构过程的基本假设

从语言各层级单位的构式性来看教学本位观，只是看到了它们的整体性和特殊性。然而，教学本位观的提出，实际上还跟语言单位的可分析性和可推导性有关，跟语言习得过程中的规则化操作过程有关。本位观试图解决的问题，不只是本位自身的形式和意义问题，更重要的是通过对本位成分（作为本位的语言单位）的规则化操作生成语言结构。这既是对客观语言系统建构过程的基本假设，也是对学习者语言系统建构过程的一种假设。如果只有整体性，而没有对建构过程的规则化操作的追求，就没有必要提出各种本位观了。其实，各种本位观都是将本位成分作为观察的基点，由此向下（如果还有下位层次的话）和向上两个方向拓展，在确立基本成分后，将基本成分之间的关系规则化，从而有效地分析、学习其他层级的成分、单位。对基本成分的认识就是本位的立足点，对基本关系的说明就是本位观的描写能力、解释能力和教学效果的体现。也就是说，凡是坚持某种本位观的人，不管是有意识还是无意识，都是将语言系统（社会的和个体的，既成的和习得的）看作是由"基本成分＋规则"组成的。而对基本成分的选择，实际上就体现为分析哲学中所强调的"本体论承诺"了，即将它视为自己理论系统、教学理念中的一种存在。就本位观所涉及的各个语言单位而言，当然是一种本体论存在，但如何认识和确定它的地位和作用，显然就跟本体论承诺密切相关了。作为本体论存在，字、语素、词、短语、句、段、篇是各具特征但又相互依存的不同层级单位，但就理论研究和教学需要而言，则完全可以选择其一而赋予它特别的地位。也就是说，任何本位观都蕴含基于某种理论背景的本体论承诺。

显然，各级语言单位的构式性特征跟语言系统建构性假设之间是存在着一定的矛盾的，而这种矛盾的客观存在正是各种本位观之间有争议的根本原因，也是我们进一步探讨教学本位观的必要性和可能性的基本前提。

这里需要特别指出的是，认知语言学理论尤其是构式语法理论强调构式的独特性，将各个构式都看作一个象征单位。这种理论常常认为词汇／词法和句法是一个连续体，因此没有必要也不可能对它们做出严格区分，即便是词，跟大于词的语法构式也没有什么本质不同的特征，两者之间的差别主要体现为象征单位数量的多少、结构的复杂程度、构造的自由程度。基于这样的认识，显然没有必要提出具体的单位本位观。然而从教学实践过程来看，从字到词，再到句子，层次越高的单位，规则性的作用力越大，语言间对比分析的可能性也越大，因此可操作性体现得就越具体。我们不能由于过于强调不同层级单位之间的"同"而忽视其"异"。其实，连续并不意味着等同，只是注意到了交界面的存在及其特定的语言地位及语言学地位。我们固然可以将这些语言单位都看作象征单位、看作符号，但不同层次的象征单位之间的差异仍然醒目地存在着，若要充分地描写、解释和教授、学习这些不同层级的象征单位，就需要做出进一步的分类，概括各个层级单位的特征和规则，操练这些规则。将构式看作语法的基本单位或者将所有的语言单位都看作构式，这都没有问题，但不能因此忽略不同层面的单位之间的性质差异。就如将个人、家庭、社区、社会、国家都看成一个个"构式"，但不能因此而认为它们之间的差异可以忽略，不能因此而认为它们之间不同的建构关系就不再需要突出了。

（三）教学本位观所体现的方法论原则

如果上文对"基本成分＋规则"这种操作理念的认识比较合理的话，那么从方法论原则的角度来看，各类教学本位观实际上是与还原论相联系的，都认为语言系统的建构过程在一定程度上可以还原到某个层次，哪怕语言中确实存在着大大小小的无法充分还原的构式。打个比方说，分子和原子固然在性质上并不相同，分子的性质固然不能从原子的性质推演出来，研究分子的方法和研究原子的方法固然有差异，但分子"浮现"出来的结构和功能毫无疑问是依赖于原子的数量及其排列组合关系的，因此通过对这种成分及其关系的说明，在一定程度上发现、建构分子的结构和功能，理论上是可以的，实践中是可能的、也是必要的。

也就是说，教学本位观在对语言系统的理解上体现了一种还原主义方法论原则，虽然有的本位观倡导者未必有此明确的意识，甚至否定这种观念的存在。所有的本位观实际上都是将语言系统还原到其所关注的本位成分及其关系，而且认为基本上是可以而且应该还原到这个层面的。从上文分析来看，各种教学本位观强调的是被当作本位的那级语言单位的构式性，认为其他层级的语言单位可以在一定程度上基于规则性而分析、推导出来。当然，这里的还原论不是简单地将整体还原为部分之和，而是基于教学策略的需要，认为可以通过强化对本位成分的理解和学习而更方便更有效地学习其他语言成分。从根本上说，各种本位观的分歧实际体现了语言教学中如何看待基本语言事实及其存在方式的问题，这必然涉及操作过程中的本体论承诺以及与此相关的方法论承诺问题。

虽然各种单一本位观都是一种还原论，但各种本位观的还原程度是不一样的。比较而言，目前的字本位（无论是基于教学的还是基于理论研究的）、语素本位都是一种强还原论，试图将基本教学内容都还原到字或语素的层面。相对于这种彻底的还原论而言，高一层次的本位观则是相对的还原论，是将自上而下和自下而上两种路径结合在一起的，而且对自身的规则性分析也相当重视。

（四）教学本位观视野中还原的必要性和不充分性

上文说过，任何本位观的提出都基于某种本体论承诺。然而，任何理论都是"片面"的，任何承诺都只是一种视角。国际中文教学界之所以提出了诸多指向的本位观，是因为不同的倡导者都同时看到了语言成分的构式性特征和非构式性特征。看到了本位成分的构式性特征，于是确立了本位；看到了非本位成分的非构式性特征，于是去利用本位成分及其关系来做规则性推导。基于非构式性特征，采取还原策略就呈现出必要性；基于构式性特征，则显示出还原策略的不充分性。

作为还原的策略，其客观基础就是语言单位形义关系的透明性，这是非构式特征的具体体现。如果语言成分只有构式性、没有非构式性特征，那么这些成分的形义关系就是不透明的，就都得一个一个地学，无论哪个层面都是如此。实际上并非如此，人们在教与学的过程中，相当大程度地利用了"成分＋规则"的习得策略，越是强还原论者，对此越加强调。强还原论者特别强调语言成分形义关系的透明性，基本倾向于整体等于部分之和的原则。而一般的本位观并非如此，而是采取有限还原的策略。如学生在进行词层面理解时，利用的是语素及其关系的策略；在进行句层面理解时，利用的是词及其关系的策略，还有句与句之间的关系策略；但对特定的词、句，仍然认为有一定的特殊性。

既然每个层级的语言成分都有透明与不透明的问题，不透明的成分具有"构式性"特征，那么就只好当作一个组块、构式来处理了。像语块分析，就是看到了语块的不透明之处（即便它的内部仍然由其他成分构成），因此将它作为习得的一个基本单元同样有其合理性。传统教学中的词本位观重视词汇教学，但没有重视比词更大的单位中的不透明现象，因此虽有语块的意识，但没有将其放到应有的位置。就还原的相对效度而言，词本位教学当然首先重视解决词的问题，对解决词组和语素的问题也有一定的效度，但对句子、语段的问题解决起来就比较困难了。而就语素而言，词本位当然没有语素本位解决得到位。又如字本位，就汉字在学习语言中所具有的某种理解、认知、组构的功能而言，当然有特定的教学要求和教学价值，但如果以此而主张取消词和词本位（乃至其他本位），试图解决词层面的所有问题以及比词（字组）更高层面的单位问题，就显然有些脱离语言系统和教学实际了。字本位看到了汉语和汉字、国际中文教学和汉字教学的联系，而没有充分认识到它们之间的本质差异。其实，字本位在概括字与字之间的关系时，就必然要用到词法、句法的概念（当然可以围绕"字"来另外创造一套术语去表述，但这些基本关系是无法避开的）。汉字对词义理解确实很有帮助，这是汉字的"过人之处"；但汉字对汉语学习的帮助，也更多地侧重于有局限的理解和构词，而不是造句组段构篇。毫无疑问，无论字本位、词本位的分析多么精细、教法多么高妙，都未必能构造出一篇合格的作文来。因为从字到词（字组），再到句，再到段、篇，每个层次都有自己的"浮现"特征，而这些特征是不能通过简单的字、词加上组字规则、组词规则来说明的。就篇章而言，字本位无从作为，词本位小有作为，词组本位、句本位等颇有作为，但都无法大有作为。

从根本上说，本位观都不是一种整体论，而是一种还原论。在教学中是需要还原论的，整体论会模糊我们对问题的看法，会使我们无从着手。还原论不是不要整体，而是将整体分析为部分加规则。但任何还原论都有简单化的倾向，将复杂问题简单化有时是策略的需要，但终究是有限的策略。

因此，我们可以说，教学本位观中的还原策略既有必要性，又呈现出不充分性。必要，是因为特定教学单位（语言单位）、特定教学阶段的独特性；不充分，是因为语言单位的层级性，每个单位的构式性特征决定了语言单位之间的不完全可推导性。而且，不同教学阶段、不同教学内容、不同课型对语言成分的构式性特征及其程度的认识存在着一个动态发展的过程，因此，问题的关键不在于是否需要还原（绝对需要），而是还原到什么层次、如何还原、多大程度上还原、还原后的效应和局限如何。也就是对还原论施加必要的限制，为还原划界。这是任何本位论者所必须思考的问题。教学中的还原，并非要还原到某个单一层次、在每个阶段采取同样的还原，而是要逐层还原、逐阶段还原，每个层次、每个阶段的还原都要考虑到特定层次、特定阶段所体现的构式性特征。然而，各种本位观目前对此并无明确的分析。

（五）教学本位的绝对性和相对性

由上文可知，在教学中确立一定的教学本位是绝对必要的，它有利于在特定阶段、针对特定内容有针对性地突破教学中的重点和难点问题。然而，也正因为教学阶段、教学内容的差异，采取任何教学本位都是策略性的，具有相对性。

各种教学本位观都各有所长，但同时又各有所短。"长"在自己所处的层面及相邻层面的相对规则性的部分；"短"在更高或更低的层面及相邻层面的难以规则化的部分。也就是说，任何本位观最方便处理的对象是该本位观所立足的语言层次（尤其是该层次中的典型现象），然后相对方便地旁涉上一个层级和下一个层级，而对更高层级和更低层级的语言现象在处理时都显得力有不逮。贯通整个教学过程、适应所有基本教学内容和任务的教学本位是不存在的。从汉字书写角度考虑，字本位当然是唯一有效的；从理解字义、组字构词的角度，字本位也是相当有效的。但字本位观的目标并不局限于此。然而，当这种本位意识扩展到短语和句子层面时，则往往力不从心。但这也不是说在这些层面，字本位就一点作用都不能发挥了。其实，字本位到了词语和句层面似乎更注重理解，而不怎么关心生成（虽然字本位主张者未必同意这种看法）。生成和理解毕竟是运用有所不同的认知策略和交际策略。不仅字本位有这方面的问题，像"了"、"着"、"过"、"把"字句、流水表达等国际中文教学中的"老大难"问题，以及各个大大小小、或紧或松的语块，都不是字本位、语素本位、词本位所能解决的。还有学者从语法不教什么入手，提出对外汉语语法教学的原则，其中之一是"属于词汇范畴的不教"。由此推开去，不仅是语法教学，其他层面的教学都需要考虑教什么和不教什么的问题。有学者特别强调语段 / 篇章教学的性质和地位，还有学者区分"说的汉语"与"看的汉语"，认为两者适应的教材和教法都应该有所不同，也是有这方面的考量的。这些论述虽不是直接讨论教学本位问题，但毫无疑问显示了不同本位的教学原则和策略的差异。赵金铭在探讨汉语作为第二语言教学的语法呈现以及在通用国际中文教材中如何编排语法问题时，提出了"格局＋碎片化"的教学语法体系及其教学策略，其基本思路也与此相关联。因为选择怎样的碎片、碎片如何组合成结构体进而"逐渐融入格局之中"，是与不同层级单位之间的相互作用相关联的。

相对而言，词组本位特别强调句法和语义的透明度问题，因此在规则化方面做得比较充分，充分展示了规则所体现的透明性。而且在吸收新的理论成果方面，词组本位也相对积极。就其理论构建过程而言，词组本位实际上主要呈现为一种规则观。但构式理论、语块理论的出现，对词组本位实际提出了某种挑战。而且词组本位在处理字本位、词本位所面对的基本问题时，往往也捉襟见肘。如何将构式观、语块观和规则观结合起来，如何将不同层级的本位观结合起来，可能是所有本位观所面对的根本问题。

因此，在语言教学中，针对具体教学内容，在特定的教学阶段采取特定的还原策略是必要的，但同时要考虑到，任何形式的还原都是不充分的，更不是只有还原到某个层面才能解决所有问题、只要还原到某个层面就能解决所有问题的。任何本位观都必须面对什么阶段教什么和怎么教才相对有效的问题。

三、中文教学本位观的现实问题

在上文对教学本位所蕴含的本体论承诺和方法论原则分析的基础上，这里再进一步结合特定本位观的倡导者和支持者对其所做的辩护来说明本位观所面对的现实问题，进而提出新的本位认识及其分析策略。

（一）当前关于本位问题所采取的辩护原则

在国际中文教学与研究中，凡是提出了某种教学本位，自然就认为以此为起点的教学和研究相对于其他教学本位而言具有更大的适应性、概括力和解释力。因此，为之做出辩护是该本位观的拥护者义不容辞的责任和义务。

综观当下教学本位倡导者所做的辩护，基本上都是采取证实的方式，常常通过举出一些实例，以此说明采取某个教学本位就能较好地解决教学问题，而采取其他教学本位则低效。

然而，这样的辩护往往是只见其一、不见其二，只见到或构建对自己有利的证据，而见不到或者忽视甚至有意回避对自己不利的证据。其实，就现代科学和科学哲学的基本论证理念而言，作为科学的辩护，既需要证实，也需要证伪，甚至说更需要证伪。举几个适合于自己假说的例子并不难，而要驳斥那些不利于自己假说的情况，则殊为不易。证伪法作为一种方法论，不是指要证出理论、假说是伪的，而是说任何理论和假说都有自己的边界，越出这个边界，理论和假说就是伪的了。因此，建构理论、提出假说一个重要的目标就是明确划定理论或假说的边界。也就是说，不但要指出该理论或假说能做什么，还要明确指出它不能做什么。如果只从证实的角度来考虑，便不容易发现自身的局限，往往会夸大该理论或假设的效度。极而言之，甚至有无限夸大的可能性，以为自己所倡导的理论就是最佳理论，能面对和解决所有问题。

我们坚持某个教学本位，论证时不能总是在概念上打转转，甚至"打语录仗"；也不能只是举几个听话的例子。考察各种本位观的理论意义和实践价值，关键仍然在于其解决问题的能力：解决什么问题，如何解决问题，还有哪些问题不好解决甚至无法解决。对特定本位观的分析，既要有证实的辩护，还得有证伪的说明。在讨论教学本位时，面对批评，必须考虑：对方能解决的问题，自己是否能够解决、是否更经济地解决了。要勇敢地面对别人举出的反例，然后尝试寻找解决的办法。否则是无法说服人的，也难以彰显自身解决问题的能力。对任何本位观，都要"听其言，观其行"；不但"观其所行，还要观其所未行"；不但要"观其所易行，还要观其所难行及不可行"。对任何理论都是如此。实际的效果是检验特定本位活力的根本标准。一个现实问题是，我们没有也无法根据字本位来编一本学汉语的词典（字组典）和语法手册（字法手册），同样没有也无法根据词本位或其他本位编一本功能性字典。其实，即便是字本位，目前也没有编出一本功能性的"字"典。对语言教学而言，我们要的不仅是理论的辩护，更重要的是操作性的指导和帮助。有学者以"计算"的眼光来审视汉语语法研究的本位问题时指出，"研究能否取得成果，重点不在于选择什么'本位'，而在于我们对语言成分本身认识到了什么程度"。语言教学也是如此。

目前经常出现的现象是对传统教学模式的批评。然而通过对当下提出的一些教学本位观的分析，我们发现，当人们批评传统教学模式的失败之处时，较少针对具体论点进行分析，不太注意基于自身理论提出相应的解决策略，所做的批评常常是印象式评说。印象式评说、空泛的指责，只能逞一时之快，并不能说服他人，难以引起真正有价值的讨论。

（二）语言教学过程中需要建立分层次的综合本位观

前文已经指出，所有的本位在解决该本位所在的语言层次时比较方便，另外是可以解决该层级单位的上一层级的某些问题，而对下一层级单位的认识也有一定的影响力。随着层级距离的增大，其教学效果也就显著降低。即层级距离和教学效果成反比关系。如果再考虑每个层级的成分都有典型和非典型的差别，它们之间的关系将更加复杂。

如果这种认识是合理的，那么，在面对语言系统和语言交际时，坚持单一的教学本位观，便既有一定限度的合理性，又同时有很大程度上的局限性。这是各种本位观所面对的基本现实，常被某些论证有意无意地忽略。任何理论和方法、策略，都是作用与局限相伴随的。如果坚持单一本位，并试图将它贯穿到教学过程的始终和教学的各个阶段、各种课型，无论是理论上还是实践上都是不可取的。

国际中文教学的过程是循序渐进、螺旋上升的，教学内容和教学手段都体现出阶段性和整合性特征，使我们需要"分层次的综合本位观"。综合本位不是片面地要求机械地同时使用各种本位，而是根据语言学习的步骤和语言能力发展过程选择性地使用相关本位，不同本位相互作用；同时也不排斥在某个核心阶段、某个核心任务上，根据需要采取单本位策略以求得定向突破的效果。因此，这种分层次的综合本位观，从根本上说，就是具有整合观念的习得视角，也是基于因材施教理念的教学策略。赵金铭指出，在对外汉语语法教学中，初级阶段只需教最基本的语法形式，使学习者具备区分正误的能力；中级阶段侧重语义语法的教学，使学习者具备区别语言形式异同的能力；高级阶段侧重语用功能语法的教学，使学习者具备区别语言形式之高下的能力；并进而指出"三个语法教学阶段是一个完整的体系"，后一阶段是对前一阶段的"继续、深化和出新，在讲授内容上照顾到内部有机衔接和整体的融会贯通"。显然，这样的认识跟分阶段、有侧重、相配合的本位理论在根本精神上是一致的。

分层次的综合本位观的具体内容到底如何，需要进一步探讨，这里只就宏观方面做些说明。具体说来，它可以从纵和横两个层面来认识。纵的方面，即根据语言系统构造的层次性和教学过程的阶段性而依次采取主导性的本位策略，并辅之以上下层次的教学本位。如前所述，各个层次的语言单位都有"构式性"特征，而这正是教学本位存在的必要性和可能性的基础，因此需要建立相应的教学本位。但是各个层次的语言单位跟上下级单位之间又在一定程度上有规则性的组织关系，因此必然可以利用其他层级语言单位的本位策略来解决问题。这样，不同层级的教学本位自然就出现了有主有从、交叠存在的情况。我们观察了那些坚持单一本位策略的理论主张和实践过程，发现"言"和"行"常常并不合拍。这也能看出单一本位在面对不同阶段、不同教学内容时的困境。无论何种本位，甚至主张取消所谓的本位，都得处理语言系统各个层级的结构成分及其关系。

横的方面是将结构和功能结合起来。目前比较受重视的任务教学法，将语言教学目标分解为不同的教学任务，让学习者在参与、体验、互动中习得具体教学内容。这种做中学、用中学的教学模式显然特别强调语言功能的分析和交际场景的设置，从而将形式结构、语义功能语境化。显然，任务教学法的具体语言"任务"仍然跟特定本位相关联。冯胜利、施春宏提出的三一语法就试图将结构、功能、语境结合起来，每一个结构都有特定的功能，每一个结构和功能的结合体都有适切的语境。语言教学要同时将这三者结合起来，才能有效完成教学任务。这些探索虽没有打着教学本位的旗号，但实际上都体现出一种本位观的意识。

需要说明的是，倡导什么样的教学本位是与具体的教学目标相联系的，这个教学目标不能是笼统的整体目标，如提高汉语水平、提高语感，而应该是具体化、结构化的，如什么样的汉语水平、哪个方面的语感、达到什么程度等。就此而言，提倡建立分层次的综合本位观，也是合乎语言习得的实际和语言教学的基本要求的。就国际中文教学的阶段性而言，越是初级阶段，需要突破得越是较为初级的单位，如字、语素、词；而到了中高级阶段，句式、语段/篇章便逐步成为基本教学任务了，如篇章教学法在虚词教学方面显然比字本位、词本位、语素本位、短语本位等要相对有效一些。而且到了中高级阶段，较为初级的本位策略往往已经内化为语言学习者的一种基本能力了，因此综合运用的空间就更大了。这不是说教学阶段跟语言单位层级一一对应（实际上即便是初级阶段，也有句式、语段/篇章的某方面教学任务），而是说在有所兼顾的基础上有所侧重，形成面和点的有效结合。而像韵律、语体方面的内容，则是超越各个本位的（或者说是跨本位的），这更是一般单个的结构本位所无法观照到的。

其实，我们的教学和研究的实践也常常是采取这种多层次的综合本位观的。如白乐桑、张朋朋编写的《汉语语言文字启蒙》，在简介中作者说该教材采取的是字本位教学法。然而刘颂浩、施正宇认为它的字本位中结合了词本位的策略。白乐桑本人后来对此也有认识："我基本赞同陆先生的观点。字本位不等于教字。以前教字的教材还是词本位的。"很多人批评传统的教学法是词本位教学，其实也不尽然。它实际采取的是"词本位＋规则本位"并一定程度上兼顾字本位。如传统教材的内容一般包括课文、生词、注释、练习，其中的注释很多都是关于规则和用法（尤其是特殊用法）的，后面的练习也大多是关于规则的。传统的基于行为主义的操练法也是以规则本位加词语替换为主的。并不是只要看到"生词"在教材中作为一个部分单独出现就代表该教学法是唯词本位的。其实，凡是基于语言系统中间层次的本位，都必然是一种承上启下的本位，教学策略就是要立足于此并能使它变得进可攻，退可守。

从初级到高级的整个教学过程来看，分层次的综合本位观实际是在主张这样的教学本位策略：有本位，并根据特定阶段、特定目标、特定内容而有侧重，而并非超时空地唯某个本位；有的目标只有综合本位才能实现，而且大多数目标常常需要综合本位才能实现。每个本位都有它最擅长解决的问题，也有不擅长解决和无法解决的问题，正如各不相同的语言学理论。从原则来看，没有"包打天下"的理论，也没有"大一统"的、"独步天下"的、以不变应万变的教学本位。这跟"教学有法，但无定法，贵在得法"在基本精神上是一致的。不妨模仿着这样说："教学有本位，但又无适应一切教学内容和过程的本位，贵在选择适切的本位。"分层次的综合本位观的基本精神就是分目标、分阶段、分内容、分课型地采取不同的本位策略。无论是本体研究，还是语言应用和教学研究、教学实践，本位问题都只是策略问题，而不是原则问题。而坚持某个单一的本位，实际上就是把它当作原则性的问题了。然而，将策略看作"原则"，这个"原则"实际上就有了问题；强硬地坚持某种本位必然会使我们看不到"原则"之外的东西。当然，回过头来说，就特定的教学过程或内容而言，选择了某个本位，就带有原则性了。我们通常说要以培养能力为目标，这没有错，但能力必须有所寄托。就语言能力而言，能力也是分层次的，策略是逐步适应的，有原则性也有灵活性。所有的教学和研究，其根本都是问题驱动的，因此寻找问题解决策略就成了关键。就此而言，解决"什么问题"很关键，而所有的本位都是跟这个根本问题相联系的，如何使具体教学本位运用到位是本位观存在的基础。

（三）加强元语言意识与教学本位之间关系的研究

既然分层次的综合本位观强调国际中文教学的阶段性和整合性，那么哪个教学阶段、什么样的教学内容适合什么样的本位就成了问题的根本。前面已经指出，语言系统的每个层级的语言单位都有一种"构式性"特征，因此都可以作为教学本位的立足点。这样问题也就变成了：在什么阶段学习什么语言单位，掌握该语言单位的哪些内容，哪些内容需要同时学习或交互式学习。

解决问题的关键就是对特定语言单位、语言结构的元语言意识的考察和分析。所谓元语言意识，简单说来就是对整体及其部分的辨识和对整体与部分之间规则性操作的认识。如对汉语的语音意识，包括音节意识、声调意识、声母意识、韵母意识、音位意识。甚至还有更具体的，就汉语学习而言的塞音和塞擦音的送气意识、舌尖后音的翘舌音意识等；以普通话为背景的学生在学习英语辅音时的清浊音区分意识等。

具体教学本位的确立和实施应该跟学习者某种元语言意识的出现和发展相关联。没有元语言意识的实证分析，任何教学本位的提出和实施都缺少充分的基础。而对当前汉语习得中元语言意识的研究现况，我们曾做过一些分析，发现基本上都集中于汉字（如形声字的声旁意识、形旁意识及表音表意线索的意识、正字法意识等）、语音（如声调意识、音位意识等）等领域，语素层面和词汇／词法层面（如语素意识、复合词构词法意识、词汇结构意识等）的研究也有一些；句法意识方面的研究较少，基本上还处于面上的说明；而关于构式意识的研究则基本上没有开始。因此，需要加强汉语元语言意识，尤其是句法意识、构式意识发展过程的实证性研究。由于各个层面都具有独有的特征，因此这些层面的元语言意识显然跟汉字、语音、词汇／词法层面元语言意识的表现方式和呈现过程并不相同，而这就需要我们在研究观念和方法上做出创新。而且还需要考虑元语言意识形成和发展的方式，也许有的元语言意识是独立发生的，有的是伴随发生的，有的则是互动发生的。这决定了我们采取教学本位时要强化针对性，或以某个单一本位为主，或实施某些本位时有主有从，或在相关本位配合实施时交相为用。在某个阶段某种元语言意识开始萌芽时，就要强调某种"本位"教学；如果在某个阶段某种元语言意识已经基本形成，那么对该语言单位及其关系的教学就不再需要作为重点。有研究指出，中高级汉语水平学习者，汉字的正字法意识已经基本形成，部件意识和部件位置意识都已经具备，那么中高级阶段的国际中文教学就应不再以汉字教学为重点，新见汉字的学习可以更多地由学习者自己强化完成。如果某几种元语言意识综合体现在某个教学过程中，那么就要采取综合的本位教学模式，整合相关内容。

就各级各类语言单位的元语言意识研究而言，大体说来可以包括这样一些内容：该层级语言单位的心理现实性，对该层级语言单位形义之间关系的意识，结构或规则的透明度对习得的影响程度（这跟习得该层级单位时是整体表征还是分解表征直接相关），该层级语言单位所包含的原型构式的意象图式的构建过程，在元语言意识形成过程中自上而下和自下而上的互动方式，元语言意识的形成和发展（即在什么时候、哪个阶段、什么水平上具备哪种类型的元语言意识），元语言意识的形成与语感培养的关系等。实际上，就汉语词汇、句法、语段／篇章的元语言意识而言，重要的就是了解习得过程中学习者何时及如何处理形式和／或意义及其关系的问题。如在习得复合词的过程中，有的研究者认为复合词是以整词形式表征的；而有的学者认为并非如此，复合词习得中存在着词素分解表征的证据；还有的学者认为是整词表征和词素表征相互激活的混合表征。其实，暂不论其实验的具体情况，仅就语言学理论而言，如果一个语言单位内部是有结构关系而这些关系又是受到规则制约的（这是显而易见的），那么说这种结构关系对习得结构整体没有影响，则是无法想象的。就汉语习得而言，在字本位看来，整词表征必然是一个伪命题。当然，如果我们考虑到整词中的"构式性"特征的话，整词表征在这个层面上也有一定的启示性。也许综合表征更适合国际中文教学实际。当然，就具体的构词类型而言，整体表征的形式或许也是存在的，如在汉语的复合词中构词成分和关系的透明度几无的情况下。这就必然要求我们探讨结构关系信息在习得过程中的作用问题，而这方面的研究自然对探讨特定单位的元语言意识的形成和发展具有重要的作用。实际上还可能存在这样的情况：即便从语言系统本身来看，某些词的内部形义关系是透明的，但就学习者个体的既有知识和能力而言，这种透明性未必为学习者所了解和掌握，因此也完全可能采取整词表征的习得策略。在习得该词及相关内容后，可以有效利用类推的策略，运用对其内部形义关系产生的新认知习得新的同类现象，此时就又可以看作是分解表征在发挥作用了。

当前的国际中文教学（尤其是语法教学），对初级阶段和中级阶段的教学比较关注，实际上学界关于教学本位的争论也大多在这个层面上展开。然而，中高级阶段的教学尤其是语法教学教什么、如何教，一直存在着很大的问题，以致"语法教学实际上从中高级阶段开始就中断了"。对此，施光亨早就指出："几十年来，语言教学法的理论和方法在不断发展之中，就总体而言，它们多数比较适用于初级阶段。中高级国际中文教学如何吸取这些理论方法中有用的东西，总结自身的经验，逐步形成自己的教学法，有待我们去探索。但无论如何，研究汉语的内部规律，确定相应的指标，应该是当务之急。"中高级汉语的语法教学尤其需要自己的"航标"。有学者在总结对外汉语语法教学理论和实践的基础上，概括出"句型为体，字词为翼"的教学思路，但这也主要是针对初中级的语法教学而言的。显然，中高级国际中文语法教学缺少初中级国际中文教学所具有的明确的教学目标和教学内容，一个很重要的原因就是我们对进入句层面之后的语言教学观念和方法探讨得并不充分，对更高层次语言单位的元语言意识基本上没有什么探讨，更不用说韵律意识、语体意识了。我们曾提出在这个阶段要加强句式意识、篇章意识等构式意识的培养，或者说需要采取相应的构式本位的教学策略，就是基于人们对这些构式类型的形义关系复杂性的认识。要想准确地习得句式、语段／篇章，仅仅从形式上加以分解，或者辅之以抽象的句式意义、语段／篇章的衔接和连贯的说明，这是远远不够的，还需要对特定句式、语段／篇章类型的语境适应性的分析。这是教学工作面对的难题，也是本体研究的重要课题。而何种类型的构式意识在什么阶段形成，其发展过程如何，构式中的形义关系对构式习得的影响，构式的构式性特征和非构式性特征在构式习得中的关系，都是构式意识所要关注的重要论题。由于构式理论（以及相应的语块理论）的观念是近些年才引入语言教学中的新理论，人们对这方面的认识尚不够深入，因而具体的成果还比较少。但这个问题不解决，中高级阶段的语言教学的瓶颈就难以突破，我们就一直难以找到具体的"航标"。

第二节　国际中文教学的产生与发展

一、国际中文教学的兴起

汉语历史悠久，但是系统地开展针对外国人的国际中文教学的历史较短。在我国历史上，虽然有过外国人学习汉语、国人教授汉语的情况，但是缺少系统的国际中文教学，国际中文教学也没有成为专门的学科。这主要是因为我国在长期的封建社会中，大部分时候闭关锁国，对外交往相对比较少。国际中文教学早在两千五六百年前周末的《周礼》及秦汉之初的《礼记》中就有所提及。但国际中文教学真正发展成为一项事业，是在中华人民共和国成立后的 1950 年。中华人民共和国成立后，对外交往增加，国家开展了国际中文教学工作。北京语言学院招收外国留学生，进行国际中文教学。由于历史原因，那时的留学生主要来自第三世界国家。"文化大革命"期间，和其他学校一样，国际中文教学也停止了。1977 年，我国恢复了中断已久的高考制度。1978 年，我国实行对外开放、对内改革的政策。邓小平同志提出了"教育要面向现代化、面向世界、面向未来"的"三个面向"的方针，促进了国际中文教学工作的恢复和开展。

进入 20 世纪 90 年代以来，随着我国国民经济迅速发展和国际地位迅速提高，我国在政治、经济、文化等方面的影响力也迅速上升。为了了解中国和中国文化，为了目睹和参与中国的发展，为了适应中国的发展变化，很多外国人积极学习汉语，一方面是一些国外学校（包括中小学）开始开设汉语课程，我国也在国外设立"孔子学院"，另一方面是来华学习汉语的留学生大量增加，很多国内院校招收留学生、开展国际中文教学。

二、国际中文教学的发展历程

1978 年，党的十一届三中全会提出以经济建设为中心。随着国力的增强及国际地位的提高，世界需要了解中国、加强与中国的交往，由此在世界范围内扩大了对学习汉语的需求。这种需求相比过去长期处于缓慢、反复的状况，是一个质的飞跃和突破。改革开放后，来华留学生教育工作也进入了恢复和上升期。留学生的生源地扩展到西方工业化发达国家，一些高校允许招收自费来华留学生。1979 年，全国自费留学生数量为 300 余名。1989 年，已经发展到 2500 名，增加了 7 倍多。从 1978 年到 1989 年，全国共接收和培养了 40221 名留学生，其中政府奖学金生 13699 名，自费留学生 26522 名。1990 年到 2000 年，全国共接收和培养了 310000 多名留学生，其中政府奖学金生 18360 名，自费留学生 292000 多名。但这一时期的来华留学生无论从规模上，还是从层次上来看，都还处于一个比较低的发展水平，自费留学生的来源国主要是日本、美国、德国、英国、法国等 20 多个发达国家。从 1990 年到现在，随着中国进一步深化改革、扩大开放，来华留学生教育事业也迎来了空前的大发展。来华留学生的数量快速增长，学习者的层次稳步提高，学习目的和学习形式也日趋多样化。除了 2003 年由于受到"非典"影响来华留学生数量有所减少，其他年份来华留学生人数逐年创新高：2004 年达到 11万人。到现在，中国已成为亚洲最大留学目的国，来华留学吸引力与国家经济实力和综合实力的匹配度进一步提升。同时，越来越多的留学生来华攻读学历课程，学历生和研究生占比实现双增长。2016 年在华学历生人数达 21 万人，占来华留学生总数的 47.4%。2016 年在华留学生生源国家和地区总数为 205 个，创历史新高。前 10 位生源国稳中有变，依次为韩国、美国、泰国、巴基斯坦、印度、俄罗斯、印度尼西亚、哈萨克斯坦、日本和越南。近几年来，"一带一路"沿线国家学生数量增长明显。2017 年来华留学人数达到 48.92 万人。如今，国际中文教学已经成为国家和民族的事业，也已经成为一个新型学科。

第三节　国际中文教育的主要教学主体

国际中文教育的主要教学主体可分为国内大学、国内营利性汉语培训机构、在华国际学校、孔子学院（课堂）、海外培训机构。下面主要介绍国内大学和在华国际学校的中文教学概况。

一、国内大学国际中文教育概况

从文化的视角研究国际中文教育，不能回避语言和文化、语言教学和文化教学的关系。在国际中文教育中，围绕着要教哪些文化、如何处理好汉语的教学与文化的教学的关系等问题，展开了一系列的讨论。在这些讨论中，有两种观点值得注意：一是国际中文教学中语言和文化的关系；二是国际中文教学中的文化教学和对外汉语文化教学的区分。

前者以林国立为代表，他认为国际中文教育中语言和文化的关系应当是"上位与下位"的关系，文化涵盖了语言，语言只是文化的一个组成部分。他指出，"文化"和"国际中文教育中的文化"不是同一个范畴的同一个概念，前者是"一个文化人类学范畴的概念"，涵盖的范围和内容要深广得多，而后者是"一个语言教学范畴的概念"，属于应用语言学的范畴。他对"国际中文教育中的文化"界定是"外国人学习和理解汉语，使用汉语与中国人打交道的时候需要掌握的那种'文化'，是语言学习和使用过程中所涉及的文化"。广义的文化确实包含了语言，语言是广义文化中的一种特殊文化，国际中文教育中的文化不可能涵盖所有的文化内容，从这个角度看，"文化"和"国际中文教育中的文化"确实不是同一回事。"国际中文教育中的文化"受学科性质和目的的限制，区别于一般意义上的文化，其范围也要小得多。但是语言中所体现出来的文化本身就包含了文化的各个方面，历史地理、政治经济、文学艺术、日常生活等这些也在语言中有所反映，而且作为承担着文化传播作用的语言教学，这些内容都可以成为传播的对象。从这个意义上讲，"国际中文教育中的文化"如果只是限定在"与语言学习和使用有关的文化"上，是对"国际中文教育中的文化"的窄化。我们在这里探讨的"国际中文教育中的文化"包括"与汉语理解和运用有关的文化"，其中包含一切具有世界价值的中国特色文化。

国际中文教育中的文化教学和对外汉语文化教学的区分，是北京大学对外汉语研究学院张英在《对外汉语文化因素与文化知识教学研究》一文中提出来的。她将文化教学分为"文化因素"教学和"文化知识"教学两种，"文化因素"教学指的是存在于语音、语法、语义、语用等层面的文化内容，"文化知识"教学则是存在于社会交际规约中的文化内容。进而，又对"国际中文教育中的文化教学"和"对外汉语文化教学"进行了区分，"国际中文教育中的文化教学"承担的是存在于语言形式之内的"文化"，即"语言的文化要素"的教学，教学内容和范围应该在"语言"领域，属于文化语言学的研究范围，教学的目的是"排除"语言理解和运用方面的障碍。其教学是以"教语言"的方式进行。这种教学，本质上是属于"语言技能"或"交际能力"的教学。"国际中文教育中的文化教学"承担的教学内容则大于"语言的文化要素"范围，教学目的是"克服"交际中可能出现的困难，以便能够顺利进行跨文化交际。其教学方式既不等同于操练性很强的语言技能教学，也不等同于母语环境中灌输式的"第一文化"教学，而应是"第二文化"教学独有的一种教学方式。

我们提倡跳出单一的"语言形式中的文化要素"，对国际中文教育中不同层面的文化进行分类的方法，因为国际中文教学中涉及的文化有点有面，有主有次，有先有后，不能"一锅煮"。但是，我们对"文化因素"和"文化知识"的分类持保留态度，且不管是"存在于语音、语法、语义、语用等层面的文化"也好，还是"存在于社会交际规约中的文化"也罢，还是以"与语言有关的文化"为主。这里所谈的"文化"包含了张英的上述两类文化，同时还包括了"具有世界价值的中国特色文化"的教学，统归为"国际中文教育中的文化教学"的范畴。

作为专业背景最强、历史最长、经验最丰富的国际中文教育主体，国内的各大高校的国际中文教学也进入了一个快速发展和壮大的时期。高等院校的国际中文教育文化和国情教学占据了整个国内教学阵地的半壁江山。凭借强大的科研实力以及在政策和声誉方面的招生优势，国内大学纷纷迎着"汉语热"的浪潮，争先恐后地开办专门针对留学生国际中文学习的课程和教学单位。根据官方权威机构中国高等教育学会外国留学生教育管理分会的统计，截至 2018 年年底，共有 49.22 万名留学生在中国高等院校学习，规模增速连续两年保持在 10% 以上，其中学历生 25.81 万人，占总数的 52.44%，同比增幅 6.86%。2018 年共有来自 196 个国家和地区的各类留学人员，在全国 31 个省、自治区、直辖市的 1004 所高等院校学习，其中硕士和博士研究生共计约 8.5 万人，来华留学规模持续扩大，我国已是亚洲最大留学目的国。

新型冠状病毒疫情前，来华留学生生源地主要是"一带一路"沿线国家，共计 26.06 万人，占总人数的 52.95%。近五年内"一带一路"沿线国家的来华留学生增长率达 20.40%，已成为中国留学事业的主要市场和主要增长极。其中，亚洲国家来华留学生人数最多，达 29504 人，占来华留学生总人数的 59.95%，其次是非洲占 16.57%，另外，欧洲占 14.96%、美洲占 7.26%、大洋洲占 1.27%。来华留学生生源主要集中在亚洲，其中韩国、泰国、巴基斯坦、印度四个国家最多。

来华留学生规模持续扩大，生源结构不断优化，中国政府奖学金吸引力不断提升，来华留学事业发展态势总体良好，向高层次、高质量发展。学习工科、管理、理科、艺术、农学类的学生数量增长明显，电子信息工程技术与商务管理、机械制造与自动化、软件技术与动漫制作、建筑类、铁路运输、汽车运用与维修、医学等专业逐渐成为热门专业。

教育部贯彻《国家中长期教育改革和发展规划纲要》精神，切实落实《留学中国计划》，进一步优化来华留学环境、注重规范管理、提高来华留学教育质量，力求使我国成为亚洲最大的国际学生流动目的地国家。

随着我国教育水平的提高，来中国求学的留学生数量呈快速增长趋势。这样的情况不仅对全世界的汉语爱好者来说有了更多的选择机会，对国内的大学来说也是一个加强对外交流、扩大办学规模、丰富办学模式的良好机遇。国内留学生教育发展至今，包括西藏和新疆等少数民族自治区在内的几乎所有省份和地区的高校都有专门针对来华留学生学习汉语的课程。尽管如此，由于政治、经济发展的不平衡、不同地区教育资源和教育质量的不平衡以及地区方言的差异，来华留学生的分布也不平衡，来华留学生人口最多的省市依次是北京、上海、江苏、浙江、辽宁、天津、广东、湖北、云南、山东。大多数留学生集中在北京、上海、广州等一线城市以及东部沿海发达地区。中西部地区，尤其是少数民族地区的生源数量相比前者呈现出相当大的不足和缺口。由于地域发展的不平衡，中西部地区一些科研实力和综合实力较强的高校在招生上比东部的一些二线高校还要困难。

来华留学生当中，除了部分学生来自与西部地区接壤的东南亚国家，欧美和亚洲其他国家的留学生还是将北京和上海作为留学中国的首选地。首都北京作为政治、经济和文化交流的中心，加之普通话是以北京方言为基础的通用语言，留学生在课堂上学习的标准普通话在课后的实践生活中不会遇到方言的障碍；此外，北京拥有全国最强的高等教育资源和科研实力背景，多方面的原因综合在一起，使得北京成为来华留学生的第一考虑目标。上海是中国经济最发达的城市，其巨大的经济实力和特殊的海派文化吸引了来自世界各地的资本和人才。虽然听、说上海方言是来华留学生感到比较困难的地方，但是上海的综合实力和魅力依然吸引了数以万计的海外留学生选择上海的高校作为学习汉语的场所。

从科研背景和教学综合实力来看，北京语言大学无疑是国际中文教学事业的先锋。北京语言大学创办于 1962 年，当时的校名为外国留学生高等预备学校，1964 年 6 月由国务院批准定名为北京语言学院，1996 年 6 月经国家教委（现教育部）批准，正式更名为北京语言文化大学，2002 年 7 月经教育部批准简化为北京语言大学。它是中国唯一一所以汉语国际推广和对来华留学生进行汉语、中国文化教育为主要任务的国际型大学，同时对中外学生进行外语、汉语言文学、计算机科学、信息科学、金融学和会计学等专业教育，并承担着国际中文教学师资培养，以及出国留学预备人员出国前的外语培训等工作。建校 60 多年来，已经为世界上 189 个国家和地区培养了 22 万余名懂汉语、熟悉中华文化的留学生。目前，每年都有 5000 余名中国学生和来自近 140 个国家的 10000 多名留学生在这里学习。北京语言大学在中国从事汉语国际推广和中华文化教育的历史最长、规模最大、师资力量最为雄厚。目前，学校已形成特色鲜明、优势明显、结构合理、内容充实的学科体系，既有短期教育、速成教育、网络教育，也有本科生、硕士生、博士生教育，学科层次齐备，教育教学质量得到国内外的普遍好评。北京语言大学还编辑出版了《语言教学与研究》《世界汉语教学》《中国文化研究》等期刊。北京语言大学出版社迄今已出版各类教材 3000 多种，在海内外产生了广泛影响，有 100 多个国家的各类院校和培训机构使用北京语言大学出版社出版的对外汉语教材。

除了北京语言大学之外，地处北京的中国高等学府包括北京大学、清华大学、中国人民大学、北京师范大学等一流高校都具备国际中文教学的强大实力和悠久历史。在以社会科学领域见长的北京大学在国际中文教学和理论研究方面也具有十分强大的实力。北京大学是中国从事留学生国际中文教学历史最长的学校之一，1952 年开始接收留学生，开展国际中文教学。2002 年 6 月 29 日，北京大学对外汉语教育学院成立，标志着北京大学的国际中文教学进入一个新的历史时期。

北京大学对外汉语教育学院下设汉语精读教研室、汉语视听说教研室、选修课教研室、预科教研室、研究生教研室等 5 个国际中文教学机构和一个研究中心。北京大学对外汉语教育学院拥有一支教学水平高、科研能力强、具有跨学科教育背景和国际化视野的教师队伍，在我国国际中文教学和科研事业中发挥着重要作用。该学院年均招收留学生 2000 人次，包括长期进修生、短期进修生、预科生、特殊项目生等。学生来自世界五大洲 70 多个国家和地区。年均招收汉语言文字学与国际教育专业硕士、博士近百人。研究生课程建设逐步朝着丰富多样、研究型和应用型并举的方向发展。北京大学每年派遣约 1/4 的教师奔赴世界各地从事国际中文教学、短期讲学或师资培训。赴外教师以汉语为桥梁，扮演了民间文化使者的角色。北京大学对外汉语教育学院与近 20 所世界知名大学建立了交流与合作关系，如英国牛津大学、剑桥大学，美国耶鲁大学、斯坦福大学、哥伦比亚大学、加州大学、西点军校、狄金森学院，日本早稻田大学，韩国庆熙大学、成均馆大学，荷兰莱顿大学，挪威奥斯陆大学，奥地利萨尔斯堡大学等，并与 9 所国外高校和教育机构合作建立了孔子学院。

在上海，高等院校的国际中文教育阵地以复旦大学为主，上海交通大学、华东师范大学、同济大学、上海外国语大学、上海师范大学等高校也是来华留学生的热门选择。长期以来，复旦大学国际文化交流学院是复旦大学接受留学生和进行国际中文教学的专门机构。20 世纪 80 年代后，来复旦大学学习的留学生人数增长较快，为适应留学生事业迅速发展的需要，复旦大学于 1987 年 5 月正式组建"国际文化交流学院"。初期的国际文化交流学院是一个集留学生教学、管理、后勤服务于一体的留学生院，其机构设置相应分成教学科研、行政管理、后勤服务三大板块。教学方面除原有的几个教研室以外，学院成立时又增设汉语第二教研室，之后又从两个汉语教研室中设置汉语第三教研室，随后新设教材教法研究室、语言文化教研室。复旦大学国际文化交流学院具备雄厚的学术实力，聘请古籍整理所章培恒、中文系顾易生、哲学系潘富恩等著名教授为兼职教授；成立汉语进修部，下辖三个汉语教研室，分别负责初级汉语、中级汉语、高级汉语的教学；成立语言文化部，下辖语言文化、中国文学、中国历史三个教研室，负责汉语言本科生、普通专业进修生的教学。

复旦大学国际文化交流学院经过多年建设，目前已形成一支学科结构与年龄层次比较合理、业务素质良好、教学经验丰富的对外国际中文教师队伍，学术背景以汉语言文字学和对外汉语为主，同时包括文学、文化、历史、哲学、外语、经济、国际关系等各个方面。复旦大学在全国国际中文教学界较早地打破了按学期划分的编班传统，创建了"零起点、八级次、两年制"的基础国际中文教学体制，逐步形成了"细化级次，多层递进""小步走，连续教，两月上个新台阶"两个基本特征。学院组织编写了与此配套的国际中文教学主干教材和口语、听力、泛读等分技能语言训练教材，制定实施了包括教学总体设计、课程设置、测试和评估等方面的一整套教学管理制度，建立了由教学经验丰富的老教师组成的教学督导制度（1999 年 5 月建立，2004 年 2 月改为教学指导小组）。这一独特的教学模式涵盖汉语言本科教学、汉语长期进修教学、汉语短期速成教学，其基本思路已为教育部中外语言交流合作中心所编制的《高等学校外国留学生国际中文教学大纲》吸收。复旦大学一向重视对国际中文教材编写队伍的建设和对国际中文教材的编写。多年来，其国际文化交流学院先后编写出版了包括国际中文教学主干课型教材、教学配套类技能训练教材、综合类文化教材、应试技能教材等各种类型的教材 30 多部，其中影响较大的有《今日汉语》(共 14 册)、《新汉语课本》(共 8 册)、《标准汉语教程》(共 12 册)、《拾级汉语》、《新编汉语速成教材》(共 6 册)、《中国文化系列教材》(共 7 种)、《当代中文》(共 14 册) 等。

除经济发达地区一线城市的大学外，全国的大学都在国际中文教学事业发展的道路上稳步前进。东北地区的高校如吉林大学、大连理工大学等借助地理优势，吸引了大批来自韩国和日本的留学生。一些中西部综合型高校凭借汉语语言学的学科优势、地区独特的地域文化和在西部大开发战略带动下快速增长的政治、经济文化实力，吸引着越来越多的海外留学生前来学习。如西南地区的四川大学、云南大学，西北地区的陕西师范大学，华中地区的华中师范大学，以及东南沿海地区的厦门大学、云南大学等，都在这个领域呈现蒸蒸日上的趋势。

四川大学海外教育学院是四川大学设立的专门从事国际教育的直属学院。学院从 20 世纪 80 年代中期就开始了来华留学生的招收和专业教育工作，留学生规模之大与留学生学习层次之高在我国西部地区的高校中，在当时及现在都是首屈一指的。学院拥有一大批经验丰富的教师，并形成了一套完整、科学和富有特色的课程体系，有严格的教学管理制度和经验丰富的管理队伍，教学条件有充分的保证。学院现招收培养国际中文教学方向的硕士研究生、汉语国际教育专业本科生、各类语言进修生；还向在成都地区工作的外国专家、教授、一级外国驻川领事馆工作人员、国际机构和跨国公司工作人员提供汉语培训，并开设面向学校其他专业外国学生的公共汉语课程；此外，学院还与国外高校和教育机构合作开设各类汉语言和中国文化假期班和短期强化班。

总的来说，国内现有的大学国际中文教学呈现学科建设得到的支持越来越强大、生源越来越充足、地域分布越来越广、学生类型越来越丰富和教学模式越来越多样的特色，但也面临着地域分布不均衡、课程设置和教材建设尚需进一步完善的挑战。相信在所有国际中文教学事业从业者的辛勤工作和不懈努力之下，我国高等院校的留学生国际中文教学将会持续健康发展，进入一个蓬勃发展的新时期。

二、在华国际学校中文教学概况

国际学校是指实行外国侨民母国的教育制度，为外国侨民提供其母语教育的学校。一般来说，国际学校是提供中等或以下程度的教育，并拥有相当比例的外籍学生，而且实施外国学制的学校。尽管《中华人民共和国教育法》中并没有出现"国际学校"一词，但仍有一系列的学校符合上述定义。依据 1987 年 9 月 1 日颁布的《中华人民共和国外交部、中华人民共和国国家教育委员会关于外国驻中国使馆开办使馆人员子女学校的暂行规定》（以下简称《暂行规定》），驻华大使馆可以开办使馆人员子女学校。此后，北京以外的驻华领事馆也被批准参照《暂行规定》注册子女学校。因此，在后来的政府文件中，此类学校合称为外交人员子女学校。依据《中华人民共和国国家教育委员会关于开办外籍人员子女学校的暂行管理办法》，在中国境内合法设立的外国机构、外资企业、国际组织的驻华机构和合法居留的外国人，可以申请开办外籍人员子女学校。这一行政许可事项后来被《国务院对确需保留的行政审批项目设定行政许可的决定》（国务院令第 412 号）确认。外籍人员子女学校只能招收在中国境内持有居留证件的外籍学生，不得招收中国内地的公民入学。

但是，在华属于国际学校范畴的机构主要有三种类型。第一类是由在中国境内合法设立的外国机构、外资企业、国际组织的驻华机构和合法居留的外国人开办的国际学校（简称为"外籍人士开办的国际学校"），如上海美国学校、广州美国人外籍人员子女学校等。这类学校以英文教学为主、中文教学为辅，可以选修中文类课程，国际中文和中国文化历史课程也是国际学校的教学内容之一。第二类是同时招收中国学生又具有接收留学生资格的学校，如广州亚加达国际预科等。这类学校采用 IB 学制，有独立的校园，其课程体系、教育理念、硬件设施和学生构成都是国际化中国学生的培训课程，他们上课的模式、教育理念和学生构成都是中国（式）的。第三类是外国机构或个人开办的培训中心。本节讨论的国际学校主要是指第一类"外籍人士开办的国际学校"，因为这类学校的学生群体是我们传统国际中文教学所指的教学对象，即母语为非汉语的、将汉语作为第二语言学习的学习者。

随着越来越多的外国人涌入上海、北京和广州等一、二线城市工作，另外拥有外籍身份，父母是中国国籍的学生也逐渐增多，将孩子送入当地的国际学校就读是这一类人群的首选。国际学校的课程设置与国内的普通公立或私立学校不同，一般可分为"国际课程""本国课程""组合型课程"以及"汉语课程"。

例如，北京韩国国际学校于 1998 年 9 月 1 日经北京市教育委员会和韩国教育部批准设立，属韩国教育部管辖的一所为驻京的韩国工作人员的子女开办的公立学校。该校的主干课程就是根据韩国国内的标准课程大纲设计的。广州的英国人学校采用英国国民教育课程，而法国人学校和日本人学校则采用各自国家的课程体系。"组合型课程"采用的是中西方结合的课程。这类国际学校虽然也基本采用国际化教学模式，但是在课程设置上偏重于中国语言和历史文化的教学，主要目标是让留学生毕业后能进入欧美大学或中国内地大学学习。

在华国际学校学生与来华留学生的主要区别在于，他们处于幼龄或低龄阶段，虽然来自不同的母语背景，但是常年居住在中国，受多元文化差异的影响小，一直受中国文化的熏陶，对国际中文教学接受度和认知度普遍较高，国际中文课程推广力度大。

第四节 国际中文教学理论基础

一、国际中文关联学科

国际中文教学这门学科既具有理论性，又具有应用性，它是受多种学科影响的学科。国际中文教育学是教育学和语言学交叉的学科，主要受教育学、教育心理学等学科的影响，也受语言学、应用语言学、心理语言学等学科的影响。虽然国际中文教学学科受多种学科的影响，但是它有自己的特点和规律，是一门独立的学科。国际中文教学有自己独特的研究对象、研究任务、研究内容和方法，有自己的学科基地和已经取得的研究成果，是一门其他任何学科所不能替代的专门学科。

（一）语言学

语言学是研究语言的科学，国际中文教学是研究汉语言教学的科学，因此，语言学与国际中文教学有着十分密切的关系。李泉在谈到"国际中文教学的学科理论基础"时指出，语言学是研究语言的本质、结构和功能等语言现象本身的科学，第二语言教学是研究教授和学习语言规律的科学。前者以语言为研究对象，后者以语言为教学内容；前者研究语言是什么，后者研究语言怎么教和怎么学，显然这两者之间有着天然的联系。因此，语言学对第二语言教学的指导和影响是多方面的、深刻的，也是根本性的。普通语言学是研究人类语言的本质和功能、语言的产生和发展以及语言各个方面的规律的科学。因此，它可以帮助我们在确认国际中文教学的教学目标、教学内容、教学原则上提供理论支持。

近30年来，语言学的研究从语言的形式和结构转向语言的功能和使用，着重研究语言的功能、语言的运用、语言与社会的关系、语言与文化的关系等。因此，社会语言学、语用学等学科的兴起和研究，不仅推动了语言学本身的发展，也对语言教学产生更直接的影响。例如，语言能力和语言功能、语言形式与语言功能、话语分析与会话分析等都对国际中文教学产生了直接的影响。

从上面的分析中我们不难看出，国际中文教学应该随时关注语言学的发展和研究的进展情况，及时吸取语言学的研究成果，不断发展国际中文教学的基础理论研究。

（二）教育学

我国情境教育专家傅道春在他的《教育学——情境与原理》的开篇中写道，曾有人问，不学教育学能不能当老师？如果回答说"不能"，那么举出实证并答复一些质疑可能要花费一些工夫。如果问，不掌握必要的教育理论会不会当老师？人们可能会比较一致地回答说"不会"。如果再具体地问，不学好教育理论能不能成为一名效果最优、效率最高的教师？可以明确而肯定地回答"不能"。他认为教育学对教师来说就好比是学医的人的一门"临床医学"，不学好教育学而从教，可能要经过一个相当长的适应过程，且不能准确、全面、高效、优质地履行教师的职责。例如，一个孩子的母亲，因为孩子把刚买来的金表给摆弄坏了，狠狠地揍了孩子一顿，并把这件事告诉了孩子的老师。老师幽默地说："恐怕一个中国的爱迪生被你'枪毙'了。"老师告诉孩子的母亲，你应该和孩子一起去钟表铺，让孩子站在一旁看修表匠如何修，满足孩子的好奇心，说不定他还可以学会修理呢。这个故事中的老师就是我国著名的教育家陶行知。可见，教师具有了教育理论知识，就能用教育的观点去看待和分析教育现象，并能提出符合教育规律的解决问题的办法。教育作为一种社会现象有它自己的规律，按一般的认识去处理教育现象就不会收到理想的教育效果。概括地说，教育学就是研究培养人的教育现象及规律的科学。国际中文教学作为教育学的一个分支学科与教育学有着密切的关系。国际中文教学要遵循教育学的一般规律与原理，要在教育学理论的指导下研究教学现象，处理问题时要符合教育规律。因此，教师要懂得教育学。

（三）心理学

学校教育是一种有目的、有计划、有组织地培养人的工作。在学校里，教育者根据社会的要求，采取一定的措施去影响受教育者。受教育者作为一个有思想、有感情、有意识的人，他也要通过自己的积极活动，主动获得知识和技能，形成社会所要求的、全面发展的个性品质与道德行为。在这个过程中，教育工作者只有按照受教育者生理、心理发展规律进行教学，才有可能获取良好的效果。

心理学是研究人的心理现象及其规律的科学。在教学活动中，教师的教是为学生的学服务的，教师必须了解学生的生理和心理特点，教学必须符合学生的心理活动规律。

国际中文教学需要研究学生在教学过程中的心理活动过程和规律，尤其是感觉、知觉、记忆、表象、想象和思维等认知活动、意志活动和情绪活动等的规律，以及如何运用这些规律促进国际中文教学。因此，国际中文教学离不开心理学理论，心理学是国际中文教学重要的理论基础之一。与国际中文教学有关系的心理学分支有教育心理学、认知心理学和实验心理学。教育心理学的研究对象包括受教育者的各种心理现象及其变化和发展规律，以及教育者如何通过这些规律对受教育者进行有效的教育教学。它的研究内容包括学习理论，主要介绍学习的一般概念和国外有关学习的主要理论。比较重要的有格式塔的完形学习理论、布鲁纳的认知—发展学习理论与教学思想、奥苏贝尔的接受—同化学习理论与教学思想、建构主义学习理论与教学思想、加涅的累积学习理论及人本主义学习理论。

学习过程主要包括知识的学习与教学、学习策略及其培养、动作技能的获得、学习的迁移、创造力的发展与培养等。影响学习的因素包括学生认知方面的因素、非智力因素（如学习动机、人格因素等）和社会因素（如教师等）对学习的影响等。认知心理学是探索人们如何获取知识和使用知识的一门学问，探讨的问题诸如人是如何通过感知觉、注意、记忆、语言、思维与推理等心理过程，对信息进行加工、简化、转换而成为知识和经验来解决所面临的问题的；人又是如何运用知识来对自己的行为和认知活动做出决定并产生效果的。

这些研究为国际中文教学的教学内容构建、教学方法实施、教学目标达成等起到了坚实的理论支持。实验心理学则为国际中文教学提供了科学的、定量的研究方法，为国际中文教学学科的发展提供了科学的理论支持。

二、现代教学思想

20世纪60年代以来，在全球的教学改革浪潮中，涌现出一批对我国教学影响较大的教学改革的理论家和实践家，他们提出了一系列教育和教学的新思想，并进行了卓有成效的教学实验。吸收他们的教育教学理念和思想，结合本学科的特点进行教学和教学改革，将使我们的教学更符合教学规律，将提高本学科教学的理论性和科学性。

（一）维果茨基的教学思想

1. 维果茨基的主要教学思想和理念——"最近发展区"理论

苏联心理学家维果茨基在20世纪初创立了一个重要概念"最近发展区（ZPD，zone of proximal development）"。它是指儿童发展的某个阶段，在有指导的情况下借助成人的帮助所达到的解决问题的水平与独立活动中所达到的解决问题的水平的差异，它描述了儿童智力可能达到和可能发展的水平。维果茨基指出，儿童发展存在着两种发展水平，即已有的发展水平（或现有发展水平），表现为学生能独立解决问题的智力水平，与可能的发展水平，表现为可借助成人的指导以及与在更有能力的同伴帮助下能达到的解决问题的水平，二者之间的差距就是"最近发展区"。维果茨基认为"最近发展区"是教学的最佳期，超出"最近发展区"的教学对学生来说是无效的、困难的；相反，降低"最近发展区"水平的教学则是枯燥乏味的，因为它重复学生已独立解决的问题。只有适合学生"最近发展区"的教学才是有效的和良好的。

2. 维果茨基教学思想给我们的启发

维果茨基的"最近发展区"给我们的启发是教学中教师首先要确定学生的"最近发展区"，在确定"最近发展区"后要积极进行教学，要指导学生将"最近发展区"转化成现有发展水平，并在此基础上形成高于原来"最近发展区"的新的发展区，从而促进学生的发展。

（二）赞科夫的教学思想

赞科夫是苏联著名教育家、心理学家，他的主要著作有《教学与发展》《教学论与生活》《和教师的谈话》《论教学论研究的对象与方法》《论小学教学》等，他提出了五大教学原则。

1. 赞科夫的主要教学思想和理念——五大教学原则

（1）以高难度进行教学的原则

传统的教学体系教给学生的知识面非常狭窄、内容非常贫乏，教学方法又一味强调单调无味的多次重复，这是造成学生在发展和学习上进步不大的一个主要原因。产生这种教学法的教学原则就是可接受性原则，也叫量力性原则。可接受性原则只强调教学要适合学生的年龄特征，适合学生的发展水平。赞科夫着眼于学生的发展，他认为教学不能单纯适应发展，而应该走在发展的前面。他强调必须改革教材和教法，使学生在高难度的水平上进行学习。

（2）以高速度进行教学

赞科夫认为，传统教学体系主要是依靠单调的重复、机械练习、"迫使学生反复咀嚼已知的材料"来达到巩固知识、技能和技巧的目的，这种教学浪费大量的教学时间，把进度拖得很慢，而且阻碍学生的发展。针对上述情况，赞科夫提出"以高速度进行教学"的原则。该原则的根本用意是从减少重复中加快教学速度。从加快教学速度中扩大知识广度，从扩大知识广度中增强理论深度，即通过加快教学速度，来开阔学生的视野，使他们深刻理解知识之间的内在联系。

（3）理论知识起指导作用的原则

赞科夫所说的理论知识是指那些非直观的、概括的、规律性的知识。他认为传授理论知识不仅有利于学生的一般发展，而且是形成技能技巧的重要条件，它可以帮助学生"深入地、多方面地认识现实，使学生头脑里形成的不是支离破碎的片段，而是事物之间的内部联系"。赞科夫认为此原则可以帮助学生形成各门学科的整体结构，促进学生的思维从多方面展开，进而提高学生掌握知识的质量，在充分理解的基础上掌握技能、形成技巧。

（4）使学生理解学习过程的原则

赞科夫认为，应该让学生了解学习过程、掌握学习规律、学会学习，从而发挥学生的主动性和创造性。此原则的主要含义是让学生理解掌握知识的过程。具体来讲，是让学生通过自己的智力活动，认真探索获得知识的方法与途径，它重视学的过程本身，注意学习活动的内部因素。赞科夫认为，这一原则的实质在于教会学生掌握学习方法和思维方法，在掌握知识的过程中，培养学生的自学能力。只有引导学生自己去学，启发他们懂得怎样学习，才有利于培养他们学习的独立性、主动性和创造性。

（5）使全班学生包括"差生"都得到全面发展的原则

按照赞科夫"高难度、高速度"的原则进行教学，很容易把一些学生落下来，结果只培养了几个尖子生。针对这一问题，赞科夫提出了"使全班学生包括'差生'都得到全面发展"的原则。此原则含义是使在各自不同水平线上的每个学生包括优等生、中等生、"差生"都达到最优，并有尽可能大的发展。这就要求教师在保持教学原则和教学进度基本一致的基础上，根据学生的个性差异，将教学建立在学生各自不同的"最近发展区"上，使他们在横向上达到教学规定的标准，在纵向上跟自己比有进步。传统的做法对待差生就是布置大量的习题，这样做的结果使得他们的负担过重，使他们更落后。赞科夫主张：一是减轻他们的思想负担；二是逐步树立起他们学习的信心；三是利用一切机会引导他们观察事物；四是不要性急，一步一步提高；五是不断吸引他们参加课外小组活动。

2. 赞科夫教学思想给我们的启发

（1）"高难度、高速度"教学原则给我们的启发

我们在速成、强化教学中，既要有速度，又要有难度；但是，不是越快越好，也不是越难越好，而是在追求速度中求知识的广度。即避免简单机械地重复，学生会了、懂了就向前讲，在讲的过程中注意练的结合。在练的过程中要有一定的难度，要设置一些障碍，让学生经过自己的努力克服障碍，在克服障碍过程中体验成功的快乐。目的是使学生在尽可能短的时间内，学尽可能多的内容，并达到掌握和运用。

（2）"理论知识起指导作用"的原则给我们的启发

成年学习者喜欢找规律、喜欢归纳，他们希望对所学的知识有一个概括的、规律性的总结。因此，必要的理论知识讲解可以使学生掌握知识结构，这有利于学生理解和记忆，为迁移奠定了基础。

（3）"使学生理解学习过程"的原则给我们的启发

教学要发挥学生的积极性、主动性，要让学生体验到每一个教学步骤和环节对学生来说都是有用的、有效的，都会对学生的学习结果产生积极的影响，要让学生体验到学习过程的快乐。

（4）"使全班学生包括'差生'都得到全面发展"的原则给我们的启发

教师要发现差生的一些长处以及他们身上一些闪光的东西。不要直接批评他们或督促他们，平时少打分数，提问量力而行；不要总是教育他们向"好生"学习，而是把"好生"的做法展示给他们看，使他们通过对比，自觉改正身上的不良习惯。总之，教师要对学生一视同仁，要有爱心和耐心，要使每个学生都不掉队，而不是把"差生"归入淘汰的范围里。

（三）苏霍姆林斯基的教学思想

1. 苏霍姆林斯基的主要教学思想和理念

苏联著名教育实践家和教育理论家苏霍姆林斯基教育思想的核心，就是通过全面和谐发展的教育，培养全面和谐发展的人，培养个人的才能和天赋得到充分发展的人、幸福的人。他认为："人的天赋、可能性、能力和爱好是无可限量的，而每一个人在这方面的表现又是独一无二的。自然界里没有一个这样的人，我们有权利说他"无论干什么都不行的人……教育的真正精神就在于，要在每一个人身上发现他那独一无二的创造性劳动的源泉，帮助每一个人大开眼界、看到自己，使他看见、理解和感觉到自己身上的人类自豪感的火花，从而成为一个精神上坚强的人，成为维护自己尊严的不可战胜的战士。"苏霍姆林斯基认为："和谐的教育就在于使每一个人在他的天赋所及的一切领域中最充分地表现自己。人的充分表现，既是社会的幸福，也是个人的幸福。"

（1）教学中学生获取知识，既是目的，又是手段

苏霍姆林斯基认为："知识——这就意味着能够运用。只有当知识成为精神生活的因素、占据人的思想、激发人的兴趣时，才能称之为知识。"不能单纯认为，只要记住了某些知识内容，当教师要求时，立刻能"倒出来"，就算是有能力、有知识。教学就是教给学生能够借助已有的知识去获取新知识并使学习成为一种思考活动，教师要使学生的知识不要成为最终的目的，而要成为手段；不要让知识变成不动的、死的东西，而

要使它活起来，要会运用。

（2）教学中充分发挥学生的主体性

主体参与思想是贯穿苏霍姆林斯基教育思想的一条主线，是其全面和谐教育思想的核心，也是其精华所在。主体参与就是在教育教学中充分发挥学生的主体性，积极引导他们投身教育实践，使其成为教育的主人、学校的主人。苏霍姆林斯基主体参与的教学思想主要表现在以下几个方面。

①活动是苏霍姆林斯基教育思想的基石。人的发展需要依赖于实践、依赖于活动、依赖于劳动。实践出真知、活动出智慧、劳动出才能，才能在活动中得到发展。主体参与思想就是在此基础上衍生而出的。苏霍姆林斯基认为，所谓和谐的教育就是如何把人的活动的两种职能配合起来，使两者得到平衡：一种职能是认识和理解客观世界，另一种职能是人的自我表现，自己的观点、信念、意志力、性格在积极的劳动和创造中，以及在集体成员的相互关系中的显示和表现。正是在这一点上，即人的表现上，应当加以深刻思考，并且朝着这个方向改革教育工作。苏霍姆林斯基所说的自我表现职能实际上就是指学生在教学中的主体参与。他认为抓住了学生的主体参与性，就是抓住了学生发展的实质。

②公平性和差异性相结合。苏霍姆林斯基提倡在参与中坚持公平的原则。"好生"和"差生"不仅应当在参与机会上均等，而且在参与解决问题上也应当均等。他在研究了教师的提问方式后指出，教师总是给"差生"提比较容易的问题，给"好生"提难的问题。这样做的后果是，当教师面向全班学生提问后，学生就能大致猜出要求谁来回答。有一些学生就形成了"在学习上没有能力"的观念。苏霍姆林斯基认为在坚持公平性的同时，要承认学生之间的差异性，要因材施教，使每个学生都得到发展。他认为，每个学生的思维都按其独特方式发展，每个学生都有其各自的聪明才智。因此，我们应该使每一个学生在学习上都达到他力所能及的水平。

③正确对学生的学习成绩进行评分。教师在评定学生的学习成绩时要持极为慎重的态度。一个学生经常得到不及格的分数会使学生对学习失去信心，对学习持厌恶的情绪。他提出在学生还没有在学习上取得预期的成绩时，不要给学生不及格的分数，可以用不评分的办法保留他的成绩，直到学生取得成绩时再给予评分。苏霍姆林斯基认为，学生是愿意在学习上取得好成绩的，如果他没做到，是由于他还缺乏能力。

苏霍姆林斯基反对以学生的学习成绩作为衡量人的标准，他反对"一个人得到好的评分，那他就是好人；得到了坏的评分，那他就是毫无出息"的片面观点。他认为，不要让上课、评分成为人精神生活中唯一的、吞没一切的活动领域。如果一个人只是在分数上表现自己，那么就可以毫不夸张地说，他等于根本没有表现自己。而我们的教育工作者，在人的这种片面性表现的情况下，就根本算不上是教育者，因为我们只看到一片花瓣，而没有看到整个花朵。

2. 苏霍姆林斯基教学思想给我们的启发

（1）"获取知识既是目的，又是手段"给我们的启发

国际中文教学的目的是培养学生运用汉语进行交际的能力。学生学习汉语并不只是为了获取越来越多的汉语知识，而是要把知识转化为能力，用于实际交际中。学生获取汉语知识的目的是能运用，是使学到的知识"活"起来。那么，怎样才能使学到的知识"活"起来呢？把学生带到真实的环境中去，让学生在真实的环境中感受汉语、体验汉语。

（2）"积极引导学生参与到教学实践中来"给我们的启发

语言教学不是向学生灌输知识、仅仅让学生理解和掌握，而是让学生实践。而课堂活动教学就能使学生参与到教学实践中来，使学生在参与中学会交流与合作，在参与中习得汉语、体验汉语、运用汉语。

（3）"正确对学生的学习成绩进行评分"给我们的启发

成绩不是衡量学生学习好坏的唯一标准，班级也不要单纯形成成绩差的学生向成绩好的学生学习的氛围。教师要正确对待学生的成绩，并采取多种形式评定学生的成绩，要把过程和结果结合起来。

（四）布鲁纳的教学思想

1. 布鲁纳的主要教学思想和理念

（1）学习任何学科，务必使学生掌握这一学科的基本结构

所谓学科的基本结构，是指学科的基本原理，就是把每门学科的事实、零散的知识连接起来的基本概念、基本公式、基本法则。由于布鲁纳强调学习的主动性和认知结构的重要性，所以他主张教学的最终目标是促进学生对学科结构的一般理解。他要求，不论我们选教什么学科，务必使学生理解该学科的基本结构。当学生掌握和理解了一门学科的结构，就容易掌握整个学科的具体内容，就容易记忆学科知识，就能够促进学习迁移，提高学习兴趣，并可促进学生智力和创造力的发展。

为什么要把学习基本结构作为教学内容的中心呢？布鲁纳认为掌握学科的基本结构有四点好处。①懂得基本原理可以使得学科更容易理解。因为抓住了基本原理，就可以根据这个原理去解释许多特殊现象、事实。②掌握基本原理有助于记忆。如果没有构造很好的结构把知识联系起来，很快就会遗忘很多。降低遗忘率的好方法，就是根据基本原理来组织论据，需要时可以借助这些基本原理来推断论据，把一件件事情重新回忆起

来。③掌握基本原理有助于学习的迁移。因为把事物作为基本原理的特例去理解，可以使学生从已学得的知识去推及以后遇到的问题。④从小就开始学习学科的基本结构，能缩小"高级知识"和"低级知识"之间的差距，有利于各级教育的贯通。

（2）提倡"发现学习"的方法

发现学习是指学生不是从教师的讲述中得到一个概念或原理，而是在教师组织的学习情境中，学生通过自己的头脑亲自获得知识的方法。布鲁纳认为，发现是教育学生的主要手段，学生掌握学科基本结构的最好方法是发现法。教学不应当使学生处于被动地接受知识的状态，而应当让学生自己把事物整理就绪，使学生自己成为发现者。

一般来说，发现法大致包括以下几个步骤。①提出使学生感兴趣的问题。教师可以利用学生想看、想知、想做的心理状态提出问题，或者把学生置于一定的情境中使之产生问题。②使学生对问题体验到某种程度的不确定性，以激发探究的欲望。所提的问题既适合学生的已有知识水平，又要经过努力才能达到。③提供解决问题的各种假设，引导学生思考的方向。④协助学生收集和组织可用于做结论的资料。⑤组织学生审查有关资料，得出应有结论。⑥引导学生运用分析去验证结论，最终使问题得到解决。

总之，在整个过程中，教师要向学生提供材料，让学生亲自发现应得的结论或规律，使学生成为发现者。在布鲁纳看来，发现法有如下好处。①有助于学生掌握知识的体系，使学生对所学的知识有深刻印象，易于记忆和回忆，能把所学得的知识迁移到新的情境中去。②有助于学生学会发现的探索方法，为进一步发现打下基础。③通过发现的过程，可以使学生提高自信心，提高学习的积极性。④能提高学生的独立性，减少学生对教师和教科书的依赖，培养学生的发现与创造精神。

2. 布鲁纳教学思想给我们的启发

（1）"掌握学科的基本结构"给我们的启发

为了促进学生良好认知结构的发展，教师要全面深入地分析教材，明确教材本身所包含的基本概念、基本原理以及各部分之间的相互关系。只有这样，才有可能引导学生加深对教材结构的理解。另外，教学中，为了使学生掌握基本结构，教师要很好地设计板书，板书的设计要能体现课文的基本框架，学生可以借助板书叙述课文。再有，语法的教学尽量以公式和表格的形式展示，使学生一目了然，从而掌握语法的基本规则和规律。

（2）"发现法"给我们的启发

教学中教师不要急于给学生现成的答案，而要创造多种情境，激发学生的好奇心，使学生在探索中"发现"规律或答案，使学生产生心理上的满足感和成就感，激发他们进一步学习的兴趣。教师在教学中尽量创造让学生"顿悟"或"发现"的机会。

第五节　国际中文教学的性质与特点

一、国际中文教学的性质

（一）国际中文教学是语言教学

教授语言即汉语是语言教学（包括国际中文教学）最为根本的任务，而让学习者掌握汉语这一交际工具则是语言教学的主要目的。语言教学所教授的是语言运用的技能，即让学习者掌握语言这一交际工具，培养他们运用语言进行交际的能力，而不是语言学的知识和理论。但是，这并不意味着在进行语言教学时不必涉及语言知识和语言规律，而是说所涉及的语言知识和语言规律的教学要有利于学习者语言运用能力的提升。因此说，国际中文教学是语言教学。

对于国际中文教学的这一性质，很多国际中文教师并没形成深入的认知，从而导致在具体开展国际中文教学时运用高校中文系讲授语言学的方法对汉语的语法知识、词汇知识等进行讲授。由于这种方式与语言教学的规律是相违背的，因而往往成效甚微。为改变这一情况，国际中文教师必须深入理解国际中文教学作为语言教学的性质，并注意在教学内容、教学方法等方面与语言学教学相区别。

（二）国际中文教学是第二语言教学

国际中文教学的这一性质，有效地区分了国际中文教学和汉语作为母语的语文教学的差异。

一般来说，母语教学在开展时，学生已经初步或基本掌握了汉语的一些基本技能，如听说读写等，并能熟练地运用所掌握的汉语知识进行母语交际。也就是说，母语教学需要在学生具备一定汉语知识和技能的基础上进行，且着重点是不断提升学生运用母语的能力，不断提高学生的道德品行、文学修养等。与母语教学不同，国际中文教学的学习者没有任何的汉语知识，既不能对汉语进行听说读写，也缺乏与汉语相关的社会、文化背景知识。甚至从未接触过汉语。他们要学习汉语，需要从最基础的发音、说话学起。针对这一情况，在进行国际中文教学时，必须充分考虑到学习者的特点，并以此为依据制定有针对性的教学方法、原则等。从这一角度来看，国际中文教学是不同于第一语言教学的第二语言教学。

（三）国际中文教学是汉语作为第二语言的教学

对于国际中文教学来说，最主要的教学内容便是汉语。因此，在进行国际中文教学时，既会受到第二语言教学普遍规律的制约，又会受到汉语自身规律以及中国文化的制约。这就决定了国际中文教学是不同于英语、法语、俄语、日语等作为第二语言的教学。事实上，汉语与其他的语言特别是西方语言相比，在语音、语法、词汇等方面都呈现出鲜明的特色。

（四）国际中文教学是针对外国人的第二语言教学

外国人是国际中文教学最主要的教学对象，从这一角度来说，国际中文教学就是针对外国人的第二语言教学。国际中文教学的这一性质，使得它明显不同于以汉语作为第二语言的国内少数民族的汉语教学。具体来说，我国国内少数民族及其族人是在中华文化的影响下成长起来的，因而在对汉语进行学习和使用时不会面临太大的民族文化差异；而外国学生的母语文化通常与中国文化的差异是比较大的，因而其在学习、使用汉语的过程中很容易遇到一些问题或障碍。针对这种情况，在开展国际中文教学时要想取得成效，必须切实针对外国学生的文化特点。

二、国际中文教学的特点

（一）独立性

国际中文教学的独立性特点体现在它是一门独立的学科。国际中文教学（对外汉语教学）从 20 世纪 80 年代，特别是从 1992 年以来，逐渐进入蓬勃发展时期，国际中文教学已逐渐作为应用语言学的一个分支成为一门独立的学科。而国际中文教学的独立性特点，具体来说是通过以下几个方面表现出来的。

1. 研究对象的独立性

国际中文教学从其研究对象方面来看，具有鲜明的独立性特点。具体来说，国际中文教学的研究对象主要有以下几个。

第一，国际中文教学的原理、规律、现象、原则与方法等。

第二，国际中文教学的过程。

第三，国际中文教学的内外影响因素以及它们之间的相互作用。

2. 研究任务的独立性

国际中文教学从其研究任务方面来看，也具有鲜明的独立性特点。具体来说，国际中文教学的研究任务主要有以下几个。

第一，研究国际中文教学的规律。

第二，研究如何将国际中文教学的规律有效运用于教学实践之中。

第三，研究如何将国际中文教学实践中出现的问题进行有效解决。

第四，研究如何不断提高国际中文教学的质量与效率。

3. 研究视角的独立性

国际中文教学的研究视角，并非单一的，而是有着鲜明的综合性特点的，即需要站在语言学、教育学、心理学等多门学科的基础上进行国际中文教学研究。

4. 学科理论体系的完备性

当前，国际中文教学已经在相关学科理论的影响下形成了较为完整的学科理论体系。具体而言，国际中文教学的学科理论是由两部分内容构成的：一是国际中文教学的学科理论基础，即哲学、心理学、语言学等；二是国际中文教学的教学理论，即国际中文教学的性质、对外汉语课堂教学的原则与方法等。

随着国际中文教学实践的不断深入，国际中文教学的学科理论体系也将不断丰富与完善。

5. 教学任务的特殊性

国际中文教学与其他教学相比，在教学任务方面呈现出鲜明的特殊性特点，具体如下。

第一，要对外国学生利用汉语进行语言交际的能力进行有效培养。

第二，要将汉语教学与文化因素进行紧密结合，以便外国学生在理解中国文化的基础上更好地运用汉语。

6. 研究队伍的成熟性和研究成果的丰富性

随着国际中文教学学科的日益成熟，国际中文教学的科研队伍也不断壮大，且科研人员的素质有了很大提高。随之，国际中文教学的研究成果越来越丰硕，并不断在新的领域进行深入探索与研究。

（二）应用性

国际中文教学的应用性特点，主要指的是国际中文教学是一门应用学科。所谓应用学科，就是注重与实践进行紧密联系、对实践中遇到的问题进行直接解决的学科。应用学科并非没有自身的基础理论研究领域和理论体系，而是要将基础理论研究和理论体系运用到实践中，即注重应用。国际中文教学既是一门学科，也是一种语言教学活动。也就是说，国际中文教学注重将理论与实践进行有机融合，并大力推进国际中文教学在理论指导下的有效实践。实际上，只有将理论与实践有机融合在一起的国际中文教学，更有效地进行与开展，并取得切实有效的成果。同时，国际中文教学实践有助于国际中文教学理论的丰富与完善。

国际中文教学的应用性特点，要求国际中文教学在开展教学活动时，必须将理论与实践进行有效融合。但事实上，不少对外国际中文教师存在着重实践、轻理论学习或是重理论、轻实践的倾向。但是，只有实践，没有理论指导，国际中文教学实践可能就是盲目的、随意的、不科学的；光有理论，没有教学实践的验证，则无法确定这一理论是否完善且切合实际。因此，国际中文教学的教师在开展国际中文教学活动时，必须将理论和实践进行有机融合。

（三）综合性

国际中文教学的理论基础、教学内容、教学方法、教学原则等是对多门学科进行综合的结果。也就是说，国际中文教学具有鲜明的综合性特点。国际中文教学是由教和学这两个过程有机构成的，而在这一过程的运转中，必然会涉及多方面的内容，如汉语的本体、教学方法与手段、现代教育技术等；涉及多门学科，如教育学、心理学、语言学等。具体就可以知道，国际中文教学具有综合性特点，是一门综合性的学科。由于国际中文教学是一门综合性学科，因而其研究和实践人员都必须具有多方面的理论知识和较高的综合素质。

第六节　国际中文教学的目标与任务

一、国际中文教学的目标

（一）教学目标的含义

关于教学目标的含义，很多学者和教学论著中都有一定的阐述。比如，山东师范大学柳夕浪认为："教学目标是教学活动的主体在教学活动中所要达到的预期效果和标准，是教学目的、要求在每一教学阶段的具体化，是教学活动的出发点和归宿。"他在《现代教学方法百科全书》中提出："教学目标是对教育者预先确定的，要求学生通过教学活动而发生的各种变化的具体描述，这种描述具有可见性和可测性，因此又称为行为目标。"虽然不同的学者和不同的著作对教学目标的定义有一定差异，但总体来说都包括以下几方面的内容。

第一，教学目标的实现，离不开教师与学生的共同努力。教学目标对教师来说具有指导作用，对学生来说则具有心理激励作用，且是对教师的教学效果和学生的学习效果进行检测的重要标准。

第二，教学目标的对象是学生，即通过开展教学活动使学生发生不同性质或程度的变化。

第三，教学目标对教学活动来说，既是其出发点，也是其归宿。只有教学目标明确，教学活动才能顺利开展，并最终有效实现教学目标。

第四，教学目标是对教学活动的实际效果及其与预期效果之间的差异进行衡量的重要标准。

（二）国际中文教学目标的作用

国际中文教学目标的作用是多方面的，其中较为主要的有以下几个。

1. 国际中文教学目标的导向作用

国际中文教学目标指引着国际中文教学活动的方向，对国际中文教学实践有着直接的导向作用。具体来说，国际中文教学目标的导向作用又具体表现在教师和学生两个方面。

（1）国际中文教学目标对教师的导向作用

国际中文教学目标对教师的导向作用，主要表现在以下几个方面。

第一，影响着教师在进行国际中文教学时应选择什么样的内容以及如何对所选择的教学内容的教学顺序进行科学安排。

第二，影响着国际中文教学的重点与难点。

第三，影响着国际中文教学的方法与手段的选用。

第四，影响着国际中文教学的教学过程设计。

（2）国际中文教学目标对学生的导向作用

国际中文教学目标对学生的导向作用，主要表现在以下几个方面。

第一，引导学生进行主动学习，使学生在学习时能够有效注意课堂中的重要信息，并对教学内容产生一定的预期。

第二，引导学生在学习的过程中进行自我激励、自我调控和自我评价。

第三，引导学生对自己的学习行为进行有效维持。

2. 国际中文教学目标的调控作用

国际中文教学目标一旦确定，国际中文教学过程就变成了对国际中文教学目标进行逐步实现的过程。从这一角度来说，国际中文教学目标对国际中文教学活动过程具有重要的调控作用，即在对整个国际中文教学活动的进程进行有效控制的同时，依据国际中文教学目标的需要对国际中文教学的方式与结构等进行调节与改进，从而确保教学活动能够有效促进国际中文教学目标的实现，即最终能够获得尽可能好的教学效果。

3. 国际中文教学目标的激励作用

国际中文教学目标的明确性以及实现国际中文教学目标后所能带给学生的心理需要

满足，能够使学生对国际中文教学内容产生强烈的期待心理，继而有效提高学习的积极性与主动性，全身心地投入汉语的学习。从这一角度来说，国际中文教学目标具有一定的激励作用。要使国际中文教学目标的激励作用得到有效发挥，必须确保制订的国际中文教学目标与学生的心理需要相符合，并使学生意识到自己通过努力就一定能达成目标。

4. 国际中文教学目标的评价作用

国际中文教学目标为国际中文教学评价提供了可观察、可测量的标准，也就是说依据国际中文教学目标能够对国际中文教学活动进行科学评价。从这一角度来说，国际中文教学目标具有评价作用。要使国际中文教学目标的评价作用得到有效发挥，必须要注意以国际中文教学目标为依据编制测验题，以便保证评价结果的科学性与准确性。

二、国际中文教学的任务

（一）让外国学生学习好、掌握好国际中文

让外国人学习好、掌握好国际中文，可以说是国际中文教学最为基本的一项任务。所谓"让外国人学习好、掌握好国际中文"，就是通过国际中文教学活动让外国学生能较为熟练地运用汉语进行不同层次的交际和交流，具备不同目的、不同领域、不同层次的汉语听说读写能力和言语交际能力。为有效完成国际中文教学的这一任务，需要在教学过程中积极调动外国学生的学习积极性与主动性，同时国际中文教师要注意不断完善自己的理论知识、增强自己的实际教学能力，并切实根据外国学生的实际采取丰富的、灵活多样的教学方式。

（二）进行国际中文教学研究

进行国际中文教学研究，也是国际中文教学的一项重要任务，主要是以国际中文教学的性质、特点、教学过程等为依据，对教什么、如何学、怎样教等问题进行深入的探讨。只有将这些问题探讨清楚，才能真正地教好国际中文，更好地教会外国学生学会、用好国际中文。

（三）进行汉语国际教育学科建设

汉语国际教育学科的建设是否科学、合理、完善、具有前瞻性，将对汉语国际教育学科的未来发展产生重要影响。因此，需要依据实际经验不断对该学科进行建设。

在进行汉语国际教育学科建设时，需要从学科性质、学科任务、学科地位、学科结构体系、学科研究、学科人才培养、学科规划等方面具体展开，同时要积极开展汉语国际教育学科研究，把汉语国际教育学科真正建设成为一门体系完善、内涵丰富、特色明

显的独立学科。

（四）扩大中华优秀文化的影响力

进行国际中文教学，除要向外国学生教授汉语知识外，还需要承担起传播中华优秀文化、展现中国社会、增进中外友谊和文化交流、培养热爱中国文化的国际友人的职责，以不断提高中国以及中国文化的影响力。为此，需要不断扩大国际中文教学的范围，使世界范围内的汉语学习热不断升温，进而吸引越来越多的外国人学习汉语，并在学习过程中对中国加深认识与了解；及时以国际政治环境为依据，对国际中文教学的发展战略和策略进行调整，以确保国际中文教学在任何情况下都能发挥出积极作用；不断开拓在国外办学、在国外教授汉语的新市场，以有效提升国际中文教学的影响力等。

第七节　国际中文教学原则

一、国际中文教学原则体系与确立依据

（一）国际中文教学原则体系

第一，常规教学原则：如因材施教、循序渐进、精讲多练；
第二，上位（总／大）教学原则：如"以学生为主体，教师为主导"的原则；
第三，中位（分／亚）教学原则：如课堂教学原则、课型教学原则、教材编写原则；
第四，下位（单／微）教学原则：如技能训练机会均等原则；搞活课堂的意识。

（二）国际中文教学原则的确立依据

确立教学原则的依据是什么，前人有过不少很好的论述。例如，北京师范大学王策三认为，对于教学原则来说，教育或教学目的是出发点；教学实践经验是源，历史上的和外国的教学原则思想资料是流；分析教学中的矛盾关系是关键。[1] 上海师范大学吴立岗提到四个方面的依据：①教学实践的经验；②教育教学目的；③教学规律；④现代科学的理论基础。刘珣曾就国际中文教学原则的确立进行了详细的论述，并提出了四条依据：①从相邻学科中汲取理论的养分；②正确处理其他人文科学的教学与第二语言教学的关系；③要研究第二语言教学的普遍规律，更要研究国际中文教学的特殊规律；④从学习者的实际出发，根据不同教学目的灵活运用教学原则。上面提到的制订教学原则的

---

① 王策三 . "三维目标" 的教学论探索 [J]. 教育研究与实验，2015（01）：1-11.

各项依据都是非常重要的，虽然着眼点和表述方式不尽相同，但基本想法大抵相同。略显遗憾的是这些依据是制订哪类教学原则时应该参考的并不是很明确。事实上，制订不同类别、不同层面上的教学原则，其着眼点（依据）是不尽相同的。

总之，教学原则的制订应着眼于影响教学工作和教学活动全局的因素，如教学根本着眼点的选取、学科的性质和特点、教育教学目的的体现、教学风格走向等；分教学原则的制订应主要依据总教学原则，它应该符合并落实总原则的要求，同时也要考虑分原则适用对象的性质、特点等因素，如听力课和口语课的教学原则应有所不同；单教学原则的制订应主要依据分教学原则，它应符合并落实分原则的要求，但同时要考虑单原则针对性极强，即"一事一则"的特点。

二、国际中文教学的基本原则

这里要讨论的是汉语作为第二语言教学的上位教学原则，即总教学原则如何确立总教学原则是很值得探讨的问题。总教学原则的确立应着眼于以下三点：一是影响教学全局的关键性因素，二是学科的现状和可预见的走势，三是教学原则自身的性质和特点。着眼于第一点可以使所确立的教学原则在影响全局的重大问题上做出选择，提出行动要求；着眼于第二点可以使所确立的教学原则有继承、有发展，真正起到导向作用；着眼于第三点可以使所确立的教学原则更具科学性。据此，把现阶段国际中文教学的上位教学原则，即具有教学法意义上的总教学原则确立为：以学生为中心的原则；以交际能力的培养为重点的原则；以结构—功能—文化相结合为框架的原则。

（一）以学生为中心的原则

国际中文教学整个教学工作和全部教学活动中存在着各种各样的关系，其中居于核心地位影响全局的是教师和学生，也即教和学的关系。处理这一对关系的原则是国际中文教学的根本原则。它在很大程度上决定着其他原则，包括其他上位原则以及全部中位原则和下位原则的价值取向。在师生关系的重心取向上，大致有三种做法：以学生为中心，以教师为中心，师生共为中心。

传统的教学观念是以教师为中心，注重教师的"教"，以学生为对象为客体，只注重灌输而不太重视学生的"学"。现在公开持这种观点的人不多，但客观上许多情况下仍然如此。目前国内比较流行的提法是"以学生为中心，教师为主导"或"以学生为主体，教师为主导"。这种两点论的提法看起来是十分合理的，但实际上跟"师生共为中心"主旨相同。想把二者"兼顾起来，有机地统一在一起"想法是好的，但"双中心"事实上是做不到的，往往顾此失彼，其结果恐怕仍然是以教师为中心。因此本文倾向"单中心"，赞成以学生为中心的提法。

从教学过程上看，教学过程是一种认识过程，而学生是这一过程的真正主体，是教学实践和认识活动有目的的承担者；教材或教学内容是客体，是教学实践活动和认识活动的对象，是主体实现目的的必要条件和手段；教师实际上是作为助体而存在的，是主体实现目的过程中必要的设计者、引导者、解惑答疑者。

简而言之，教师的作用就是辅助主体（学生）更好地实现教学活动所要达到的目的。不存在学生主体地位之上的主导者。从"教"和"学"的关系上看，学校为学生而设，教师因学生而存在，"教"是为"学"服务的，"教"所追求的目标和结果必然要由"学"体现出来。"学"是学生自己的独立的主动的活动，教师包办代替不了。从内外因原理来看，学生是内因，教师和其他条件都是外因，没有主体的能动活动，再好的外因也起不了作用。从教学原则体系上看，确立以学生为中心的原则，才可能真正实现因材施教、循序渐进、精讲多练，才可能真正建立起平等的人际关系和民主化的课堂，也才更有利于语言学习规律和习得理论的研究。

以学生为中心的基本机制是教学过程是一种特殊的认识过程，除主体学生和客体教学内容外，还存在着必不可少的作为助体的教师。通常情况下，主体有自主性，能够自主确定认识活动的目的、方式和进程等，然而在教育实践活动过程中，主体的自主性事实上是很难完全成行的（如果成行便可能走上极端的学生中心主义），而往往是由助教师代行"自主"（正是在这个意义上许多人认为教师是主体，是主导者），这可能就是教育认识活动的特殊性。我们主张的以学生为中心的教学原则强调，教师应真正代行学生的"自主"而不是自己的"自主"，并且是代行符合绝大多数学生意愿和认知规律的"自主"，而不是相反。可见，教师的作用只是改变了，而不是降低了。以学生为中心的基本要求有以下几点。

第一，要认识学生、了解学生。了解他们的性格、动机、心理特征，了解他们的认知策略和认知规律，等等。因为教什么取决于学生学什么，怎么教取决于学生怎么学，因此必得先充分认识和了解学生。

第二，在教学目标的设定、教学大纲的研制、教材的编写等工作中都要站在学生的立场上，最大限度地考虑学生的需求、愿望和能力等因素。

第三，教材的选择和使用、教学方式方法的确定、教学活动的组织安排等应跟学生一起协商，即让学生参与决策，并使决策最终得到学生的理解和认可。

第四，在课堂教学中，教学环节的确定，讲练内容的编排，以及教学中的一举一动、一言一行等都应着眼于学生的需要和接受的可能性，并通过调动学生广泛深入地参与，以完成教学任务。在整个教学活动的进行中还应察言观色，并据此做出相应的调整。

第五，要有建立民主课堂的意识，为此课下要多听取学生的意见，接受他们合理的主张（对那些不合理或不可行的意见，要做出合理的解释），课上应公平民主、一视同仁，给所有的同学以均等的机会，让所有的同学都得到发展。

第六，以学生为中心的原则还要求加强对学生个体和个别学生的研究，研究和发展特殊目的的国际中文教学，如旅游汉语、工程汉语、媒体汉语、经贸汉语等。就国际中文教学的现状来看，确立以学生为中心的原则，除要对这一原则本身进行深入的探讨外，还有许多工作要做，其中最重要的：一是研究学生，包括有关学生的方方面面，尤其是怎么学；二是研究在新的观念下教师的地位和作用，尤其是怎么教。此外，应该避免走入的误区：①以学生为中心不是"学生中心主义"，不是学生想干什么就干什么，想怎么干就怎么干，更不是跟着个别学生的感觉走，以学生为中心不是放任自流，不是不加选择；②强调重视"学"并不意味着可以轻视"教"，更不意味着可以放弃"教"，而是强调"教"为"学"服务，强调"教"的方式方法应更适合于"学"，"教"的方式方法的改变不意味着"教"的作用和地位的下降。

（二）以交际能力的培养为重点的原则

把汉语交际能力的培养确立为国际中文教学原则，对此已有学者做了很好的论述，如吕必松、刘珣等。教学原则应具有针对性，要体现学科的性质和教学目的，上位教学原则的制订尤其应如此。国际中文教学属于第二语言教学，其根本目的是培养学生的语言交际能力。这一点自20世纪70年代主张以培养交际能力为目的的功能法产生后，已得到国内外第二语言教学界的普遍认可。因此，交际能力的培养应该成为国际中文教学的起点、过程和归宿。毫无疑问，作为国际中文教学的上位教学原则理应体现这一基本要求。

（三）以结构—功能—文化相结合为框架的原则

20世纪50年代以来，国际中文教学经历了由重视结构教学到结构与功能结合，再到结构、功能、文化"三结合"的发展过程。"三结合"是国际中文教学自身实践经验的概括和总结，反映了我们对国际中文教学规律的认识。同时它又具有很强的理论基础，包括语言学基础、社会语言学基础和跨文化交际理论。"三结合"尤其体现了国际中文教学跨文化教学的性质，这一性质决定了揭示语言教学中的文化，特别是交际文化因素的必要性。"三结合"作为国际中文教学的一条总原则，不仅反映了学科发展的现状，同时也昭示了国际中文教学在可预见的未来中的走势。"三结合"原则概括了教学的主要内容，又体现了教学风格。"三结合"的意思：结构是基础，功能是目的，文化教学要为语言教学服务。结构、功能、文化的结合应贯穿语言教学的始终。但是，目前我们对国际中文教学中的功能和文化的研究还比较薄弱，因此"三结合"还只是一种原则框架，有待于在教学实践中进一步完善和检验。

第四章
国际中文教学模式创新

第一节　中文教学模式化研究概述

一、提出问题

　　对教学模式的研究在国内对外国际中文教学研究中一直没有受到应有的重视。多年来，我们的教学法研究主要集中在宏观研究即方法论层面的理论研究，或者侧重微观研究即操作层面的教学技巧研究，而对于中观层面的教学模式研究鲜有涉及。这一方面是因为国际中文教学作为一门年轻的学科，其理论研究和教学实践还都处在发展成熟期，理论和实践呈现出交叉落后的矛盾，需要我们倾注大量的研究精力；另一方面是因为我们对教学模式本身以及教学模式对理论研究和教学实践的影响力和作用力认识不足，研究视角受到限制。此外，由于教学模式研究和实验涉及多方面的因素和条件，也使不少学者望而却步。

　　近些年，随着理论研究的不断深入和教学实践的不断拓展，国际中文教学的学科地位和社会地位的提升是不争的事实。陆俭明先生指出，国际中文教学从 20 世纪 80 年代，特别是从 1992 年以来，逐渐进入蓬勃发展时期，"国际中文教学"已经逐渐作为应用语言学的一个分支成为一个独立的学科[①]。但与此同时，许多专家学者对国际中文教学的质量和效果都表示出了不同程度的忧虑，认为我们语言学界在国际中文教学方面的研究和采取的实际措施，远远不能令人满意；由于起步迟，理论研究、课程设计实验和师资培训都跟不上形势发展的需要，教材、教法也多半未能令人满意；现行的国际中文教学模式相对陈旧、单一，反映的还只是六七十年代国际语言教学的认识水平，国内外的相关研究成果未能及时反映到目前的教学模式中来；国际中文教材雷同和粗制滥造现象严重，在教学法的改革探索方面下的功夫不够，导致教材品种单调、路子单一，大多数教材处于同等水平的重复状态，缺乏创新；等等。无论是教学理论认识水平、教学设计

---

① 陆俭明. 新时代国际中文教育理念创新和实践探索的若干思考 [J]. 语言教学与研究，2022（04）：1-8.

落后问题，还是教学质量、教学效果不能让人满意的问题，或教材编写水平、教学实验等的欠缺问题，我们都可以从教学系统论研究的角度归结为教学模式的研究水平问题。不少学者对这个问题也有着深刻的认识，陆俭明先生曾强调指出，我们的研究应该紧紧围绕"怎样在尽可能短的时间里让外国学生尽快学好汉语"这个根本问题，应该进一步研究、改进教学法，但事实上，我们还远没有形成这样的一种或多种教学法。从教学模式的研究来看，我们一方面对个人教学经验的积累与多年形成的习惯做法进行一定规模的教学实验、反复验证不够，无法使之升华成为理论并进而凝结成有意义的教学模式；另一方面，我们的许多基础性研究，包括语言学及相关学科的研究还没有真正自觉地、理性地融入教学，人为地在这些研究与教学实践中形成一道屏障，致使这些研究成果无法落实为一定的教学模式，进而在实践中应用。建立具有高效率、具有典型示范意义的教学模式并有效地应用到教学实践中去，是我们国际中文教学与研究者共同的目标，也是我们国际中文教学事业发展到今天的一个迫切需要解决的课题，它不仅是教学实践者的任务，也是理论研究者的一个使命，是需要多方参与的一项工作。否则，我们很难融入世界第二语言教学的发展潮流，也谈不上国际中文教学的规模性质量和发展。

二、教学模式及其含义

教学的模式化研究也可以称为对教学模式的研究，属于教学法的中观研究领域。教学模式，一般是指具有典型意义的、标准化的教学或学习范式。国外学术界较有影响的观点认为，教学模式是构成课程、选择教材、指导教学活动的一种计划或范型。但国内学者一般把教学模式理解为开展教学活动的一整套方法论体系，是在一定教学思想或教学理论指导下建立起来的、较为稳定的教学活动框架和活动程序。可以肯定地说，教学模式既是教学理论的具体化，也是对教学经验的一种系统概括，既可以直接从丰富的教学实践中通过理论概括而成，也可以在一定的理论指导下提出一种假设，经过多次实验后形成。

一般来说，一个完整的教学模式应该包含下列五个基本要素。

（一）理论基础

理论基础指教学模式建立的教学理论或教学思想，即教学模式建立的理论依据是反映教学模式内在特征的一个因素。

（二）教学目标

教学目标指教学模式所能达到的教学效果，是教学活动在学习者身上产生的效果的预先估计和设定，这是教学模式构成的一个核心因素，对其他因素有制约作用。

（三）操作程序

操作程序指教学活动在时间上展开的逻辑步骤以及每个步骤的主要做法等。任何教学模式都具有一套独特的操作程序和步骤，与之对应的教学活动的基本阶段及其逻辑顺序。教学模式中的操作程序是相对稳定的，但不是一成不变的。

（四）实现条件（策略）

实现条件指促使教学模式发挥效力的各种条件如教师、学生、教学内容、手段、时间、空间等的最优化方案。

（五）评价

此处的评价指评价的方法、标准等。每种教学模式一般都有适合自己特点的评价方法和标准。

从以上的构成要素我们可以看出，教学模式与我们所熟知的教学类型、教学设计等概念在内容上有一定的交叉重叠。教学设计和教学模式是从不同角度、不同功能划分出来的两个概念，教学设计既可以针对某个教学类型，也可以针对具体的教学模式，甚至针对专门的课程或课型；教学类型与教学模式是不同范畴、不同层次的两个概念，前者是从教育学、教育管理学角度划分出来的概念，较为宏观、固定，后者则是课程教学论层次的概念，较为具体、微观，某个教学类型从整体或局部上可以包含多个教学模式，而典型的教学模式有时也可以以个体代替一般，扩化为一种类型。

教学模式有不同的类型。国外的一些学者根据教学模式的理论根源，把教学模式分为社会型教学模式、信息加工型教学模式、个人型教学模式、行为系统型教学模式等，其中许多教学模式的形成如皮亚杰的认知发展模式、加涅的累积学习模式、斯金纳的程序教学模式等都对第二语言教学产生过直接的作用或重大的影响。第二语言教学历史实质上也就是语言教学模式的发展史，从较早的直接法、情景教学法、视听法到影响巨大的交际语言教学法，再到新兴的自然法、暗示法等，或者教学法本身就是一种教学模式，或者教学法由先后多个教学模式组成。以影响最大、流派众多的交际语言教学法为例，从 20 世纪 70 年代诞生开始到 20 世纪末，在功能语言学理论和社会语言学理论的影响下，交际语言教学先后形成并发展出多种教学模式，如结构——功能式模式、功能——意念式模式、互动式模式、任务式模式、自发式模式，等等，教学模式的创新与发展成为第二语言教学理论和实践发展的核心部分。

三、国际中文教学模式分析

国际中文教学模式，是从汉语独特的语言特点和语言应用特点出发，结合第二语言教学的一般性理论和国际中文教学理论，在国际中文教学中形成或提出的教学（学习）范式。这种教学（学习）范式以一定的国际中文教学或学习理论为依托，围绕特定的教学目标，提出课程教学的具体程式，并对教学组织和实施提出设计方案。它既是一种形而上理论的反射体，又具体落实到教学中的一招一式，是细化到课堂教学每个具体环节、具有清晰的可操作性的教学范式。例如法国巴黎东方语言文化学院白乐桑教授提出的"Chinese Recycled"教学模式。它以字本位理论为基础，假设外国人通过汉字和汉语语素教学可以掌握汉语，采用"有别于使用拼音文字的语言教学方法"教授国际中文。这种教学模式以汉字为形式目标，以初级阶段的口语表达能力为实际目标，通过对200、400、900三组具有不同使用频率、重现率、组合能力的汉字的"滚雪球"方式的教学，实现其教学目标。因此，这种教学模式，我们也可以看作是从汉语的特殊性来阐释直接法大师帕默早期提出的"Snowball"教学法的教学模式。当然，也许由于文献信息的局限，也许由于该模式还只是停留在理论应用的假设阶段，我们对于这样一种教学模式在具体教学中的应用程序还无法了然，而这是一种新的教学模式最需要阐明的一个环节。

一个好的或者说成熟的教学模式自然需要经过规模性的、反复的教学实验验证后形成。无论是从理论假设出发的设计模式，还是根据教学经验升华的经验模式，实验环节是必不可少的一环。例如国际中文教学界已经操作多年并达成共识的"基础阶段句型教学模式"，就是根据早期的"听说法"的理论，把汉语语言组合规则形式化为200个左右的基本句式，并假设通过这些句式的教学可以让学生获得汉语基本的规则并具备初步的汉语能力。句型教学模式从60年代开始引进至今，经过多次的改进和演化，从教学内容、句型的梳理、句型教学的程式等方面逐渐规范、成熟，句型教学模式也得到了广泛的应用，成为基础阶段国际中文教学的一个主流模式。由陈贤纯提出并设计的"词语集中强化教学模式"是初中级国际中文教学阶段的一个教学模式，该模式借鉴了认知心理学和语言习得理论的一些研究成果，主张在中级国际中文教学阶段，以词汇教学为重点，把词汇按照语义场进行分类，并使每个词进入相应的语义网络，多个循环的强化记忆，达到大词汇量的教学目标，进而完成语言综合运用能力的培养。这一模式改变了传统的课程设计，取消了精读课，而以词汇课程为主进行教学，通过在大量的短文、对话中重现词汇，练习理解和表达。从1998年提出该模式的设计思路后，历经4年，进行了三次完整、反复的实验，拟在后续的第四次实验后推出，这样的一种教学模式无疑会为我们的教学提供严谨的范式。

由于国际中文教学理论研究和教学实践的时间局限，其大多数的教学模式基本处于一种尚未完全定型的探索阶段。与第二语言教学较成熟的教学模式相比，模式的框架和程序还不完整，典型意义还不够突出，示范作用和影响也不够广泛。此外，由于大多数教学模式以借鉴和转化国外第二语言的教学模式为主，或者同时受多种语言教学理论的影响，自然具有多种教学模式的痕迹，而较少反映汉语规律或国际中文教学的规律。例如，大多数教学模式尚未形成自己独特的评价标准和方法，缺乏自我监控的系统性；许多模式对教学组织和教学实施中的操作程序没有规范或者描写不细，缺乏可操作性，让使用者不知所为，降低了教学模式的效用；许多模式还只是局限在课程的重新组合和教学管理等非教学内在因素，缺乏理论根基；一些模式停留在理论假设阶段或者经验操作阶段；等等。虽然从教学模式研究和建设的角度，我们还不成熟，但国际中文教学法理论研究和教学实践中仍有不少具有特色、富有新意的教学模式或雏形，例如以下模式。

（一）分技能教学模式

这是基础国际中文教学阶段的一个教学模式，受到听说法、功能法、交际法等多种教学模式的影响。该模式认同交际技能的培养是语言教学的根本目的，认为分技能教学是语言教学的最佳途径，因而主张以汉语交际技能为培养目标，以汉语综合课为教学的核心内容，按照语言技能项目分设置课程。

（二）语文分开、集中识字教学模式

这是初级阶段针对欧美学生学习汉语的一个教学模式。该模式受传统的识字教学方法的启发，结合了汉字以及汉字学习的特点。在教学程序和教学安排上，该模式主张把口语教学和汉字教学分开，先语后文；把汉字教学中的写字教学和识字教学分开，先写后识。

（三）实况视听教学模式

这是中高级教学阶段培养学生新闻视听能力的一种教学模式。该模式借鉴了交际教学法和话语分析的一些主张，提出让学生视听实况材料，培养学生接受真实信息并直接用于实际生活需要的技能。

（四）国际化中文交际任务教学模式

这是短期国际中文教学的一个教学模式。该模式借鉴了交际教学法中的任务式大纲模式，以提高国际中文交际能力为目标，以功能—意念大纲为基础，从汉语语言交际的实际需要出发，把语言交际内容归纳为一系列交际任务项目，并按语料难易和繁简程度分级。该模式主张以交际任务为教学组织单位，让学生通过大量的交际性操练掌握相应层级和数量的国际中文交际任务项目，提高学生的国际中文交际能力。

四、国际中文教学模式化研究意义

进行国际中文教学模式化的研究不仅是教学实践发展的需要，也是教学法理论系统

化、完整化的需要；不仅是提高教学质量的需要，也是向海外广泛推广和普及国际中文教学的需要。

（一）连接基础研究和教学实践，形成系统一体化研究

我们对国际中文教学的研究，习惯于采取以分析思维为主导的研究方法，基础研究和教学应用研究被割裂，重视对教学各部分进行分别细致的研究而忽视对各部分相关关系或者基础与应用的一体化研究。教学模式的研究可以帮助我们从总体上以系统论的视角去综合地认识和探讨教学过程内外部因素之间的关系及其多样化的表现形态，有利于我们形成一体化的系统研究，从而促进国际中文教学的整体研究水平。

（二）建立自己的品牌、输出规则

教学模式作为一种具有典型示范意义的教学范式，同时具有一种品牌效用。我们作为汉语的母语国，在推广和普及国际中文教学工作中必须建立自己的有说服力的品牌，必须具有国际意识，即国际领先和模式输出意识。近几年来，国际中文教学的外来模式越来越多，对我们自身的国际中文教学冲击也渐有显现。这种冲击，从交流和学习的角度看是大有益处的，但作为国际中文教学的母语国，我们责无旁贷地应当占领这一教学领域的制高点，在国际中文教学国际化进程中，掌握制定规则、输出规则的主动权，不能被动地接受别人的规则。创建新的具有品牌意义的教学模式是我们能够继续领导国际中文教学潮流的一项重要举措。

（三）缩小与国际第二语言教学法研究水平的差距

第二语言教学实践的发展历史实际上就是语言教学模式的发展史，国际中文教学在教学法上的每一次变革也主要是受到国外相关的教学模式的影响而出现的。现行的国际中文教学法与英语作为第二语言教学法的显性差距也主要体现在教学模式的欠缺和不成熟。创建好的教学模式对带动优秀品牌教材的编写、优秀教师的培养、品牌课程的形成都有推动作用。

（四）实现教学创新

教学改革与创新是当今任何一种教育项目、教学形式都面临的重大课题，而我们的国际中文教学由于受到多种条件的制约，教学法研究和应用水平相对落后，缺乏创新。通过对国际中文教学的模式化研究，我们可以形成国际中文教学学术研究和实践应用的新的增长点，不拘一格、大胆创新，形成教学法的不同流派，以适应更广泛的社会和学习需求。

（五）形成规范化、科学化教学体系，提高教学效率

语言教学是涉及多个主体、多项因素的系统工程。没有一定的规范，教学质量和效果很难得到保证。而教学模式是语言教学观念、理论、原则、方法、技巧等的集中体现，是对具体教学实践活动的一个"标准"规范，创建科学高效的教学模式对提高教学效率和教学质量、促进国际中文教学水平的整体发展起着关键作用。

（六）教学的最优化解决方案

教学模式必须立足于具有典型示范意义和广泛应用价值，是针对当前的各方面条件提出的一种解决当前任务的最优化方案。随着理论研究的深入和教学实践的发展，教学模式也将不断推陈出新、改进完善，从而受到使用者的认同。

国际中文教学的模式化研究是一个迟到的课题，也是一个极有意义的课题。回首国际第二语言教学的发展历程，正是对第二语言教学的模式化研究造就和吸引了无数著名学者。国际中文教学虽然还只是一个年轻的学科，有许多亟待解决的课题，但从教学模式化角度对本体理论、教学理论、学习理论进行系统研究有特殊的意义，这种研究必将推动国际中文教学事业的发展。

第二节　国际中文教学模式改革

这里说的"基础国际中文教学"，相当于我国对外国留学生设立的汉语言专业一年级水平的国际中文教学；"教学模式"，指课程的设置方式和教学的基本方法。如现在国内通行的基础国际中文教学模式可以称作"分技能教学模式"，这种教学模式根据技能项目设置课程，教材采用结构—功能法安排，课堂教学采取交际法和听说法结合的方式。

下面从改革的必要性，现行模式的形成、特征和不足，可借鉴的模式和改革建议四个方面简单说明。

一、改革的必要性

当前，全国高校正在讨论和进行 21 世纪的教学内容和课程设置改革。国际中文教学界对此反应甚微。这可能与国际中文教学的教学对象和教学内容及特殊性有关。但是，面临新世纪，国际中文教学有没有教学内容、课程设置、教学方法的改革问题？回答应当是肯定的。理由至少有如下三点。

一是目前我国广泛使用的国际中文教学模式，是在 80 年代定型的。如吕必松先生

所说："1980 年秋季，北京语言学院来华留学生一系开始了改革精读课、加强听力和阅读教学的实验。第一学期设精读课、听力理解和汉字读写三种课型，第二学期设精读课、听力理解、阅读理解三种课型。这项实验中制定的课程设置计划和新编教材后来在一部分教学班推广，一直延续至今。"从总体上看，这种模式反映的是六七十年代国际语言教学的认识水平。几十年来，国内外在语言学、第二语言教学、语言心理学、语言习得研究、语言认知研究等跟语言教学相关的领域中都取得了巨大的进步，研究和实验成果不计其数。但是由于种种原因，目前的教学模式对此吸收甚少。

二是近 10 年来，由于科学技术的飞速发展，人们的工作、学习、生活环境发生了巨大的变化。作为为新世纪社会发展培养人才的高等教育领域，国内外大学都在探索适应 21 世纪的人才培养模式，进行教学内容和课程设置、教学方法改革的探索，作为高等教育一部分的国际中文教学也应当适应社会的发展，应用社会发展所提供的新的教育思想、新技术、新手段。

三是迄今为止，我们对国外的第二语言教学的教学模式，特别是汉语作为第二语言的教学模式，了解太少。学界几乎难以回答下面的问题，目前国外除我们的教学模式之外，还有没有其他的模式？有没有比我们更好的模式？如果有，是什么样的？我们的教学模式跟人家相比有什么优点？有什么缺点？该如何创新教学模式？

从上述三方面的事实来看，我们目前使用的国际中文教学模式在创立之初是一种进步，同时它在教学内容、课程设置、教学方法方面都经历了较长时间，积累了一定的经验。但是，另一方面，这种教学模式几乎封闭性地运行了十多年，在全球都在进行教学内容、课程设置和教学方法改革的今天，我们应该认识到不足。

二、现行模式的形成、特点和不足

（一）形成

1973 年以来，我国基础国际中文教学模式大致经历了下述变革过程。

1. "讲练—复练"模式（1973 年—1980 年）

这种模式可以当时北京语言学院《基础汉语课本》的课程设置和教学方法为代表：每天 4 节课，前 2 节为讲练课，后 2 节为复练课。这一模式应属建立在结构主义语言学理论和行为主义心理学基础上的听说法的教学模式。

2. "讲练—复练 + 小四门"模式（1980 年—1986 年）

在北京语言大学，这种模式是"讲练—复练"模式的发展，即在上述课程设置和教学方法的基础上，为应付学生刚到中国的急需，开设少量的实用口语课、听力课，稍后还开设了阅读课（包括文学阅读课、历史阅读课）、写作课。这一模式的产生有两个背景，一是受到国际上流行的功能法、交际法的影响，二是为了适应学生学习、生活和交际的需要。实际上这是由"讲练—复练"模式向"分技能教学"模式发展的中间状态。

3."分技能教学"模式（1986 年至今）

"分技能教学"模式是"讲练—复练＋小四门"模式的发展和完善。应当说，这是一种复合型模式。其构成包括听说法的遗留（精读课反映的）、功能法和交际法的影响（小四门反映的）以及国际中文教学的实践经验（模式的构成方式）。这一模式带有一定的中国特色，与国外倾向于依赖单一的教学理论建立教学模式的做法很不相同。实践这一模式的代表性教材有两种，一是上述鲁健骥主编的《初级汉语课本》[①]，包括精读课本、听力理解课本、汉字读写课本和阅读理解课本；授课方式为"精读＋精读＋听力＋汉字（阅读）"。二是以李更新、李德津主编的《现代汉语教程》[②] 为代表，包括读写课本、听力课本、说话课本；授课方式为"读写＋读写＋听力＋说话"。

分技能教学模式中的第一种已经运行了 10 多年，是目前国内各种类型的基础国际中文教学中占主导地位的教学模式，各校的课程设置和授课方式大同小异。

（二）特点

现行的分技能教学模式的具体操作可以概括如下。

第一，以技能培养为教学目标。按照语言技能项目（听说读写）分设课程。通行的课程设置为精读课（现在流行称"综合课"）、听力课、汉字课（第二学期改为阅读课）。各种课程都以技能训练为主要内容。说的训练通过精读课来解决，也有在后期开设实用口语课的。

第二，教学单元以精读课为核心。每个单元包括精读课两节、听力课一节、汉字课或阅读课一节。精读课的教学内容被假定为整个单元的共核。

第三，在口语和书面语关系上，采取"语文并进"方式，以词汇为教学单位，词汇跟汉字同步学习。

设计这种教学模式的依据是，认为培养交际技能是语言教学的根本目的，并认为这种模式突出了语言技能的培养。

（三）不足

这种教学模式的不足可以从以下三点来讨论。

---

① 鲁健骥. 初级汉语课本 [M]. 北京：北京语言大学出版社，2003：123-135.

② 李德津，李更新. 现代汉语教程：读写课本：第 1 册 [M]. 北京：北京语言大学出版社，2022：201-245.

第一，这种模式不利于学习者对语言项目的掌握。教学设计者希望每一个教学单元都以精读课的内容为共核，其他课程在对精读课的内容进行复练和巩固的基础上，发展到分技能的运用。但迄今为止，还没有看到能够很好地体现共核的教材。特别是现在，除个别学校在固定使用完整的系列教材外，多数学校都是多种教材搭配使用，各课型包含的内容差异越来越大，已远离了模式设计者的初衷。

从具体操作看，在一个教学单元中，精读课的内容包括 20 个左右的生词、2～3 个语法项目、100～200 字的课文。在开始的两节精读课中，只能对内容做一个介绍和初步的练习。学生并没有很好掌握，就要变换课型和教学内容（例如转入听力课），而第三节课的内容还没有练熟，学生又要转入第四节课的学习。频繁的转换分散了学生的注意力，使每一阶段的学习内容都没有达到应有熟巧度。结果是学了半天，学习者经常感到没有明确的收获。

第二，按技能分课型未必是学习语言技能的最佳途径。应当承认，课内外的专项技能训练有助于对某些技能的掌握。但是，语言的各种技能是互相关联、协调发展的。各种技能很难截然分开培养。一方面，采用听说法培养出来的学生，语言技能方面未必劣于分技能课培养出来的学生。另一方面，我们没有理由假设，学习者掌握语言技能的过程像课程设计的顺序那样，是由说到听，再由听到读写。

第三，如前所说，现行模式的一个重大的弱点是，它对近些年来语言学、教育学、心理学，包括国际中文教学研究的新成果，反应甚微。

三、可借鉴的模式

他山之石，可以攻玉。和各领域的发展都需要了解国内外的信息、经验一样，国际中文教学模式也应当借鉴、吸收国内外教学模式和相关领域的经验和成果。

（一）美国明德暑期国际中文学校的教学模式

这是一种强化教学的模式，适用于短期速成教学。它以听说法为基本依据，课堂教学采用"讲练—复练"模式，加上严格的操作程序和管理机制。其特点是坚持听说法教学，不赶时髦，也没有按技能分课型，但教学效率和效果得到了广泛的认可。

（二）俄罗斯莫斯科大学亚非学院的国际中文教学

他们采用的是汉语言文学教育的思路。这种教学模式也不是单纯强调技能训练，而是技能、知识和理论并重，在注重开设技能训练课程的同时，还开设中国历史、哲学、文学、普通语言学、汉语语言学等课程。这是一种适合于学历教育的模式。就我们见到的该校培养的学生来看，这种模式也很成功。

（三）张思中外语教学法

张思中是华东师范大学第一附属中学的外语教师。他经过几十年实践和研究，创造了一种"简便、易学、快速、高效的外语教学法"，张思中把这种教学法概括为"适当集中、反复循环、阅读原著、因材施教"。根据《人民日报》1996 年 3 月 22 日介绍，"张思中外语教学法的思路与目前通行的'听说领先''分散难点'等教学法不同。他首先教学生集中学习较多的单词，甚至学一册或两册教科书的所有词汇，粗通语法规则，再让学生阅读外文原著，教师做必要的辅导、讲解。这种大胆的、很多外语教师开始时难以接受的教学法，却产生了出人意料的效果。由于单词和语法现象的集中，外语发音、词义、构词的规律显现出来了，学习者可按规律去掌握、记忆，收到了化难为易、事半功倍的效果。这是目前通行的词汇、语法分散教学所不易取得的。""由于它的效果显著，目前全国已有上千所中小学应用，并在不断扩散。"

（四）先语后文、集中识字的实验

北京语言文化大学张朋朋老师应邀到瑞士苏黎世大学做汉字集中识字的教学实验。据张朋朋介绍，该校过去一直是采用"语文并进"的教学方式，由于汉字难认、难写，汉字的认读和书写使不少初学汉语的学生中途退学或改学其他专业；另外，由于汉字挡道，增加了口语教学的难度，影响了初级阶段口语教学的进度。1999 年他们在第一学期采用"语文分开"的做法，其目的是在初期教学中，使汉字不成为口语教学的障碍，提高口语的教学效率。从效果上看，口语教学比较顺利，速度比往年快，学生口语能力也比往年强，而且学生基本上没有退学的。学生在初步掌握了汉语基本语法和 1000 个左右常用词、有了一定的口语基础之后，采用集中识字教学方法，仅在 20 天里，用 20 学时就学会了 633 个汉字，可以顺利阅读 1000 字左右的简单原文。实验是成功的。

（五）通过加快词汇教学速度，提高汉语学习效率的设想

基本想法是词汇量是制约语言应用能力的最重要因素，集中记忆生词可以有效利用记忆的心理规律和汉语词汇规律，大大加快学习生词的速度。设计者拟按每周学习 250 ～ 300 生词的速度，迅速扩大学生的词汇量，大幅度提高学生汉语学习的速度，计划使学生在两年内学习 2 万个生词（《中国汉语水平考试大纲》规定本科 4 年学习的总词汇量为 8822 个）。这种设想跟张思中外语教学法遥相呼应。

以上五种做法或设想，有的已被证明是成功的，有的正在试验，有的还仅是一种有待实验的设想，有的跟基础国际中文教学直接相关，有的则有一定的距离。但是，这些都应当对我们教学模式的改革有所启发。

四、改革建议

上面试图从社会发展、现行模式、国内外成功的和正在实验的教学思路三方面说明改革国际中文教学模式的必要性和可能性。下面谈几点从中得到的启发。

（一）改革教学模式必须以转变观念为先导

当前，国际中文教学界确实需要强化"改革开放"的观念。要改革就不能故步自封、停滞不前、排斥新思想。要跟上时代，就要开阔眼界，积极主动地学习国内外相关学科、领域的经验和成果。

（二）吸收相邻学科理论和成果

要切实认识国际中文教学学科的跨学科性质，要积极学习遵循相关学科的科学规律，吸收相关学科的新成果，特别是关注教育学、心理学和语言学相关的最新进展。改变多年来几乎空喊跨学科，实际上不看、不吸收相邻学科理论和成果的现状。

当前，人们对语言学习规律倍感兴趣，认识到语言习得和认知规律对语言教学设计和教学方法至关重要，人们接受（习得）一种语言，总是遵循着某种顺序，这种顺序是不可改变的。这一现象说明，若干年来，人们没有发现这些程序，一直是在盲目地摸索。可是另一方面，国际中文教学界对于心理学领域，包括汉语习得和汉语认知领域的研究成果基本处于漠不关心的状态。现在一些站在学科前沿的研究者在研究语言学习、语言习得问题，取得了令人振奋的成果，例如王建勤对"不"和"没"习得过程的研究、施家炜对 22 个语法现象的习得顺序的研究。

（三）重视国际中文教学，实行"先语后文、集中识字、先读后写"的教学程序

对国际中文教学来说，汉字是教学中的难点。所谓汉语难学，主要是汉字难学。汉字难学，又难在写上。所以近两年，非汉字圈国家加大了对汉字教学研究的力度。

集中识字在中国人中获得成功，那么，外国人学汉语能不能也走这条路呢？有一种看法认为，不学汉字，就学不会中文。但是，中国人都是在没学汉字的情况下，先学会说汉语的，不只国人，任何民族都是如此。根据普遍语法的推测，第二语言学习者大致遵循着语言学习规律，外国人学汉语也和中国人一样，先学听说（语文分开），再学认汉字（集中识字），最后学写汉字（读写分开）。

这种三阶段教学的优势：①便于利用汉字的规律；②符合汉字认知、学习的规律；③分解难点，易于取得进步，使学习者不断建立信心；④符合先易后难、循序渐进的教学原则。

（四）实事求是，寻求最有效的教学方法

明德暑期学校的国际中文教学，启发我们考虑重新认识听说法。也许我们应当重新评价"讲练—复练＋小四门"的教学模式。这种模式的优点是每天、每节课都有非常明确的目标，学习内容集中、强化，过度训练，教师、学生都知道今天学什么，学生每天都有成就感，学得扎实；同时，又可以通过小四门得到适当的技能强化和即学即用的成就感。

莫斯科大学亚非学院的成功又启发我们，也许要重新考虑和正确处理语言知识、语言技能和语言能力的关系问题，我们的教学设计 10 多年来坚持的"技能至上"的原则，未必是培养语言能力的最佳选择。

第三节　国际中文教学模式设计

一、提出问题

通常来说，学习第一语言的成功率几乎是百分之百，可是学习第二语言的成功率却非常低。正如美国语言学家德迪勒所说，外语教学的历史好像经常是一部失败的历史。在学习外语的学生中，最后能达到通晓双语这一目标的人为数从来不多。美国的第二语言教学（对外英语教学）相对比较发达，但据统计，在美国大学里学习语言专业的学生中，最后能够达到该专业培养目标的一半即"最低职业技能"水平的人都很少。

自 1973 年我国恢复接收来华学习的外国留学生起，至今已有近 50 年的历史，达到能够攻读硕士研究生的汉语水平的人比例不高。随着国际形势的不断变化，时代的更迭，国际中文教学的模式需要不断创新，以适应社会发展的需求。

崔永华认为，目前我国流行的国际中文教学模式是在 80 年代中期定型的，它反映的是六七十年代国际语言教学的认识水平，而 50 年来的国内外语言学、第二语言教学、语言心理学、语言习得的研究、语言认知研究等方面的成果，未能吸收到目前的教学模式中来，而且我们的教学模式也非常单一。刘珣说："相当长时间以来，我们在教学法的研究和探索方面显得非常沉闷，整个国际中文教学界大体上按照相同的模式进行教学，几乎没有什么突破；而我们的教学效果并未达到令人满意的程度，我们的教学法体系也远未形成。这就需要我们去大力进行教学的改革和探索。"[1] 陈贤纯认为："由于我们对语言习得过程缺乏了解，以至于除语音阶段和句型阶段外，我们的教学从总体上来说仍然处

---

① 刘珣．浅议汉语国际教育专业 [J]．国际汉语教学研究，2020（01）：4-9.

于误区，教学效率比较低，主要是词汇量问题没有解决，所以交际能力上不去。"①

目前以精读课或综合课为主的教学模式不利于词汇教学和扩大学生的词汇量，不可能使学生掌握大量的词语应付日常交际。为此，我们提出一条改革思路：从听入手，在1年内给学生输入 10000 个汉语词汇，解决学生的日常交际问题，达到"最低职业技能"水平。如果实验能够成功，就为第二语言教学，包括国际中文教学和外语教学创出一条新路。

二、实验目的

假设 1：1 年内（2 个学期约 1140 学时）学生输入 10000 个汉语词是可行的。

假设 2：学生输入 10000 个汉语词就能顺利地跟中国人进行听说交际。

假设 3：学生输入 10000 个汉语词就能通过 HSK 中等水平 A（8～8.5 级），相当于二年级结业时优秀学生的水平，可入系学习专业。

三、实验设计

（一）实验对象

零起点的外国留学生。被试的年龄在 30 岁以下，身体健康、智力正常、文化程度在高中以上。

（二）课程设置（每周 30 学时）

第一学期：19 周。

①听力课每周 15 节（共 285 节，15 节机动）；

②会话课每周 5 节（共 95 节，5 节机动）；

③读写课（语音、汉字、阅读）每周 10 节（共 190 节，10 节机动）。

第二学期：19 周。

①听力课每周 12 节（共 228 节，18 节机动）；

②会话课每周 6 节（共 114 节，4 节机动）；

③读写课每周 12 节（共 228 节，8 节机动）。

（三）教材

专门为本实验编写的听力教材、会话教材、读写教材。包括①听力教材 1 套：16

---

① 陈贤纯. 对外汉语中级阶段教学改革构想——词语的集中强化教学 [J]. 世界韩语教学，1999（04）：3-11.

册，90 课 +70 课（10 课为 1 册）；②会话教材 1 套：7 册，90 课 +110 课（1 ～ 6 册每册 30 课，第 7 册 20 课）；③读写（语音、汉字、阅读）教材一套：7 册，90 课 +110 课（1 ～ 6 册每册 30 课，第 7 册 20 课）；④听力课每课出生词 60 个，160 课出词 9600 个。加上会话课和阅读课出的生词，总的词汇量在 10000 以上。听力课出生词的主要依据是国家对外汉语教学领导小组办公室汉语水平考试部编写的《汉语水平词汇与汉字等级大纲》。大纲中甲、乙、丙、丁级总共 8822 个汉语词，本教材计划出其中 85% 的词汇，约 7500 个左右；另有超纲词 2500 个左右，约占教材生词总数的 25%。

（四）教学班

每个班 16 ～ 20 人。

（五）教学安排

每天上课 6 学时，学生课下必须保证 2 小时自习，每天学习时间不得少于 8 小时。第 1 周，每天 3 节听力，1 节会话，2 节语音；第 2 ～ 10 周，每天 3 节听力，1 节会话，2 节写读汉字；第 11 周以后，每天 3 节听力，1 节会话，2 节读写（每周有 8 节阅读、2 节写作）。

四、实验方法

（一）听力课、会话课和读写课三门课既有分工又互相配合

1. 听力课

（1）目的

听力课的目的是给学生输入语言材料，帮助学生形成汉语语感，通过提高学生聆听理解的微技能，最终提高话语理解的能力。

（2）学习内容

每天学习 1 课，输入 60 个生词，按语义场输入。当天巩固，以后不断重复。第 2 天到第 5 天，每天用 20 分钟复习前 1 课学的生词。第 6 天开始每天用 30 分钟复习前 1 课和前边第 5 课的生词。

（3）练习

先通过实物、手势动作、情景、翻译等方法进行理解练习，然后把这些词组成词组和句子进行记忆练习。因为不要求学生学一句就会说一句，只是听懂和记住，这样就可以给学生输入大量的语言材料，帮助学生形成汉语语感。

2. 会话课

（1）目的

会话课的目的是练习学生急于表达的功能项目，解决眼前急需的交际问题，提高学生口头表达的能力。

（2）学习内容

会话课每周 5 节，其中 4 节根据学生已经输入的生词、词组和短句进行口头表达的训练。

（3）练习

每周至少 1 次根据学生的要求进行会话练习，周一让学生提供想说而不会说的英文句子，教师整理学生的句子，编写会话练习。

3. 读写课

（1）目的

读写课的目的一是进行语音教学，帮助学生认读汉语拼音；二是读写汉字；三是阅读汉语的文章，进一步扩大词汇量，提高学生阅读和写作的能力。

（2）学习任务

第 1 周的 5 天学完全部汉语拼音；第 2 ～ 10 周写汉字和识字，重在笔画、笔顺和结构教学，先教独体字和偏旁，再教合体字；第 11 周以后集中识字，包括词语和短句，开始阅读小短文并进行句型语法练习。

（二）授课原则

充分利用原则：

①充分利用成年学生的认知能力；

②充分利用成年学生活动范围广的特点；

③充分利用成年学生丰富的生活经验和社会文化知识；

④充分利用成年学生的抽象思维能力和对外界事物的认识；

⑤充分利用语言环境；

⑥充分利用教具。

（三）授课方法

六个为主：

①以学生练习为主，老师精讲学生多练；

②以输入练习为主，帮助学生储备大量语言材料；

③以记忆练习为主，培养学生汉语语感；

④以重复练习为主，当堂识记、当堂巩固；

⑤以技能训练为主，着力提高学生听和说的微技能；

⑥以鼓励表扬为主，充分调动学生的学习积极性和主动性。

（四）具体措施

①取消精读课或综合课，只设听力课、会话课和读写课，听力课为主课。每学期 20 周，课堂教学时间为 19 周。其中有一定的机动时间，可以用来复习、进行校内语言实践活动。

②每学期安排 1 次停课语言实践活动，在期中以后，时间约 1 周，全年共 2 次。另外安排周末短途旅行若干次。所有的语言实践活动和旅行都纳入教学计划，与课堂教学相结合。

③为了不给学生压力，平时和学期末都没有课程考试和检查，每学期只安排 1 次 HSK（期末）。全年两次水平考试。

④每次上课都录像，通过录像得到反馈信息，及时分析教学的情况，及时调整教学计划，不断总结和改进。

⑤每天晚上播放 2 个小时左右录像片，欢迎实验班的学生和其他班的学生观看。

（五）实验范围和时间安排

①第 1 年在国内大学语言进修生中抽取 1 个班进行实验，同时录像、收集资料。

②第 2 年继续在该大学语言进修生中抽取三个班实验（1 个欧美班、1 个日韩班、1 个华裔班），另外请教育部中外语言交流合作中心协助在全国选 5 所学校进行实验（北京、除北京外的华北、东北、华东、华南各 1 校），同时收集资料。

③第 3 年总结、整理资料、撰写论文和专著、教材定稿，同时完成 1 套教学辅助资料和教具。

五、实验的理论依据

（一）哲学的系统论、信息论和控制论

哲学是人们认识世界的基础理论，系统论、信息论和控制论为人们认识世界提供具体的方法，是先进的科学的哲学方法论。

按照系统论的观点，世界上的万事万物都自成系统。第二语言教学当然也是一个系统工程。这个系统的结构包括教师、学生、教材、教学大纲、教学环境以及他们之间的相互关系等。这个系统的结构应该是最优化的结构，他们之间的关系应该是最优化的关

系。教师应该是尽职尽责、爱岗敬业、具有奉献精神的教师，学生应该是具有速成愿望的正常的学生，教材应该体现改革的思路、易教易学，教学环境应该是最优化的环境，等等。还要按照教学大纲设计自成系统的教学计划、做好自成系统的教学安排、确立自成系统的课程设置、编出自成系统的系列教材、使用自成系统的教学方法。

按照信息论的观点，第二语言教学是一种有控制的语言信息传输和反馈系统。它是由语言信息源、信息传输通道、信息传输者和信息接收者构成的。语言信息源主要指教材提供的教学内容，也包括教师；信息传输通道指教学环境，即课堂，包括教学的时间、空间和教学组织形式；信息传输者是教师，学生是信息接收者。教师和学生都是教学的主体，教师是"教"的主体，学生是"学"的主体，其中教师起主导作用。

按照控制论的观点，任何教学模式都要做好各方面的控制。第一是生词量的控制，每天 60 个生词，不断循环、不断重复；第二是难易程度的控制，先教实词、后教虚词，先教单词、再教短语、后教句子；第三是充分发挥教师和学生两个方面的积极性，充分发挥教学环境的作用；第四是课内课外相结合，课外练习是课堂教学的延伸；第五是小课堂和大课堂相结合，小课堂打好基础，大课堂进行活用的实践。

（二）第二语言习得理论

1. 克拉申的输入假说

克拉申说："人们怎样习得语言？我们是通过可懂输入习得语言的，注意力集中在信息上，不是集中在形式上。输入假说既能说明儿童语言习得，也能说明成人语言习得。它表明，在语言习得中头等重要的是听力理解，口语能力则会水到渠成。"

我们吸收了克拉申输入假说中合理的成分，即重视语言的输入。我们还借鉴了现代学习理论——学习的规律就是输入大于输出、输入先于输出，厚积而薄发。为此，我们提出"先听不说、多听少说"的教学原则。在理解练习中只要求学生点头、摇头、做动作或者说"是、不是；对、不对；好、不好"等简单的话。当然，在学习语言的过程中，也要有适当的语言输出的练习。在第二语言教学中，不教说话是不行的，所以除听力课这门主课以外我们还安排了会话课。特别是在目的语环境中，必须重视学生急于表达、急于交际的心理。

2. 图式关联理论

图式关联理论认为人的大脑中有关于世界的各种各样的知识，这些知识是以图式的形式保存的。理解语言的过程就是把接收的语言信息跟大脑中的图式建立联系的过程。人们理解语言离不开语境，语境跟话语的关联越密切，理解就越容易。

根据这一理论，第一，我们充分利用成年人大脑中的关于世界的各种各样的图式，强烈刺激、反复刺激，帮助学生建立目的语与头脑中图式的联系，并且激活它们，以便形成目的语的语感。在理解练习的环节中，我们主张使用学生的母语激活学生大脑中的图式，这正是成年人学习第二语言比幼儿学习母语速成的优势。第二，成年人学习第二语言最大的困难是记忆。我们在理解练习和记忆练习的教学环节中，尽量把词语放在具体的语言环境里，放在上下文中帮助学生记忆。不仅如此，我们更要重视利用大的语言环境，尽可能多地组织语言实践活动，让学生"在游泳中学习游泳"。

3. 汉语作为第二语言的学习理论

王魁京在《第二语言学习理论研究》一书中专门谈了以英语为母语者学习汉语在社会言语交际中常碰到的问题：①对目的语社会成员发出的话语听辨理解能力不足；②运用目的语作言语表达的能力不足；③交际策略运用能力不足；④文化、心理不适应；⑤寻求交际对象给予配合的能力不足。其中，前两个方面都是因为学生的大脑记忆库里目的语的语言材料储备不足。

根据汉语学习者的实际问题，我们提出要改变以往的教学模式，加大给学生的输入，加大学生大脑记忆库中语言材料的储备，特别是词语的储备，扩大学生的词汇量。我们从跨文化交际的角度扩充课堂教学的内容，改进课堂教学的方法，使学生获得跨文化交际的能力。在会话课教材中增加了有关交际策略方面的知识和相关的社会文化知识，以减少学生文化、心理不适应的问题，帮助他们提高寻求交际对象、给予配合的能力。我们的教学模式不仅重视语言要素的教学，而且重视语言技能和语言交际技能的训练，帮助学生把语言要素转化为语言技能，进而转化为语言交际技能。

（三）汉语语言学理论

1. 按照汉语词汇的网络系统进行教学

汉语的词汇数量多，而且形不表音、音不达义、词义丰富、用法复杂。在现有的教学模式下，学生只能逐个孤零零地死记硬背、费时费力。其实，汉语的词汇不管是词形还是词音、词义，存在着各种各样的网络系统和内在的规律性。比如以下网络系统。

（1）同（近）义词类聚网络

地方、地点、地区、场地、场合、场面、场所、处所

时间、时候、时刻、时光、时期、期间、工夫

走、跑、跳、跃、蹦、蹿

美、俊、靓、帅、美丽、漂亮、好看、秀美、俊美

常常、经常、时常、时时、往往、一直、始终、从来

（2）反义词类聚网络

上、下，前、后，左、右，里、外，南、北，东、西

来、去，进、出，上来、上去，下来、下去，进来、出去

美、丑，好、坏，难、易，多、少，长、短，高、矮

（3）类属词类聚网络

教室、黑板、讲台、桌子、椅子、门、窗户、墙

水果、苹果、梨、香蕉、葡萄、橘子、草莓

亚洲、欧洲、非洲、北美洲、南美洲、大洋洲

中国、北京，英国、伦敦，法国、巴黎，日本、东京

（4）关系词类聚网络

爷爷、奶奶、爸爸、妈妈、哥哥、姐姐、弟弟、妹妹

耳语、手语、母语、外语、目的语

食堂、馒头、花卷、包子、米饭、饺子、面条

为了使学生由集中识字过渡到阅读短文，我们在 50 课中，每隔 5 课插入 1 篇短文，短文用前面所学过的字词写成，字数在 500 到 800 字之间。

2. 具体教法

教学进度设计为 1 天 1 课（每天教 1 个短句，25 个左右新汉字）。在实际教学中，开始学生会觉得较容易，所以可以稍快，然后逐渐放慢速度。第 1 天可以教 3 课，第 2 天、第 3 天、第 4 天每天可以教 2 课，从第 5 天以后每天教 1 课。也就是说，前 5 天可以让学生识 250 个汉字。

每课的教法是，在课堂上，从单字开始，由字音、字义到词音、词义，最后到朗读短句。课堂上可以让学生念，也可以老师领读。教师留作业，让学生课下跟着录音反复朗读新学的短句。第 2 天上课首先是复习和检查对所学过的短句的认读。所谓复习，就是对已经学过的短句从第 1 句开始进行朗读，以防止遗忘。因为短句不长，念 1 遍只用十几秒，所以用几分钟就可以把学过的短句复习完。复习的方法：学生个人朗读和集体齐声朗读相结合。复习之后，检查前一天新学的短句，方法是让学生逐个朗读，老师进行正音、正调。我们认为，对汉字认读的次数越多，学生识字的能力就越强。我们编写的句子之所以写得短小、含字量大、尽量不重复用字，为的就是在课堂上能让学生多重复认读，因此，课堂教学的原则就是尽可能增加学生反复认读短句的次数。

在学生能把新学的短句念下来以后，让学生念组词部分的词。对这部分词重在让学生认读。对于词义，有的词他们在口语中已经学过，在此处只是和汉字对应，如常常、经常、现在、上午、明年等；有的词他们根据字义可以推解出词义，如中餐、西餐、中

学、小学、鞋店、古人、古代等；有的词通过简单的讲解可以使学生理解，如祖国、字母、作家；有些不容易理解的词可以让学生查阅词典。在让学生认读这部分词时，教师可以利用所出的词语进行一定的口语练习。

对于每学习 5 课后所插入的 1 篇短文，主要是让学生朗读。对于短文中学生不懂的词或句子，教师进行必要的讲解和说明，方法像一般的短文教学一样。

我们的教法可以归纳为短句天天念、学新不忘旧，以句带词、以词带字、以字组词，识字和阅读相结合。

3. 教学效果

不论是日本学生还是欧美学生都可以在不影响口语教学的情况下，每天 1 学时，用 35 天学完 40 句，识 1000 个字，平均每天识近 30 个字。我们使用"语文一体"的教材，100 天识 800 个字，平均每天识 8 个字，也就是说，集中识字的方法在速度上要快 3 倍多。另外，用集中识字的方法，学生识字量大、吸收新词语的能力强，所以他们的阅读能力提高得就快。识字教学五天后我们教的第 1 篇短文《四世同堂》就是 500 多个字，第二篇《中国见闻》600 多字，第三篇是《访冰心》800 多字。由此可见，集中识字教学达到了快速提高学生阅读能力的目的。

集中识字教学的另一个优点是在阅读的内容上更能满足外国成年大学生的需要。因为过去用"语文一体"的教材，阅读课文往往是和口语的内容配合，内容浅显、乏味。而和集中识字配合的阅读短文，不仅文体可以使用书面语的词汇和句式，而且内容也可以写得较富有文化内涵和文学色彩，从而达到阅读教学的真正目的。

实验证明，采用两个"分开"和两个"先后"这样一种总体设计，确实使我们在"语"和"文"两个方面都可以取得更好的教学效果。

口语教学，由于不受汉字的阻碍，学生们不仅学起来容易，而且速度快，掌握的词汇量也比使用"语文一体"的教材要大得多；汉字书写教学，由于按照汉字形体结构的系统性来进行，减轻了学生们学写汉字的难度，增加了其学习兴趣，受到了他们的欢迎。通过这样的教学，学生们学到的不仅仅是对一些汉字的书写，还是一种分析和记忆汉字的能力，这为他们以后的学习打下了一个坚实的基础；识字教学，由于采用集中识字的方法，虽然用的时间少，但学生的识字量大，从而达到快速提高他们阅读能力的目的。

我们的体会是要想从根本上解决外国人汉语难学的问题，前提是要有一套合理的、符合汉语和汉字特点的总体设计。

"互联网＋"背景下国际中文教育创新研究

第一节 国际中文教育翻转课堂教学方法的实现

随着现代网络信息技术的发展，翻转课堂作为一种新型教学模式，正以独特的优势受到我国教学界的广泛关注。作为一种现代化创新型教学模式，翻转课堂具有很多传统课堂所不具备的独特优势。将翻转课堂教学模式应用于国际中文教学中，有助于解决目前国际中文教学发展面临的瓶颈问题，深化国际中文教学改革，全面提升国际中文教学的质量。

一、翻转课堂的基本概念

对于翻转课堂概念的界定，学术界里还未形成一个统一的答案。目前，有部分人对翻转课堂的认识还停留在对其实施过程的描述层次上，所以对翻转课堂内涵的深入剖析还很有必要。"翻转课堂"一般又被称作"反转课堂式教学模式"，这里的"反转"是相对于传统课堂式教学模式而言的。国内外对于翻转课堂的概念有不同的解释。

2011年7月在美国科罗拉多州举办的翻转课堂大会上，乔纳森·伯格曼（Jonathan Bergmann）协同与会老师就翻转课堂是什么做出定义。他们认为：翻转课堂是一种手段，它增加了学生和老师之间互动化和个性化的接触时间；它是一种个性化的教学环境，在此环境下学生可以得到个性化的教育，学生必须对自己的学习负责，学生的课堂积极性很高；老师不再是讲台上的"圣人"和"独裁者"，而是学生学习的真正指导者；它使教学内容得到保存，学生可随时根据自己的情况进行复习；它是一种混合了直接讲解与建构主义学习的教学模式。此定义在此次大会上解开了翻转课堂教学模式的面纱，是与会教师智慧的结晶。他们对翻转课堂教学模式做出了实质性的探讨，翻转课堂教学模式是一种手段，翻转课堂教学模式的显著优势是为学生提供个性化的学习环境，他们还对教师在此教学模式下的角色做出明确定义。但是，上述这种对"翻转课堂"的定义侧重于解释"翻转课堂"的作用，并非是一般意义上的定义方法。

也有人说，翻转课堂就是学生在课前利用教师制作的数字材料（多媒体课件、音视频材料等）自主学习课程，然后到课堂上参与教师的互动活动（释疑、解惑、探究等）并完成练习的一种教学形态。但其实这种教学形态是将信息技术与翻转课堂结合的产物，并非单纯意义上的"翻转课堂"。即使学生在课前不是利用数字材料而只是利用纸媒材料进行自主学习，依然也已经调换了学习过程所在的空间位置，翻转了课堂。

翻转课堂通常也被称为翻转教学、颠倒课堂、翻转学习、颠倒教室、反转教室、反转课堂、翻转教室等。一般来说，学生的学习过程总体分为两个阶段。第一个阶段是知识传递的阶段，第二个阶段是吸收和消化知识的阶段，即知识内化的阶段。这两个阶段尽管无法严格区分，但总体而言，应是知识传递、知识感知的阶段在先，知识内化、知识深层次理解的阶段在后。传统课堂中，知识传递主要通过教师的课堂讲授来完成，而知识内化则是靠学生通过课后完成作业或实践来完成。

其实，翻转课堂，从字面意思理解，只是将课堂翻转。这样看来，"把原来在课堂完成的知识传递过程改为在课前完成，把原来在课后完成的知识内化过程改为在课堂上完成"，应该是翻转课堂的最基本的定义了。而那些"与信息技术结合""课前要提供哪些教学资料""课上应如何组织"等内容，并非翻转课堂的原始要求，而是人们在翻转课堂实施过程中添加的内容。在翻转课堂中，教师赋予学生更多的学习自由。学生借助网络等多媒体技术，使用录制的教学视频，在课下完成知识的传递阶段。这个过程，学生可以自由选择最适合自己的学习方式，但要确保课前真正发生了较深入的学习。而知识内化阶段则被放在了课堂上，这样师生之间、生生之间就可以有更多交流、沟通的机会，从而可以通过课堂上观点的相互碰撞把对问题的探究引入更深的层次。大多数人理解的翻转课堂只是"课前传授＋课上内化"的教学形式。这种理解忽略了两个关键点：一是与传统的教学形式相比，翻转课堂的学生在课外真正发生了深入学习；二是在翻转课堂上，师生之间、生生之间的观点能够真正相互碰撞从而将对问题的研究引向更深层次。学生观看教学视频并进行课前练习的活动，并不是对知识的简单预习，而是对新知识的深入理解，这就要求录制的教学视频能让学生自学。在此基础上，学生的知识不能只停留在浅显层面上，应该通过学习活动过程中的讨论和分享向更深层次发展。同时，也应该认识到翻转课堂与在线视频并不是同一个概念，翻转课堂最重要的价值体现在卓有成效的面对面的互动学习活动中。

二、翻转课堂的实质

翻转课堂是教育信息化环境中，通过对知识传递和知识内化的颠倒安排、对传统教学中师生角色定位的转换以及对课堂时间使用的重新规划而建构的一种新型的教学模式。翻转课堂的实质就是利用现代教育技术和教学工具，从根本上影响学生的学习方式和环境。课前学生自主学习；课上教师充分利用教学时间，与学生进行交流；课后教师通过一定方式检验与总结教学效果。学生需要自己熟悉学习环境和教学内容，不再是完全被动地去学习；教师是教学的参与者与引导者，不再是知识的权威与灌输者。翻转课堂改变了传统的教学方式，让教师更了解学生，从而因材施教，同时翻转课堂也颠覆了传统的课堂管理方式。

三、基于翻转课堂的教学方法

（一）问题探究型教学方法

1. 问题探究型翻转对外汉语课堂的内涵

问题探究型翻转对外汉语课堂，是以探究型学习的形式展开的翻转对外汉语课堂教学模式。

探究型学习是学生在教师的指导下，从各种学科领域或现实生活的问题或任务出发，通过形式多样的探究型活动，获得知识和技能、培养探究能力和应用能力、获得情感体验的学习方式。

这种学习方式的中心是针对问题的探究活动。当学生面对各种让他们感到困惑的问题的时候，就要做出各种猜测，要想办法寻找问题的答案。要对问题进行推理、分析，通过观察、实验来收集事实，也可以通过其他方式（如查阅文献资料等）得到第二手的资料。最后通过对获得的资料进行归纳、比较、统计分析，形成对问题的解释。在解决当前问题的基础上，进一步澄清事实，发现新的问题，以进行更深入的研究。

在传统的教学形式中，因为要保证学生在短时间内学到学科的基本知识，所以"探究"的过程在许多情况下都要被简化。比如，提出问题这个环节，在大部分的教学活动中，都是由教师提出问题，或由教材提出问题。再如获取事实这个环节，常常是由教师和教材来确定研究方法、步骤、所用材料等，这样做就省去了学生设计实验的时间。而在探究型学习中，学生有机会可以完整地进行科学探究活动。虽然这样的活动要用更多的时间，但它对学生的成长是有益的。

因此，问题探究型翻转对外汉语课堂，要求学生在教师的启发和帮助下，在具体的情境中自觉、主动地探索，研究事物的性质，发现事物之间的联系，从而获得对所学概念和原理的认知。

2. 问题探究型翻转对外汉语课堂的优势

问题探究型翻转对外汉语课堂能发挥学生的潜力，提高学生的智慧；能使学生产生学习的内在动机，增强学生的自信心；能帮助学生更好地理解和巩固学习的内容，并更好地运用它们；能使学生学会发现问题的方法，培养学生提出问题、解决问题的能力。

3. 问题探究型翻转对外汉语课堂的过程

（1）创设情境

教师在教学视频设计中创设一定的情境，使学生在这个情境中发现矛盾或问题。

（2）提出问题

课前学生在观看视频时掌握基础概念和原理，并发现问题。

（3）确定问题

教师梳理学生提出的问题，选择需要学生探究的问题，或者教师直接提出需要学生探究的问题。

（4）提出假设

教师提供一定的材料，引导学生通过分析和研究，提出假设。

（5）检验假设

学生从不同的角度检验提出的假设。

（6）得出结论

对问题做出结论，获得有关的知识。

4. 问题探究型翻转对外汉语课堂的特点

（1）自主性

在国际中文教学过程中，探究型学习把学生作为活动的主体，立足于学生的学，以学生的主体活动为中心来展开教学过程。学生在积极主动地参与国际中文教学活动的过程中，以自己的经验和知识为基础，经过积极探索和发现、亲身体验与实践，以自己的方式将知识纳入自己的认知结构中，并尝试用学过的知识解决新问题。教师在这个过程中只是一个组织者、指导者和参与者。探究型学习方式有利于学生主体意识和主体能力的形成和发展；有利于塑造学生独立的人格品质；有利于培养学生的自主性。

（2）实践性

探究型学习是以学生的主体实践活动为主线展开教学的。学生借助于一定的手段，运用多种感官，展开主体实践活动。探究型学习特别强调学生的感知、操作和语言等外部的实践活动，强调学生直接经验和间接经验的交融、统一。探究型学习将认知活动建立在实践活动的基础上，让学生主体通过实践活动获得发展。

（3）过程性

探究型学习追求学习过程和学习结果的和谐统一。比起学习的结果，探究型学习更加关注学习的过程。探究型学习非常注重学习过程中潜在的教育因素，它强调尽可能地让学生经历一个完整的知识的发现、形成、应用和发展的过程；让学生尽可能地像科学家那样，发现问题、解决问题，经历一个完整的科学研究过程，体验发现知识、再创知识的创新过程。

（4）开放性

探究型学习的目标是很灵活的，没有非常具体的要求和水平。探究型学习在内容上是开放的，在探究结果的要求上是开放的。探究型学习打破了对外汉语教学以往的统一规则，为学生提供了大胆创新、实现自我超越的学习环境。学生在探究学习的过程中，能够大胆地怀疑，提出问题，探讨解决问题的方案，对不同的结果进行分析，培养自己的创新意识和创造能力。

（二）互动自主型教学方法

1. 基于 QQ 群的班级学习共同体的构建

腾讯 QQ 群是腾讯公司在 QQ 的基础上推出的一个多人交流的平台，是多种网络交流方式的集成，它为用户提供了许多的交互工具，包括沟通工具、协作工具、追踪评价工具、个人主页空间等。腾讯 QQ 群不用日常维护、不需支付费用而且操作方便，很受广大教师和学生的欢迎。QQ 群能满足翻转对外汉语课堂大学生之间相互交流的需要，是比较理想的翻转对外汉语课堂学习交流平台。除了 QQ 群这一学习交流平台，还有微信群交流平台、学习通学习交流平台，腾讯会议、ClassIn、钉钉、Zoom 等直播平台为互动自主型教学提供便利。下面以 QQ 群为例，介绍如何构建班级学习共同体。

首先，创建一个"翻转对外汉语课堂"QQ 群，作为学生课前学习交流的交流平台；然后让助学者和学生加入"翻转对外汉语课堂"QQ 群中，助学者主要由任课教师组成，解决学生在自学过程中遇到的疑难问题；开展课前学习时，教师把录制好的教学视频和课前练习上传到 QQ 群中，并发布教学安排；学生按要求完成相应的课前学习任务，在学习过程中遇到的问题可以通过在 QQ 群中与教师、同学交流解决；教师通过查看学生间的问题，掌握学生的学习情况。这样，学生、助学者、QQ 群三者构成了虚拟的翻转对外汉语课堂班级学习共同体，如图 5-1 所示。

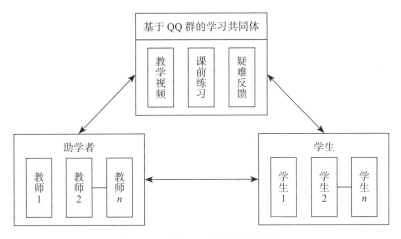

图 5-1　基于 QQ 群的学习共同体

2. 课程开发

这类个性化课程既可以是文档形式，也可以是视频形式。教师可以利用网上的教学资源开发视频课程，也可以利用软件自己录制教学视频。

教师在开发视频课程时，必须遵循学生的身心发展实际，录制的视频时间长度应控制在学生注意力比较集中的时间范围之内。面向中小学生的视频，时长应尽量短一些，5～15 分钟就可以。但是面向大学生的视频，不建议时长太短，因为随着年龄以及成熟度的增加，太短的视频反而容易导致人注意力分散。视频时长过短，就会导致如果想要长时间学习，就要频繁打开新的视频，这会打乱学习者的节奏。因此，对大学生来说，视频时长在 10～25 分钟比较合适。

为保证视频具有很强的针对性，方便学生查找，每一段视频必须针对一个特定问题；为了不分散学生的注意力，教学视频所呈现的教学内容应清晰明确。另外，教师还需要注意调动学生的积极性，让学生全身心地投入到视频的学习中去。事实表明，当学生在首次参加视频课程时，大多数不是在认真听讲而是在做笔记。对于这一反复出现的问题，一般是让学生暂停视频，边思考边做笔记，或是让教师在重点内容上为学生提供文本笔记。课前针对性练习的开发相对于视频录制来说，难度降低了不少，但是在学生课前学习中，针对性练习和教学视频同等重要。在设计课前练习的过程中，教师应严格遵循最近发展区学习理论，确保习题的数量和难易程度合理，帮助学生顺利完成对所学新知识的意义建构。

3. 课前知识传递

教师首先登录 QQ 客户端，进入 QQ "翻转对外汉语课堂"班级群主界面，通过群共享把录制的教学视频和课前练习上传到 QQ 群中，并把具体的教学安排通过群公告发布给学生，鼓励学生自主完成课前的学习任务。学生在学习教学视频之后，使用课前针对性练习来检测自己对学习内容的掌握情况。对自己理解比较薄弱的知识点，学生可以通过反复观看教学视频来帮助自己达到对该知识点的完全理解。同时，教师需要在群论坛里发表一个以"对外汉语课堂反馈"为主题的帖子，要求学生以回帖的形式把疑难问题提交上来，以此来掌握学生的学习动态。学生在自学过程中，如果遇到了困难，既可以通过在群里发言或向教师发起临时会话，请求同伴或助学者给予学习帮助，也可以通过创建讨论组展开小组讨论来解决。当部分学生都遇到同一类或同一个学习问题时，教师需要及时创建讨论组，设置讨论主题并邀请学生加入，通过发起多人视频构建网络虚拟对外汉语课堂的方式来统一解决学生的学习疑惑。

在整个知识传递的过程中，学生自主选择学习资源、自主设定学习步调、自主制定学习计划。某种意义上学生真正实现了个性化学习，教师起到了帮助学生自学的促进作用。

4. 国际中文课堂知识内化

互动自主型教学方法的最大特征在于能够帮教师组织有效的对外汉语课堂活动，以此来实现学生知识内化效益的最大化。建构主义认为，在一定问题情境下，学习者一般是通过一些人际协作活动来实现知识意义的建构，从而获得新知识的。

在互动自主型教学方法中，教师根据学生自学反馈，挖掘出学生学习时的难点及其薄弱环节，设计出更高水平的巩固练习或活动主题，促进学生知识的进一步深化。学生在教师的教学安排下，独立开展学习探究。当遇到经过深入思考仍然不能解决的问题时，学生可以发出学习帮助请求。所有遇到此类问题的学生可以组成学习小组，通过合作探究的方式来完成学习任务。当学生自己或学习小组不能解决遇到的问题时，教师要及时解决学生在知识内化过程中的疑惑。当学生的学习活动完成之后，教师要注意引导学生积极主动地展示学习成果，并组织学生进行头脑风暴，展开对知识的深层次探究，通过师生之间、生生之间观点的相互碰撞进一步拓展所讨论问题的深度。

考虑到对外汉语课堂时间有限，不能够让所有学生都展示自己的学习成果。因此，教师可以借助 QQ 群设置"课后心得"空间模块，让学生在上面相互交流各自的学习成果。学生通过激烈的学习讨论和观点的相互碰撞，对自己的学习内容和学习过程进行反思，从而加深自己对所学内容的认知。展示讨论的过程也是评价反馈的过程，教师可以通过学生之间的交流了解各个学生的学习方法、情感、态度等，从而更加客观地从形成性评价与终结性评价两方面来评价学生。在肯定学生成绩的基础上，教师把对学生的评价及学生间的相互评价通过 QQ 反馈给学生，并鼓励学生再接再厉。同时，教师要为每个学生建立一个电子学习档案，帮助学生更加客观地认识自己的学习情况，更好地控制自己的学习节奏。

在翻转对外汉语课堂上，学生高度参与，独立自主探究，在完成课堂活动的过程中实现了认知结构的重新建构。学生的主体性得到真正体现，而教师在此过程中则扮演着指导者、促进者的角色。

（三）研讨建构型教学方法

1. 研讨建构型翻转对外汉语课堂的内涵

研讨建构型翻转对外汉语课堂，是一种以研讨交流的形式促进学生知识建构的翻转对外汉语课堂教学模式。什么问题适合研讨建构型呢？从课的内容来说，基本可以分为三大类：一类属"是什么"类；一类属"为什么"类；最后一类属"怎么办"类。虽然同为"带着问题学"，但实际的内容大不相同。第一类属知识性，下定义、认识特性，就如同一是一、二是二，没什么好研讨。而"为什么"和"怎么办"就不同了，其中"大有乾坤"，可以"公说公有理，婆说婆有理"。所不同的是，在"怎么办"环节，要找到大家共同认可的具体办法，并分析出各自的优劣，达成共识。

研讨交流学习，又称讨论式教学法，是以解决问题为中心的教学方式，强调在教师的精心准备和指导下，通过预先的设计与组织，启发学生就特定问题发表自己的见解，以培养学生的独立思考能力和创新精神，实现一定的教学目标。它要求师生围绕一定的问题，基于认真、充分的准备，在对外汉语课堂上各抒己见，相互启发，共同探讨，取长补短，以求解决问题。讨论式教学要求以"导"为主，设置贴近学生生活、富有吸引力的情境，提出有思考价值的问题；要求教师有全面、深刻、独到的见解，了解学生原有的知识基础和能力水平，并且有熟练利用现代化手段教学的能力；要求学生通过查阅资料、研究讨论解决问题。教师要收集足够的资料，便于双方节约时间，变原来的组织教学为讨论讲解，引导学生利用资料，表达自己看法。教师还要参与多方面研讨，使研讨式教学有广度又有深度。

2. 研讨建构型翻转对外汉语课堂的教学环节

研讨建构型翻转对外汉语课堂教学的本质是教师的启发式教学与学生的自主式学习的结合，着眼于分析、研究问题。在研讨中教学双方通过智慧、经验、直觉、心理的博弈，拓宽视野、开启心智、分享经验、学会方法。其核心是学生独立思考，各抒己见，相互启发，大致包括如下几个教学环节：设计问题、提供资料、启发研讨、得出结论。研讨建构型翻转对外汉语课堂以小组或者班级为单位，对一个问题进行讨论，学生互相辩论，共同探讨，各抒己见，进行思想上的交流，从而扩大自己的知识面和分辨能力。利用该法组织教学，教师作为"导演"，对学生的思维加以引导和启发，学生则是在教师的指导下进行有意识的思维探索活动。学生的学习始终处于"问题—思考—探索—解答"的积极状态。学生看问题的方法不同，会从各个角度、各个侧面来揭示基本概念的内涵和基本规律的实质，教师如果就这些不同观点和看法展开讨论，就会形成强烈的外部刺激，引起学生的兴趣和注意，从而使学生产生自主性、探索性和协同性的学习。

3. 研讨建构型翻转对外汉语课堂的优势

研讨建构型翻转对外汉语课堂的优势在于信息源多，信息的交换量、加工量大，师生获得反馈信息的速度快，能充分调动学生的学习主动性和积极性。讨论式教学法改变了学生在对外汉语课堂教学中的地位，他们不再只是信息的接受者，还是信息的发出者，他们的思维不再受教师的限制。为了证明自己的观点，他们主动地、积极地去准备材料，收集论据，进行思考。学生的阅读和思维能力得到有效提高。讨论式教学法要求学生在课前反复阅读教材的基础上，对已有的知识进行分析、加工、推理、论证等一系列思维活动。在讨论和争论中遇到事先没有预想到的问题时，学生要在极短的时间内抓住问题的实质，组织大脑中储存的知识，进行分析、推理、论证，从而得出结论。这种高密度的思维活动能有效地培养和提高学生思维的敏捷性、灵活性和独立性；能培养和提高学生独立分析和解决问题的能力。讨论题一般都有难度，学生必须把书本知识和实际问题密切结合起来。这使得学生运用知识解决问题的能力得到了培养和提高。同时，学生的即时反馈能力、评价能力和口头表达能力也能有所提高。

此外，通过讨论，教师能最大限度地了解和掌握学生个体和总体学生的知识准备程度和认识状况，随时调节教学进程，加强教学的针对性和有效性。学生能在讨论中听取别人的发言，取长补短，扩大视野，这有利于新型师生关系和同学关系的建立。

4. 研讨建构型翻转对外汉语课堂的原则

（1）主体性原则

它要求学生成为学习行为的主人，让学生始终处于稳定的自主地位，发掘学生创造的潜力，让学生占据对外汉语课堂教学的主体地位。

（2）具体性原则

它要求教师设计的问题必须明确具体。学生在进行讨论的时候需要清楚认识到问题的重心，而具体的、有代表性的问题更加有助于学生明确讨论的方向，所以教师在设计问题的时候需要将教学内容的重点、疑难点进行结合，要设计出明确具体的问题，这样对学生才有意义。

（3）启发性原则

它要求教师设计的问题要有启发性，要有探讨的价值。教师设计的讨论问题一定要具有启发性，能够给学生一定的思维空间，让学生能够自己想象；要能够拓展学生的思维，让他们的思维有一定的自由度。不要研讨不是问题的问题。不是问题的问题，即使讨论得再热烈，也是无效的教学。

（4）循序渐进原则

它要求教师进行由易到难、由简到繁的循序渐进性教学，使学生个体与班级整体同步共进。这种教师当"导演"，学生当"演员"的模式，创设了师生、生生之间平等、和谐的教学环境，体现了教学的民主化。讨论式教学模式是从实践中发展起来的一种新的课程形态，它的目的在于为学生提供思考问题和讨论问题的机会，在对外汉语学习过程中创设一种有助于探索、研究的开放的情境和途径，使学生围绕某一主题主动地搜索、选择、加工处理信息，并应用知识解决问题。学生的接受能力、知识水平是有限的，如果教师选择的讨论问题超出了他们的知识范围，他们会受到打击，从而失去积极性。教师要选择难度适宜的问题，即既能够激发学生思维的积极性，又能够使得学生的能力得到提高的问题。只有通过自己的能力解决问题，学生才能产生极大的成就感。

（5）和谐性原则

师生在共同探索、发现和研究的过程中，其关系变得更加密切、和谐。

四、翻转课堂教学方法的具体实施

（一）对外汉语教学中"翻转课堂"的实施框架

综合宏观、中观和微观三个层面的考虑，根据渐进式知识内化的特质和构成"翻转课堂"的三个环节，对外汉语教学中"翻转课堂"的实施框架如图 5-2 所示。

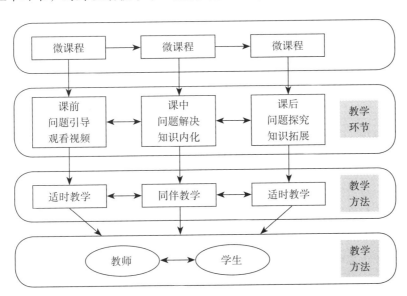

图 5-2 翻转课堂的实施框架

（二）对外汉语教学中"翻转课堂"的实施策略

以下主要从宏观和微观两个层面对对外汉语教学中"翻转课堂"教学模式的实施策略进行详细阐述。

1.宏观层面

（1）学校课程的整体设计

"翻转课堂"的内在特质对国际中文教学的整体设计提出了要求。学校要通过"翻转课堂"模式改变教与学的方式，提升课堂教学质量。首先，学校要对所有课程进行统一设计，而不是做局部或零星的调整。除了对外汉语教学的一般规则外，对外汉语教学的整体设计还需要考虑以下几个主要方面。

①课程安排的相互补充。这种相互补充涉及课程与课程之间的相互补充和同一课程内部的相互补充。比如同一天安排实施"翻转课堂"的课程不能太多，同一课程同一天内有多次排课的，可以安排"翻转课堂"与练习课、巩固课等其他课型相配合。

②教师承担课程所付出的时间总量。很多对外汉语教学中，教师除了承担正常的教学任务之外，还要花费大量的时间额外承担非教学事务。这些非教学事务可能严重挤压教师从事"翻转课堂"研究的时间。如果教师承担课程所付出的时间超过了他们所能承受的极限，"翻转课堂"的开展是会受到很大影响的。

③学生学习课程的时间总量。学生每天能够集中精力完成作业的时间是有限的，如果每门课的课后任务都是"翻转课堂"任务，对于学生来说，课业负担过重，这也会影响学习的效果。

（2）学校教学支撑环境建设

"翻转课堂"的实施需要学校信息化支撑环境的支持。这里的学校信息化支撑环境既包括软件系统，又包括硬件系统。软件系统包括六个方面：一是微视频发布系统；二是交互系统；三是学生学习的智能诊断系统；四是远程支持与服务系统；五是统计系统；六是管理系统。

硬件系统包括三个方面：一是师生必须有可以上网的设备；二是网络带宽能够保证微视频的稳定运行；三是服务器必须具有足够容量和并发能力。

2.微观层面

除了一般的对外汉语教学策略之外，这里提供几种比较特别的教学策略，以供教师在对外汉语教学中使用。

（1）课内翻转策略

"翻转课堂"作为一种新的教学模式，大家都能理解和领会其理念的先进性，但落实起来却举步维艰，总有众多无法付诸实施的理由。其实，即便是由于众多困难，目前不能完整地实施"翻转课堂"的全过程，但只要教师深入地领会了"翻转课堂"的先进理念和实施策略，在传统的对外汉语教学中依然可以渗透"翻转课堂"的精髓。

传统对外汉语教学的样式一般都是 50 分钟左右的教师讲、学生听，10 分钟左右的课堂练习。根据"翻转课堂"知识内化的特点，教师可以将其进行翻转，即先让学生就教学内容自主学习（方法可以多种多样，看视频、找问题、做批注、查资料等），然后教师进行讲解，再加上及时评价，形成一种新的教学样式，这也能够对学生掌握知识产生积极的作用。和现有的"翻转课堂"教学模式的区别在于，这种翻转仅仅限于一节课内。这种模式对于良构知识和非良构知识都适用，但是也要根据实际的教学情况而定。

（2）角色翻转策略

根据学习成效金字塔理论，要提高学习成效，就要改变学生的学习方式，而学生的学习方式是由教师的教学方式决定的。也就是说，如果教师不改变自己的教学方式，那么学生的学习方式就不可能改变。

听、说、读、写是人类应该具备的基本技能，其中听、读可以看作是"输入"的过程，而说、写可以看作是"输出"的过程。一般而言，"输出"比"输入"更难，对思维的要求层次也更高，所以通过说和写的方式学习比通过听和读的方式学习效果更好，正所谓"听来的忘得快，看过的记得住，做过的才能会"，这也说明了"学习的最好方法是转教别人"。

所谓角色翻转策略就是在实际的对外汉语教学中将师生的角色互换，老师做学生，学生当老师（即小老师）。学生把自己所学的知识教给别人，以此来对所学知识进行领悟和应用。这种翻转模式的运用较为灵活，可以是小老师讲、学生听，也可以是学生先学习，然后小老师答疑。这种模式建议在良构知识范畴内进行运用。如果知识点过于复杂，学生理解不透的话，小老师答疑反而会影响整体的教学进程。

第二节　国际中文教育与微课

一、微课的基本概念

（一）微课的概念界定

微课是伴随教育信息化发展到 Web 2.0 时代而出现的一种全新的资源类型与课程表现形式。与微博、微信、微电影、微小说、微杂志等有着共同或相似的"微"特性，微课的出现给传统教学模式带来了一种新的体验和尝试，也是基础教育数字化教学改革的一大试验。它不只是多元化教学资源的组合再生，也是辅助性教学工具，能够辅助学生的课前学习和课后巩固、延伸。从其运用前景上来说，微课是对传统课堂的"精微性"创新，不仅可以促进课堂的有效开展，更能开发教师与学生的潜能，促进学生课后的自我探索与进步，实现全面素质教育的目标。从微课所传递的教学理念来看，它是一场学习方式的变革。教师不再是主导者和指挥者，学生在自发、自觉学习微课的过程中发现问题、掌握知识，并在与同伴、老师的探讨和合作学习之中提升自我解决问题的能力。课堂的中心地位或因基于课前微视频的预习和基于课后微视频的巩固得以完善。学生学习不再受教室、书本的束缚，多样的移动终端设备（如手机、电脑等）使得学习随时随地都能发生。不同学者对微课的概念有着不同的界定，下面具体分析。

胡铁生等对微课的定义如下。开始，微课概念（1.0版本）定义为以视频为主要载体，记录的教师在课堂教育教学过程中围绕某个知识点或者教学环节而开展的精彩的教与学活动的全过程。后来，微课概念（2.0版本）定义为：根据新课程标准和课堂教学实际，以教学视频为主要载体，教师在课堂教学中针对某个知识点或教学环节而开展的精彩的教与学活动中所需各种教学资源的有机结合体。再后来，微课概念（3.0版本）定义为：微课又名"微课程"，是"微型视频网络课程"的简称，它是以微型教学视频为主要载体，针对某个学科知识点（如重点、难点、疑点、考点等）或教学环节（如学习活动、主题、实验、任务等）而设计开发的一种情境化、支持多种学习方式的新型网络课程资源。这里强调微课程是视频型的在线网络课程，并支持多种学习方式（如移动学习、自主学习、合作学习等）。[1]

焦建利教授认为：微课是以阐释某一知识点为目标，以内容简练的在线视频为表现形式，以学习或教学应用为目的的在线教学视频。[2]这里说明了微课的表现形式和应用目的。

黎加厚教授给出了微课的定义：微课（或者称为微课程）是指时间在10分钟以内，有明确的教学目标，内容短小精悍，集中说明一个问题的小课程。[3]微课除了包括教师讲授教学内容的微视频，还要包括学习单和学生学习活动的安排。微课主要使用微视频作为记录教师教授知识与技能过程的媒体，教师还可以根据不同学科和不同教学情境的需求，采用其他格式（如音频、PPT、文本等格式）的媒体，不一定要局限于微视频格式。

---

① 胡铁生，黄明燕，李民．我国微课发展的三个阶段及其启示[J]．远程教育杂志，2013，31（04）：36-42．

② 焦建利．微课及其应用与影响[J]．中小学信息技术教育，2013（04）：13-14．

③ 黎加厚．微课的含义与发展[J]．中小学信息技术教育，2013（04）：10-12．

本书根据上述的论述基础，对微课进行了详细的界定：微课是指在自主学习理论的指导下，依托 PPT 制作软件（包括文字、音乐、图片），围绕某一个具体的知识点、主题、概念，以故事与知识的穿插为教学内容，以教学目标、教学环节、教学活动为基本教学任务，在 5 ～ 10 分钟的时长内呈现丰富知识内容的全过程。因此，微课不仅有利于教师教学任务的完成，而且有利于增强学生的自主化学习和个性化发展，从而有效地提高学生的学习成绩。

（二）微课的基本特点

1. 微而精

微课最经典的特点是内容"短小精悍"，即内容"微而精"。"微"即"小"，主要指时间"微"，微课一般不超过 10 分钟，学习者可以利用零碎的时间学习；内容"微"，微课内容少，只对某个具体的知识点进行讲解，但讲解深刻，便于学生熟记；储存"微"，微课视频格式一般为 flv、mp4、wmv、rmvb 等，内存小，便于储存。微课"精"主要体现在三个方面。第一，教学内容精准，微课的教学内容虽小，但视角独特，内容精练、准确，主题突出。第二，教学设计精密，微课要求教师对每一个教学设计都进行精细的策划，从而有效地实现教学任务。第三，教学活动精彩，在微课模式下的教学活动，丰富多彩，学生互动性高，活动的趣味性能够吸引学生的注意力，有利于提高学生的课堂兴趣。

2. 多而实

微课资源丰富、资源开发与制作方式多样化。微课资源来源比较广，微课包括微教学、微教案、微课件、微练习、微评价以及微反馈等资源，这些资源共同构成了微课资源包。同时微课具有情景化特征，贴近现实生活，贴近学生生活，将学生的学习与生活相结合，有效促进学生的学习与发展。

3. 广而便

"广"指的是传播范围广、利用领域广以及知识面广，即"三广"。首先传播范围广，微课以视频为传播媒介，便于学生进行线上线下学习。其次利用领域广，微课既适合教师职业发展培训，又适合学生的学习，同时也适用于成年人在家自学知识。微课涉及各个领域，任何方面的内容都可以设计成微课的形式。最后知识面广，微课既涉及中小学学科教学，也涉及较高水平的学习。"便"则是指微课具有便捷性，微课使得学生无论在何时何地都可以学习，增强了学生对碎片化知识的学习能力。

总之，微课以其独特新颖的特点活跃于课上课下，创造了人人皆学、处处可学、时时能学的学习条件，有效促进了学生自主学习的能力，发展了学生的综合素质。

二、微课在国际中文实践课程教学中应用的原则和要求

（一）微课在国际中文实践课程教学中应用的原则

1. 微而全原则

虽然微课教学以微视频为核心，但却不能把微课的教学视频当作微课教学的全部。一个完整的微课教学素材除了制作精良的微课教学视频外，还应包括与该微课视频所授内容相关的微教案、微课件、微练习、微反馈等配套资源，使微课"微而全"。

在经典教学论的学术专著中，对"课"的定义是课是有时间限制的、有组织的教学过程的单位，其作用在于达到一个完整的、然而从某些角度看又具有局部性的教学目的。所以，作为网络信息时代下新型的"课"，"微课"要在符合"课"的基本特征的基础上体现"微"的特色。"微课"要"微"，就要做到重点突出、语言简洁、用语精准。此外，由于时间的限制，在切入课题时要言简意赅，不要面面俱到。

但同时需要注意的是，微课教学不等同于微视频教学。在国内各种微课教学大赛中，参赛者主要以微课教学视频为参赛依据，大赛奖项的评定也以评定微视频的质量为主。但是我们不得不承认，单独的微课教学视频并不能完全满足动态的教学活动的要求。

微课教学视频教学相较于传统课堂教学而言，其优势主要存在于两个方面：首先课本教材实现了由静态文本向动态资源的转变，其次它避免了传统教学视频过于冗长的问题。我们所提倡的微课教学，不仅要包含讲授知识点的视频，还要包括与该微课视频所授内容相关的微教案、微课件、微练习、微反馈等配套资源。学生在观看视频进行自我学习后，能够及时利用相关配套资源检测自己的学习效果。教师要注意在进行微课设计时处理好"微"与"全"的关系。

总之，微课从设计到最终完成，也应像传统课程设计一样，教师先撰写微教案，明确教学的目标、步骤、重难点，然后录制微课教学视频，进行教学实践，最后进行教学的反馈与评价。所以微课不仅仅是微课教学视频的录制，而是一套完整的教学系统。

因此，微课应用于汉语国际教育专业实践课教学时，微课教学视频的制作要考虑到教学内容的前后联系，要融合到整个知识体系之中；还要有相应的知识反馈体系，以便教师和学生及时评价教学效果。

2. 适用性原则

微课的选题设计是微课设计的第一步，"良好的开端是成功的一半"，选择一个合适的题材是制作出成功的微课的基础。

首先要明确，并不是所有的教学知识点都适用于制作微课。教师在选择微课教学内

容的时候，要在参考教学大纲明确的重、难点的基础上，结合学生实际的学习需求，最终确定微课的教学内容。由微课的概念可以得知，微课是围绕某一特定知识点展开的视频教学，相对于传统国际中文教学来说，微课教学内容单一、精简。

认知负荷理论认为人脑的有效认知负荷保持在 10 分钟左右，主张通过使学习目标具体化来培养学习者的学习自信心，所以微课视频要保持在 10 ～ 15 分钟。受视频时长的限制，我们认为，理解复杂概念方面的课程并不适合制作成微课。

在国际中文教学中，对于一些复杂的语法教学知识点的讲解需要结合之前所学的知识，采用立体化的思维去解释。比如要讲解汉语中动词的构成及用法，就需要结合动词变位、形容词词尾以及被动态等知识点，教师需要根据学生的接受程度来调整自己的教授方式和进度，不可泛泛而谈。

针对汉语国际教育专业实践课进行微课内容设计时，也要在全面理解外语教学内容以及教学重、难点的前提下，合理选择微课内容；可以选择重点解决使用传统教学方法费时费力或无法解决的教学内容。

微课改变了传统课堂讲授式的教学方式，学生可在课前、课后任意时间段自由观看关于知识点的教学视频，直至消化掌握。可以说微课是解决教学中重点、难点的积极尝试。所以，微课教学在选题上要遵循适用性原则。合理选择微课教学内容，才能发挥微课应用于教学的最大优势。

3. 趣味性原则

微课的教学对象始终是学生，有效吸引学生的注意力是其重要原则。传统课堂讲授式教学单次教学时间长，教学形式单一，始终面对的棘手问题是如何保持学生的注意力。微课作为一种新兴的教学形式，应该发挥其教学方式的优势，提高学生的学习兴趣。

微课教学组织形式下，微视频是学生接收新知识的所有信号来源。为了避免传统课堂教学模式下教学内容枯燥的弊端，因此对微视频的制作画面有很高的要求。一个成功的微课教学视频，应该制作画面精良，动画演示效果丰富，能在短短的 10 ～ 15 分钟内牢牢抓住学生的视线，使学生保持极大的学习兴趣。要做到这一点，就需要教师不断提高自身的信息技术运用能力。

要借助微课这种新型的教学方式，革新传统教学模式，为国际中文教学注入新的活力。对外汉语语法教学因其教学内容的枯燥一直是语言教学中的难点。使用微课进行语法教学，把教学中晦涩难懂的部分录制成微课教学视频，供学生课余时间反复观看，使教学形式有趣、多样，可以有效提高教学效率。

4. 互补性原则

微课教学要贴合我国外语教学的国情特点，目前不能脱离传统课堂教学独立存在。

部分学生认为微课教学视频时间段、内容量大，课堂教学环节无法根据自身实际学习需要对重点部分进行回放、慢放等操作，影响学习效果。这启示我们微课这种新型的教学组织形式不要孤立存在，最好能与传统课堂教学模式相辅相成、互为补充。

所以教师可以将微课教学视频课前提前发给学生，由学生课前进行自主学习。学生保留学习心得和学习疑惑，课堂教学时间变为教师给学生答疑解惑、供学生反复演练的空间。这样，微课教学组织形式和传统课堂教学模式相结合，也许可以收获令人满意的教学实践效果。

微课和传统课堂教学的结合，即网络和现实教授的有机结合是目前能够满足国际中文教学要求的较为合理的模式。

5. 操练性原则

学习外语是一个漫长的过程，学生必须在反复使用中不断纠正错误和练习，才能学会正确运用的方法。对外汉语实践课教学同样离不开大量的语言操练。在对外汉语实践课教学过程中，要时刻重视培养学生使用所学语言进行言语交际的本领。因为使用外语熟练交际的能力的形成离不开大量的实践操练。语言操练也是外语实践课的根本目的。所以，微课应用于高校汉语国际教育专业实践课教学也要遵循操练性原则。

（二）微课在汉语国际教育专业实践课教学中应用的要求

1. 针对院校的要求

微课作为新兴的教学资源，在高等学校外语教学领域有着较为广阔的应用前景。微课的发展将逐渐从个体零散走向集成化、规模化、具体化，这是其发展的必然趋势。所以，将微课应用于高校国际中文教学实践，首先就要求院校保证多媒体教室和多媒体设备的配置，使微课教学有地可施。

其次，微课教学资源以视频的形式存在，视频的下载、播放离不开网络的支持。这要求院校能够优化校园网络覆盖，使图书馆、教学楼、自习室等地方都能有无线网络，让学生可以随时随地利用移动设备进行学习。

最后，微课作为一种新的教学模式，受到越来越多教育工作者的关注，优质的微课教学资源不断出现。面对这种形势，院校方面应积极构建微课共享平台，整合优秀微课教学资源，实现资源共建共享，以开放的姿态动员和鼓励不同院校的教师积极进行微课的开发和应用，交流教学经验。微课应用于高校汉语国际教育专业实践课教学中亦是如此，院校应鼓励、支持本院校教师积极投入对微课应用于教学的探讨之中，同时为本院校教师与其他院校教师互通有无搭建平台，建立汉语国际教育专业实践课教学知识点资源库，使教师共享实践成果，引导微课应用于高校汉语国际教育专业实践课教学这种教学模式长远发展。

2.针对教师的要求

微课教学视频是微课教学组织形式的核心，教师是其制作者，所以把微课应用于高校汉语国际教育专业实践课教学中，对教师有着多方面的要求。

首先，教师要明确认识到，现阶段我国高校国际中文教学的国情决定了微课教学模式要与传统教学模式相结合，共同服务于高校汉语国际教育专业实践课教学，这是比较理想的应用模式。所以，教师要在教学实践中积极探索微课教学模式与传统教学模式相结合的有效方法，发挥出各自的优势。

微课教学模式可以用于课前预习，教师在课前将微视频发送给学生，供学生课前观看自学，形成自学反思，学生保留自学疑惑，通过之后的课堂教学环节解惑；微课也可直接应用于课堂教学，教师在课堂中播放，借助视频活跃课堂气氛，使学生加深对所学知识点的理解；微课还可应用于学生课后复习辅导，使学生在课后复习遇到阻碍时有路可走、有法可选。总之，微课只是整个教学活动中的一个小环节，要想使教学效果最佳，微课需要与其他教学环节相辅相成。

其次，教师要注重提高自身的现代信息技术应用水平。微课教学的趣味性原则要求微课教学视频要制作精良，画面生动有趣，配音字幕使用得当，这些都需要教师具备良好的现代信息技术应用水平。制作微课教学视频时，先制作出动画效果丰富多样的教学PPT，再通过录屏软件使静态 PPT 成为连贯的动态视频，并配以知识点解说，这种制作方式相比于动画制作而言更简易上手，可以在较短的时间内制作出相对精美的画面，较适合教师使用。

所以，教师要提高自身的现代信息技术应用水平，熟练掌握 PPT 动画设计，会制作丰富多样的动画效果，会添加字幕、图片、引导线，同时熟练使用一种录屏软件进行声音的添加。同时，考虑到实践课的教学性质，所展示的例句最好由教师一一朗读，这样学生在观看时能够得到良好的语言刺激，可以开口跟着教师朗读，纠正发音，形成语言习惯。

微课教学视频是对外汉语微课教学的核心，能成功吸引学生注意力的微课视频是微课教学成功的关键。教师要不断提高自身现代信息技术运用水平，保质高效地制作微课教学视频，为微课教学的实施做好铺垫。

3.针对学生的要求

学生是微课教学真正服务的对象，学生的积极参与是微课教学模式成功的关键。学生更加倾向于把微课教学视频应用于课前预习和课后复习阶段，这就要求学生积极养成良好的自主学习习惯。

当微课教学应用于课前预习环节时，学生要做到有目的地观看学习，明确观看教学视频后学到了什么，掌握了多少，有哪些疑惑需要重新观看微课视频自己解决，有哪些问题需要同学、老师的协助指导才能解决；在学习中积极进行自我思考，并且能够在观看微课视频自学之后，主动通过配套练习来及时检验自己的学习成果，真正做到有目的的学习。

当微课应用于课后复习环节时，学生要能自觉运用微课教学视频查缺补漏，在是教学重难点的地方多次观看，以达到强化巩固知识点的效果。当微课应用于课堂教学环节时，学生也要能够积极参与到课堂教学环境中，认真观看微课视频，在有限的课堂教学时间里尽可能又快又多地理解教学视频内容，提高学习效率。

高校汉语国际教育专业实践课是一门操练性很强的课程，它需要把所学理论不断运用到实践中，以达到学以致用的目的。高校学生利用微课教学视频进行课前预习、课后复习，要督促自己多说多练，要跟着教学视频中教师的解读反复练习相关句型，将理论真正运用到实践中去。

总之，学生养成良好的自主学习习惯，能够积极使用微课教学视频帮助自我学习，这是微课教学模式取得成功的关键。

三、微课在国际中文教学中的具体实施

（一）微课在国际中文听力教学中的具体应用

1. 微课应用于听力教学的依据

微课环境下，国际中文听力教学的理论基础是建构主义。建构主义学习理论认为学习是在原有经验的基础上，构建新的心理表征的过程；建构主义学习理论强调学习者的学习主体地位，学习者通过与环境信息的互动，主动地构建知识。根据图式理论，人们对于世界的认识是通过在头脑里建立图式来实现的。头脑里建立的相关图式越多，在接触新信息的时候就越容易得到认知。通过建立不同主题的微课资源库，教师可以帮助学生建立不同类型的图式，这样，学生在听到相关话题的时候，就能够调用头脑里的相应图式，理解新信息。当学生积累了一定量的相关图式，他们就可以更多地通过自上而下的认知方式来理解听到的内容，从而提高听力效率。

微课的形式有利于促进学生对于所听内容的理解。由于微课的内容短，不容易产生听力疲劳，因此对于同一内容可以设计不同的练习方式，增加学生对内容的理解。可理解性输入是语言习得的关键，所以"促进学生理解是教师的主要职责，是教学中的一个关键环节。教学设计必须从关注教学形式、注重训练性教学向以理解为目标的教学设计转变"。

利用微课能创建听力学习的真实语境。语言交际能力的培养离不开语境，我们日常

的交际活动都是在真实的语境环境下进行的，脱离了语境的语言是难以理解的。语言知识的不足，有时可以通过语境传递的非语言信息得到弥补。一个微课可以针对一个交际场景，以短视频引入，再针对短视频设计不同的练习。

传统授课内容的统一性，难以激发学生的兴趣，难以引起学生的有意注意。微课短小的特点，使其内容上更容易得到丰富和更新。学生的选择余地更大，更容易找到自己感兴趣的内容。内在兴趣的驱动力是强大的，找到了自己感兴趣的内容，学生更容易专注地听，主动地去筛选、吸收自己感兴趣的内容。微课环境下的国际中文听力教学是以基于网络的自主学习为主，以课堂教师辅导为辅的一种教学模式。这种教学模式，便于将教学材料按不同的体裁和内容进行分类，按难度进行分级，有利于实现学生自主掌握学习进度，自己利用学习时间，具有很大的灵活性，有利于形成个性化的学习方式。对于这种教学模式的实证研究也表明了其相比于传统教学模式的优越性。

2. 基于微课的国际中文听力教学模式设计

（1）课前设计

教师根据学生的听力水平和个体差异制作适合学生学习和掌握的微课视频，来帮助学生明确听力教学目标、听力教学内容，总结归纳重难点。视频时长控制在 5 ～ 20 分钟。据心理学权威机构调查研究结果，人的注意力集中时间一般为 20 分钟，即在 20 分钟内人的注意力会比较集中，超过 20 分钟，人的注意力就会逐渐分散。因此，听力视频超出 20 分钟，学生便无法继续集中精力进行学习。微课内容的呈现方式也要多元丰富，激发学生的听力兴趣，可以包括 PPT 文稿演示、图片、歌曲等多种媒体形式。在听力内容的选择上，可以依据每个单元的重点内容从学生感兴趣的话题入手，介绍背景知识，讲解听力材料中的重难点单词及其用法等，为学生讲解听力技巧。除微课之外，教师还要为学生制作学习任务单，任务单上的内容则为教师讲解的重点知识总结及一定量的练习，用于巩固学生对所学内容的理解与掌握。若在课前学习的过程中，学生有不懂的问题，可以将其提交到在线平台上，也可通过在线平台和老师、同学们交流。在这个过程中，教师也可以了解到学生通过本次课前学习掌握了哪些内容，有哪部分内容不理解，从而设置课中的学习活动，也能据此慢慢完善自己的微课内容。

（2）课中设计

首先，教师可以根据微课视频的内容来进行一个小测验，以此来检测学生是否认真观看了微视频，对视频中的基础内容是否掌握，是否完成了知识的传递。其次，教师总结课前学生观看微课视频所提交上来的问题及学生在线讨论后没有解决的问题，并将它们分类，然后由学生分组进行讨论。这种模式重新定义了教师和学生的角色，符合基础教育改革的方向；教师成为引导者、促进者，学生成为听力课堂的主体；改变了以往"填鸭式"的教学模式，使课堂更有活力和生机。在学生进行讨论时，教师要积极参与各个小组的交流讨论，了解小组的讨论情况并在适当情况下给予引导和帮助。教师也要要求每个小组记录下解决问题的思路和想法，引导学生学会发现问题、分析问题、解决问题；鼓励学生通过小组合作学习的方式进行头脑风暴，以找到解决问题的办法。教师可以根据各小组的讨论和发言情况，以小组为单位给学生加分，这样对学生是一种鼓励，可以激发学生学习的主动性和积极性，培养学生的合作意识和集体荣誉感。而对于小组讨论没有结果的问题，教师可以进行集中讲解。在课中，学生完成知识的内化。

（3）课后设计

在课后，教师可以设计课后任务单来检查学生在课前和课中的学习情况，可以充分利用网络平台与学生进行交流与探讨，对于学生提出的问题及不理解的地方再进行讲解，也可让生生之间进行讨论和交流。在这个过程中，教师既完成了教学任务，也能清楚地掌握学生的学习情况，有效实现师生互动、生生互动。课堂不再乏味，学生的学习兴趣以及自主学习和合作学习的能力提高。同时，教师也可以向学生了解使用微课视频进行学习的感受与看法，以此来对微课视频的制作进行修改和补充。

（二）微课在国际中文口语教学中的应用

在口语课堂教学中应用微课，主要包括课前、课中以及课后等不同阶段的应用内容，具体如下：

1. 课前引入微课教学

充足的课前准备工作，是提升国际中文口语课堂教学的关键。将微课教学模式应用于国际中文口语课堂教学中，能够为国际中文口语课堂教学奠定较好的基础。教师事先准备的微课视频，可协助学生完成教师所布置的预习任务，从而为口语课堂教学交流做好铺垫与准备工作，提升教学质量。

在口语课堂教学开展前，教师应该结合教学主题制作微课视频，明确教学目标，提炼教学重难点内容；同时，还应该把控好微课视频时长，突出微课短小精悍的优势；还应该选择合适的微课视频背景，口齿清晰，并选择合适的微课视频制作工具。

当完成微课视频的制作后，教师可将其分享至教学共享平台中，同时安排预习思考题，以便学生能够带着问题预习学习内容，明确学习目标与内容。学生可结合内容难易程度以及自身口语实际水平决定微课视频的观看次数，针对相对较难的教学内容可反复观看，实在难以理解的教学内容可事先进行记录，待课堂上认真听讲。

2. 课中应用微课教学

在国际中文口语课堂教学中应用微课教学方式，能够实现教学时间优化的目的，以切实激发学生的学习积极性。传统的国际中文口语教学存在教学方法单一等突出问题，而应用微课教学模式后能够有效地推动师生、学生间的互动交流，真正突出学生的主体地位，让学生化被动为主动，积极地融入课堂教学活动中。另外，应用微课教学模式能够提升教学效率，教师只需要将时间集中在对教学重难点内容的解答上，这样便有充足的时间检验学生自主学习的效果。此外，在课堂中应用微课教学方式有助于学生获取口语练习的宝贵机会，帮助学生模仿求职面试中所要求的口语交流活动，切实达到锻炼学生口语表达能力的目的。

3. 课后练习应用微课教学

积极有效的课后练习，是提升课堂教学质量的重要保障。然而，当前口语教学中，学生在课后巩固复习时，因缺乏有效的辅导资源，所以复习效率大大下降。而在课后巩固复习环节应用微课教学模式，能够有效地完善学生的口语知识体系，引导学生将"死"的知识点转化为"活"的知识点，从而能将在口语课堂教学中所掌握的知识点应用于日常生活问题的解决中。

此外，在课后练习巩固环节中深入应用微课教学模式能够拓宽学生的知识面，完善学生的知识链。在传统的课堂教学中，因受课堂教学时间的限制，教师难以在短时间内深化教学内容。微课视频的重复播放功能，能让学生拥有更充足的时间理解口语课堂教学中的重难点内容，满足不同口语水平学生的实际学习需要。

第三节　国际中文教育线上教学模式的探索与构建

一、线上教学模式的基本概念

线上教学是使用电子设备及互联网实施教学的过程，是在信息技术时代借助计算机技术、通信技术发展起来的一种教学模式，在教育教学过程中有十分广泛的应用。线上教学的载体主要是互联网、广播电视。线上教学模式突破了传统的时空界限。与传统的课堂教育不同，接受线上教育的学生，可以有更多的自由学习时间，他们不需要集中到某个地点上课，通过自己的课余时间借助网络就可以实现学习。

二、线上教学的优势

国际中文教育事业的特点决定了国际中文教育学科的发展方向。如何提高教师间分工合作的水平，减少人力资源的浪费，是国际中文教育学科亟须解决的问题，线上中文教学为解决这一问题提供了良好的、必要的条件。

(一) 线上中文教学有利于提高教师教学能力

从教师分工合作的角度来看，目前我国高校国际中文教学，教师与班级固定、教师与课程固定，同一个班级的不同课程之间、不同班级的同一门课程之间都缺乏交流。教师只负责自己所承担课程的教学，教师间分工合作较少。教师往往独立备课，独立完成课堂教学。即使合作传统较好的教学单位，教师间的分工合作也通常限于教学材料、教学课件的分享。但是课堂教学的提示性材料，不代表课堂教学的全部，教师教学，比如教学语言、课堂指令、讲解、操练、互动等，才是课堂教学的最主要内容，才是影响教学效果优劣的关键，因此这种分享不能称为教学的分工合作。造成教师间无实质性分工合作的原因多种多样，但其根源在于生态、平台、机制问题，不解决这些根源问题，单纯的宣传、教育或者培训很难真正有效。

线上中文教学通过电子平台进行，实现教学内容全部电子化留存。这是解决教师分工合作问题的基本条件。教学内容被完整地保存下来，教学得以共享，个人的重复性劳动减少，这大大降低了教师人力资源的浪费。

随着线上中文教学的进一步发展，教学的标准会进一步提高，教学平台的功能也会更加完善，适合新教学样态的教学模式和教学生态会逐步形成。中文教学将由目前较分散的、以教师个人为主体的情况逐渐转变为更有组织性的流水线式团体合作模式。教学一线人员的教学能力、合作能力、团队工作能力等也将在这一过程中不断提升，最终使得行业实现升级。

(二) 教学数据的记录和保存有利于学科研究创新

线上教学过程中，教师的教和学生的学基本都实现了全流程记录，这使研究者能够对教师教学行为及学生学习情况实现从宏观到微观的全景式观察，对教师教学与学生学习效果间的关系实现全方位刻画，学科研究的材料（数据）门槛大大降低，这将极大推动学科研究的快速发展。以语言点为例，教师的讲解（解释）、课堂操练、练习、课堂活动、对学生回答的批阅和反馈以及每一名学生的学习情况、问题回答情况、操练反应情况等，都可以被分别跟踪、记录，并形成一个"语言点数 × 教师数 × 教学环节数 × 学生数"量级的数据库。如果进一步延伸，从微观的语言点到宏观的语言水平等级、国别、教学模式，教学平台所记录的数据将极为庞大，从中可以发现隐藏的规律。

借助数据，"教"与"学"之间的所有环节都被连接起来，研究者很容易观察到行为与效果之间的联系，可以讨论很多之前未达成一致的问题，也可以讨论一些之前因条件不成熟而无力研究的问题。举例来说，讨论"语言教学中如何处理文化内容最有效"

这一问题，只需要分析平台上记录的学生数据。比如分析学生观看文化性视频时回看、加速、拖动的情况，分析学生在参与文化内容教学时对教师不同处理方式的反应等，就可以对语言教学中各种文化内容处理方式的效果进行分析，进而得出有说服力、有针对性的、可行的教学方案。再比如，语言点难度等级序列与语言表达的准确性、完整性之间存在矛盾，破解这一矛盾的实践方式多种多样。教学平台记录不同实践方式的详细数据，教师分析这些数据可以知道不同方式的效果，从而对教学有更深入的理解。当前语言教学中的很多问题，比如语言点复现情况对语言习得有什么影响、学生对不同教学方法的接受情况、不同的操练方式对学生学习效果的影响等，在获得了教师教学情况及学生学习情况实时数据的基础上，都可以摆脱经验性研究的弊端，得到更令人信服的结论。

综上所述，在线教学平台可以实现教师的教学分工合作，提升教师的教学效率。在线平台的数据使人们有条件开展此前无法开展的研究、加深对已有研究的认识、厘清有争议的结论。更重要的是，新材料中包含了大量的新问题、新观点、新规律，有利于创造新的学科知识增长点。在线教学为国际中文教育学科在新阶段、新变局下取得更大发展创造了充分条件。

三、基于线上直播的国际中文教育教学模式

（一）设计丰富的教学资源

视频教学是线上教学的主要形式。在教学过程中，有的时候教师与学生同时在网络上出现，实现实时教学；有时则是教师将一些教学素材录制成视频，传到网络上，学生自行下载学习。随着直播教学理念的广泛应用，直播教学模式在国际中文教学过程中的普及程度也越来越高。教师在教育过程中必须要给学生提供丰富的学习素材，在上课的时候，要以学生为中心，重视学习情境、资源、活动的设计。在课程设计上，内容一般与现实有关，这样设计的目的不只是让学生从中学习知识，更多的是鼓励学生进行更高层次的思考；内容所涉及的知识面宜广，这样学生在观看视频的时候就会存在多领域的交互、渗透学习。由于汉语的知识点较多，教师要循序渐进地对学生进行引导。上课时长应该控制在学生注意力较集中的时间范围内，集中解决问题，不需要太长的教学引语。例如有的学生对汉语的发音规律不是很清楚，教师就可以专门制作一个汉语发音的教学视频，对汉语发音的口型进行讲解，让学生在课前进行自主学习。

在教学过程中利用多种形式的有效教学资源，并使其便于移动、操作，使学生在学习过程中可以选择任何时间、任何地点进行学习，通过浏览互联网上的各种网络课件，随时随地巩固知识。

（二）利用 5G 网络下的 App 软件进行教学

随着计算机信息技术的不断更新，各种新技术在教育教学以及人们工作学习的过程中的应用越来越广泛。5G 是第五代移动电话行动通信标准，在通信领域中的应用已经基本成熟，5G 网络下能够快速传输数据、高质量音频、视频和图像等。5G 网络几乎可以满足所有用户对无线网络的需求。5G 网络不仅可以应用在通信过程中，还可以与教育结合起来。5G 网络下，智能手机的普及程度越来越高，手机上的软件多种多样，手机教学相对于电脑教学，便捷程度又提升了一个层次。可以利用手机媒介开发一系列帮助国际中文学习的软件，比如拼音、音调的学习软件，听力和阅读的学习软件，笔画和汉字的学习软件等，这些学习软件都是针对国际中文教学过程中的重难点设计的，具有很强的针对性，也能切实帮助学生解决汉语学习过程中的难点问题，且手机这个十分便捷的智能终端，可以提高学生的学习意愿。随着国际中文教学的不断深入，可以针对不同层次学生开发支持视频和语音的辅导性软件，满足不同层次学生的学习要求。

（三）因材施教，形成自主学习的资源库

研究表明，随着现代人生活节奏的加快，人们的工作压力逐渐增大，很多知识的学习都是通过非正式学习通道完成的，比如通过看报纸、看视频、聊天、网络搜索等。国际中文教学也不例外，随着学生学习水平的不断提升，汉语能力的不断提高，他们在学习过程中也可以通过其他的各种资源来充实自己，满足自己对国际中文学习的需求。在远程教学过程中，现有的课程被分成很多切块，并且被归纳汇总成一个巨大的数据库，学生可以根据自己的需求搜索相应的知识库，选择适合自己的学习素材，从而真正实现"因材施教"。例如，在国际中文教学过程中，可以将不同的学习内容分成不同的板块，如语音学习可以设置一个单独的板块；词义学习可以设置单独的板块；字形以及书写可以作为单独的板块，每一个板块都设置相应的学习时间，在学生学习过程中给学生提供丰富的材料，如语音教学可以给学生提供汉语歌曲、汉语广播新闻等，让学生在听各种素材内容的时候对汉语产生熟悉的感觉，培养学生的语感。

综上所述，线上教学是当前比较流行的一种教学模式，尤其是在现代化社会中，计算机技术的应用越来越广泛，教学形式因此也变得更加多样化。线上教学技术在国际中文教学中的应用可以极大地提高学生的学习水平，使得教学过程更加灵活多变、自由和谐。在未来教学过程中，教师还要对教学资源进行丰富，不断拓展国际中文教学的方式和内容。

新时代国际产能合作视野下的国际中文教育创新

第一节　国际产能合作的思路、重点及对策

一、国际产能合作的时代背景和重要意义

（一）时代背景

从国际方面看，和平与发展仍是时代主题。世界多极化、经济全球化、文化多样化、社会信息化深入发展。国际金融危机引发全球经济增长方式、供需关系深刻调整。国际金融危机的冲击和深层次影响在相当长的时间内依然存在，全球贸易持续疲软，贸易保护主义时有抬头，国际直接投资对实体经济的带动作用明显减弱，全球经济进入一个中长期低速增长期。

1. 国际直接投资整体放缓，发达国家大型跨国公司对外产业转移动力趋向减弱

在大多数发达经济体尤其是新兴经济体增长普遍放缓的大背景下，结构性的全球市场和投资需求收缩将是一个中长期现象。受此影响，加之地缘政治冲突和局部地区持续动荡，跨国公司投资信心大幅下降，全球跨境直接投资增幅明显回落。

长期以来，发达国家大型跨国公司是跨国直接投资的主力军。国际金融危机爆发后，发达经济体复苏缓慢，政府债务风险不断加剧，跨国公司的资产负债表进入漫长修复期，社会资金相对匮乏，加之美国等经济体积极推行"再工业化"战略以引导国际资本回流，导致大型跨国公司在全球范围内部署产业链的趋势明显转弱。然而与此同时，新兴经济体和广大发展中国家普遍对资金、技术、管理和先进制造等存在长期而巨大的需求，各国政府吸引、利用外资的意愿比较强烈，这将有利于我国以充裕资本、成熟技术和优势产能输出为载体，积极面向这些国家开展国际产能合作。

2. 经济初步形成"三个梯队"的格局，我国与其他国家的经济关系从"一竞争一互补"转向"两竞争两互补"

21 世纪以来，世界经济格局最大的变化就是以金砖国家为代表的新兴经济体群体性崛起，在传统的"发达国家"和"发展中国家"二元结构中开辟出第三极力量，使世界经济初步形成美欧日等发达经济体、中俄印巴南非等新兴经济体及亚非拉欠发达国家"三个梯队"并存格局。其中，我国的发展成就尤为引人注目，我国与其他国家的经济关系也从原先的"一竞争一互补"转向"两竞争两互补"。

现阶段，我国与发达经济体、新兴市场和发展中国家形成"两竞争两互补"关系，使我国拥有向发达经济体开放和向新兴市场和发展中国家开放并重、不断拓展对外发展战略空间的新机遇。我国资本相对充裕，与世界多数国家招商引资的需求形成明显互补，这为我国企业走出去，开展对外投资、利用国外市场和资源、提升国际化经营能力带来新机遇。积极推进"一带一路"建设和国际产能合作，使我国有望实现从"雁行"分工模式追随者到国际分工"领跑者"的角色转变。

3. 市场国家加速推进其工业化和城镇化进程，承接国际产业转移的需求动力强劲且呈不断上升态势

近年来，印度、印度尼西亚等新兴市场国家开始借鉴日本、韩国以及中国经济发展的经验，充分发挥其劳动力资源丰富、制造业基础良好的比较优势，加强基础设施建设，积极推进工业化和城镇化进程，从而有效推动本国经济较快增长。2011—2015 年，印度、印度尼西亚、越南、尼日利亚等新兴经济体实际 GDP 年均增速分别达到 6.7%、5.5%、5.9% 和 4.7%，均显著高于同期全球平均水平。据国际货币基金组织预计，未来全球新兴市场国家的工业化和城镇化进程仍将继续快速推进，按购买力平价计算，到 2025 年新兴市场国家经济总量占全球 GDP 的比重将超过 64%。

就新兴经济体而言，受经济发展水平不高、国内金融体系不发达、居民储蓄率偏低等因素影响，其工业化和城镇化正面临显著的投资缺口。近年来，一些新兴经济体不断扩大对外开放，鼓励、支持引进外资，如印度的"莫迪新政"和印度尼西亚的"全球海上支点"战略等，都是通过承接钢铁、石化、纺织等传统产业转移以弥补国内建设资金的短缺。在相关优惠政策的支持下，大多数新兴经济体已经成为国际产业转移的重要目的地。

4. 新一轮科技革命和新兴产业加速发展、蓄势待发，有利于新兴经济体深度融入全球产业链、价值链和创新链

国际金融危机爆发后，主要发达国家和新兴经济体纷纷推出促进新能源、信息技术、新材料、3D 打印、大数据、智能制造、高端制造、云计算、"互联网＋"、生物技术、海洋技术、空间技术等高新技术和新兴产业发展的战略规划与政策，如美国提出"重振制造业战略"、欧盟提出"2020 战略"、德国实施工业 4.0 战略、日本提出"再生战略"等，抢占科技变革和新兴产业发展的制高点。

随着各国研发的力度不断加大，全球新兴技术的发展不断取得新突破，并呈现加速融合发展的新态势。移动互联网产业、可再生能源产业等新兴产业和电子商务、移动理财等新兴业态快速发展，由微型研发企业、个人及中小型智能化制造车间所构成的去中心化、网格化的新型生产组织方式正在成为当代主流。在这种新型生产组织方式下，由个人和中小型企业构成的网络化、分散化、彼此较为平等的新型国际分工方式迅速发展，成为传统的水平型分工、垂直专门化分工等合作方式的重要补充。这将显著降低新兴市场国家参与全球产业价值链合作的"门槛"，其承接产业转移的方式也将更为多样化。各类资源要素在全球范围内逐渐实现深度融合、高效配置。

从国内方面看，现阶段，我国经济发展进入新常态，"三期"叠加效应日益凸显，经济全球化传统动力趋向弱化，我国继续依靠既有模式分享全球化收益的方式受到了明显的限制，经济结构和发展动力正处于加快转换的关键阶段。

5. 传统要素禀赋优势发生显著变化，我国对外输出产能、装备、技术和资本的动力进一步增强

在改革开放初期，我国在劳动力和土地等生产要素成本上具有明显的比较优势，而在资本和技术等生产要素方面，则相对短缺，因此，吸引外资弥补国内资本短缺，发展外向型经济以出口换外汇成为一种必然选择。然而，随着我国经济长期持续较快发展，我国要素禀赋优势已发生显著变化。相关测算显示，现阶段，我国与"一带一路"沿线国家相比，技术相对于劳动力、资源和土地的比较优势分别由 2005 年的 0.25%、0.62% 和 0.98% 上升到 2013 年的 1.04%、2.4% 和 3.57%，资本相对于劳动力、资源和土地的比较优势则由 2005 年的 0.28%、0.71% 和 1.12% 上升到 2013 年的 1.18%、2.74% 和 3.97%。这表明我国在技术和资本输出方面已具备了较好的基础条件。

理论和实践表明，在跨境流动不存在壁垒的情况下，生产要素自然将从相对充裕的国家流向相对短缺的国家。这意味着我国的技术和资本通过双多边产能合作向新兴市场国家和广大发展中国家转移将是一个不可逆转的大趋势。

6. 部分传统行业产能严重过剩，我国对外贸易出口面临较多贸易壁垒

长期以来，我国经济体系中投资和消费之间存在着严重失衡。据统计，1981—2014 年间，固定资产投资名义值年均增速高达 20.96%，较名义 GDP 年均增速高出 5 个百分点以上。长期高增长的固定资产投资，在对我国上升为世界第二大经济体做出重大贡献的同时，也导致钢铁、建材、有色等传统产业的盲目发展，形成了目前严重的结构性产能过剩。欧盟商会 2016 年发布的一份研究报告称，2014 年，我国钢铁、铝、水泥、成品油、玻璃、纸制品等六大资源型产品的产能过剩规模分别达到 3.27 亿吨、920 万吨、8.5 亿吨、2.3 亿吨、2.15 亿重量箱和 2100 万吨，分别为 2008 年的 2.47、1.88、1.89、2.83、2.83 和 2.33 倍。

当前，新兴市场国家正在着力推进工业化和城镇化进程，对资源类产品和产业及装备制造存在日益增长的巨大市场需求，这为我国开展国际产能和装备制造合作提供了广阔的空间。但也不难注意到，由于资源型行业在各国均属支柱产业，出于保护本国产业发展、拉动就业、创造税收等方面的考虑，有些国家对我实施贸易保护主义措施，我国资源型产品一直是贸易保护主义的重灾区。2015 年，我国出口商品受到美国、印度、墨西哥、秘鲁、泰国等经济体多达 71 起的反倾销调查，居全球首位，而这其中相当一部分主要针对我国的钢铁制品、石化产品、塑料制品等资源型产品。针对当前国际贸易摩擦的新动向、新特点，我们必须大力创新合作模式，在积极对外输出富余优势产能的同时，要更加注重实现我国与合作方的互利共赢、共同发展。

7. 企业国际竞争力增强，全球范围内配置资源的内在诉求持续上升

与巴西、土耳其、印度、俄罗斯等大多数新兴经济体相比，我国企业整体国际竞争力具有明显优势。2014 年《财富》杂志评选的世界 500 强企业中，我国 145 多家企业榜上有名，数量仅次于美国，居世界第二位，而巴西、土耳其等国仅有为数不多的几家企业位列其中。而且，我国这些大型企业几乎涵盖能源、IT、机械、化工、金融等绝大多数行业领域。

跨国公司理论表明，随着企业自身独特竞争优势（又称"所有权优势"）的与日俱增，企业通过对外投资开拓海外市场、降低交易成本以及在全球范围内配置资源的能力和意愿不断上升。近年来，我国企业通过绿地投资或并购方式，在境外设立资源深加工基地、研发中心、加工组装基地以及区域经营总部的意愿和动力越来越引人注目。比如，中石油、中石化等大型央企以及华为、三一重工、联想、红豆等众多民营企业均已初步形成了全球性的营销生产网络。

（二）重大意义

1. 有利于推动我国从结构性供需失衡向高水平供需平衡跃升

现阶段，我国经济周期性矛盾和结构性矛盾并存，但主要矛盾已经转化为结构性的供需失衡。因此，在坚持适度扩大总需求和调整需求结构的同时，着力增加有效供给、减少无效供给、改善供给结构、提高供给效率已成为当务之急。而目前，大多数新兴经济体和发展中国家尚处于工业化和城镇化的初期或中期阶段，对我国的钢铁、化工、建材、纺织等优势产品供给存在着巨大的市场需求。

综合运用绿地投资、并购、工程建设、对外贸易等多种方式，积极开展国际产能和装备制造合作，将能够有效推动我国富余优势产能在全球范围内的对外输出，有利于我国不断深化和其他国家和地区的经贸合作，推动要素有序流动、资源高效配置和市场深度融合，为我国实现从结构性供需失衡向高水平供需平衡的跃升创造有利的外部条件。

2. 有利于打造以我国为"领头羊"的区域国际分工体系

当前，国际分工"大三角"格局已悄然发生变化，但从全球价值链视角来看，美国、德国、法国、英国等发达国家仍处于链条的最高端，日本、韩国处于次高端，而新兴经济体和广大发展中国家参与全球分工的程度相对较低，且大多处于能源资源供应和最终产品加工组装等中低端环节。确切地说，全球价值链的主导权和控制权目前仍然掌握在少数发达经济体的大型公司手中，新兴经济体和广大发展中国家能够从全球价值链中获取的利润仍然偏低。

随着全球新一轮科技革命孕育新突破和新兴产业的加速发展，网格化、相对平等的国际分工体系正在加速演进，未来甚或存在取代传统的垂直专门化国际分工体系的可能性。在传统国际分工体系下，我国正处在由中低端的最终产品加工组装环节向中高端的研发和高附加值零部件制造环节迈进的过程中，虽然我国在全球价值链中的地位还远不及一些主要发达经济体，但却完全可以担当起新兴经济体和广大发展中国家的"领头羊"角色。未来，通过开展国际产能合作将富余优势产能对外转移，我国将逐步建立起覆盖中亚、南亚、东南亚、北非、中东欧区域的跨国生产和贸易网络，并推动国家间产能输出和产业递次升级，提升我国在全球和区域价值链中的位势，着力构建以我国为"领头羊"的新型区域国际分工体系。

3. 有利于打造互利共赢的命运共同体

面对国际经济格局的深刻调整、区域经济一体化的蓬勃发展、发达经济体试图重塑国际经贸规则的重大变化，以及实现我国"两个一百年"奋斗目标和中华民族伟大复兴的重大历史任务，党中央从统筹国内国际两个大局、打造人类命运共同体的战略高度出发，及时果断地提出"一带一路"倡议，首次提出共商、共建、共享的原则，以加强政策沟通、设施联通、贸易畅通、资金流通、民心相通为重要内容和有力抓手，积极同沿线国家发展战略对接，不断扩大利益契合点和合作交汇点，从更大范围、更高水平、更深层次全面开展全球性区域合作。

国际产能合作能够更好地发挥我国和相关国家各自的比较优势，有效促进要素有序流动、资源高效配置、市场深度融合，不仅能够助力我国产业转型升级，迈向全球中高端，积极参与抢占新一轮产业竞争制高点，规避日益严重的贸易保护主义，寻找贸易、投资增长的突破口，而且也能够让相关国家搭上我国经济发展的"便车"和"快车"，寻求发展的最大公约数，共同打造利益共同体、责任共同体乃至命运共同体。

4. 有利于加快培育全球性跨国企业

跨国公司是新技术、新产品、新理念的主要创造者，也是各国深度参与经济全球化的主要动力。目前，虽然我国在诸多领域已涌现出一批有一定竞争力的跨国企业，在新兴经济体和发展中国家中也处于领先地位，但与美欧等相比，我国在国际化经营能力和核心技术等"所有权优势"方面仍存在不足。无论是从推动国内产业转型升级、迈向全球中高端水平，还是从推动我国由经济全球化的被动接受者向主动参与塑造者转变来看，加快培育形成一批更具国际竞争力的跨国企业已刻不容缓。

企业是国际产能合作中最重要的主体，开展国际产能合作，可以扩大企业市场空间，提高生产能力利用率；可以在更大范围内配置要素资源，尤其是劳动力和科技资源，有助于降低生产成本、提高创新能力；可以与低梯度发展中国家进行合作，有利于企业专注于高附加值的生产环节、研发以及品牌建设和服务，提升在价值链中的地位；可以与高梯度发达国家进行合作，有利于企业适应和制定全球性商业规则和技术标准，合理布局全球加工生产基地、研发中心和营销网络等。

5. 有利于实现国民经济综合平衡

从宏观层面看，开展国际产能合作对于促进投资、贸易、国际收支均衡发展、实现国民经济综合平衡具有重要的意义。一是促进投资转换。通过国际产能合作，将以官方外汇储备形式的资本外流转换成企业自主对外投资行为，将以债权类为主的对外投资转换成以股权类为主的对外投资。在此过程中，企业部门可以参与到优势要素资源的配置中，不断提高其投资收益和产出效率；而金融部门也可以参与到这一储蓄投资的转化过程中，促进金融业的发展和人民币国际化。二是促进贸易转换。通过国际产能合作，扩大装备技术产品和服务的出口，提高对象国制成品生产加工能力，推动我国制造业对外转移。这既可减轻我国资源环境承载压力，同时又可助力国内产业转型升级。三是促进国际收支平衡。通过国际产能合作，以资本和金融项目逆差平衡经常项目顺差，逐步推动国际收支结构趋向均衡合理。

二、国际产能合作的基础条件

（一）主要优势

1. 我国已建立起较为完整的国民经济产业体系，企业国际竞争力增强，相关行业的技术、管理和服务走出去优势比较明显，为开展国际产能合作奠定了坚实的基础

大规模推进国际产能合作是以较强的企业国际竞争力为先决条件的。经过多年的发展，我国装备制造业形成了门类齐全、具有相当技术水准和成套水平的完整产业体系，在钢铁、有色、建材、铁路、电力、化工、轻纺、汽车、通信、工程机械、船舶等众多行业拥有富余优势产能。随着我国国际分工地位的不断提升，我国在钢铁、有色、建材、轻纺及高端装备制造等领域已经拥有明显的规模、技术和资本优势，涌现出一大批具有国际竞争力的跨国企业，中国资本、中国装备、中国技术、中国标准乃至中国发展经验也越来越得到国际社会的认同，受到新兴经济体和发展中国家的欢迎和青睐。这些将为国际产能合作提供重要支撑。

2. 我国加强与相关国家发展战略对接，与相关国家产业间互补性较强，为开展国际产能合作提供了广阔的空间

"一带一路"倡议与沿线国家和地区的发展战略高度契合，合作交汇点不断扩大。目前，"一带一路"倡议与俄罗斯的欧亚经济联盟、蒙古国的"草原之路"以及哈萨克斯坦的"光明之路"等发展战略有机对接，先后有 100 多个国家、地区和国际组织参与其中。之前，国际金融危机爆发后，大多数发展中国家都无一例外地把推进工业化和基础设施建设放在更加重要的位置。如俄罗斯的《2020 年前俄罗斯联邦社会经济长期发展构想》中明确提出了加快对传统工业升级改造、改善基础设施的重大措施；巴基斯坦的《2030 年远景规划》中明确提出要重点发展能源电力、铁路、地铁轻轨、公路以及电信等领域；哈萨克斯坦的"光明大道"新经济计划明确提出要加强交通基础设施等目标任务。现阶段，我国周边国家大多工业化程度较低，但在自然资源、劳动力资源等方面具有比较优势，这与我国在产能、技术、资本、服务等方面的优势形成了明显互补，使得更大范围、更宽领域、更深层次开展双多边产能合作成为现实可能。

3. 初步形成了服务国际产能合作的多个机制平台，亚投行、丝路基金和金砖银行等金融服务支持作用不断彰显

目前，我国已与塔吉克斯坦、哈萨克斯坦、卡塔尔、科威特等 37 个国家和地区签署共建"一带一路"谅解备忘录，同 30 多个国家和地区签署国际产能合作协议。中哈重大产能合作 28 个项目文件顺利签署，协议总投资超过 230 亿美元。中老铁路正式动工，中泰铁路已举行项目启动仪式。设立 50 多个境外产业园区和经济合作区，中白工业园、中国印尼综合产业园、中哈霍尔果斯国际边境合作中心以及多个跨境经济合作区建设逐步加快。中巴经济走廊签约项目达 460 亿美元。中印尼合作项目雅万高铁采用中国技术、中国标准和中国设备，一批有影响力的标志性项目逐步落地。我国资本相对充裕，完全有条件积极推进国际产能合作。在这方面，除发挥好现有机制的平台作用外，我国倡导设立的亚投行、丝路基金和金砖国家银行及各类双多边合作基金等，也将为国际产能合作提供重要助力。

（二）主要劣势

1. 产业创新能力不足，"大而不强"特征明显，对国际产能合作的基础支撑作用有待进一步提高

目前，我国产业仍处于全球价值链的中低端，没有掌握核心技术及品牌、营销渠道等。在一些技术研发和高端产品开发方面，70% 的技术要靠外源技术，80% 的重要零部件、基础元器件、关键新材料仍然依赖进口。我国规模以上工业企业研发投入占销售收入的比重不足 1%，而发达国家企业平均值为 2%。在机械制造领域专利申请最多的国家分别是德国和日本，美国企业的专利申请较为集中在计算机、通信、新材料、石化领域。目前，除在数字通信领域依托华为科技有限公司、中兴通讯股份有限公司等龙头企业具有一定专利优势外，我国在其他领域基本上处于劣势。我国企业的品牌建设和国际化经营能力也有待进一步提升。

2. 基础设施领域合作面临资金供应和盈利模式双重困境，实现合作预期目标任重道远

"一带一路"建设和国际产能合作把基础设施领域合作放在重要的位置，其基本逻辑是基础设施互联互通—降低物流成本—促进与我国的贸易和投资—带动我国装备产品出口—促进我国产业在全球和区域价值链中的地位提升。但该逻辑有时会出现断点，因为基础设施的改善不仅有利于我国与合作方开展经贸投资产业合作，也有利于该国与其他国家开展经贸投资产业合作，这样就会出现"搭便车"问题，甚至会出现第三国从中获利更多的现象。对于基础设施项目，很多国家都限制外资和私人资本进入，加之缺乏好的盈利模式，该类项目"融资难"的问题往往比较突出。因此，建立一个规范有效的国际产能合作资金供应机制和盈利模式将是不可回避的重要问题。

3. 国际产能合作协调组织服务水平仍然不高，精准化政策合力和有效协作机制尚未形成

要综合发挥政府、非政府组织、企业对外组织协调能力。一方面，由于政府、非政府组织、咨询设计、金融机构等的协调配合缺失，加之各级地方政府本位思想严重，导致企业在境外各自为战、互相恶性竞争，这不利于树立和提升中国企业海外形象和声誉。另一方面，有关部门和地方政府对国际规则和国外投资环境缺乏了解，各部门制定的政策碎片化，导致政策合力不足。由于缺少精准化政策和统筹协调机制的有力支持，许多企业走出去往往感到势单力薄，难以很快成长壮大。

三、国际产能合作的内涵特征

国际产能合作概念由我国首次提出。就国际产能合作而言，我国应当发挥"领头羊"的带动和引领作用，形成具有中国特色的"领头羊"模式。该合作模式与日本主导的"雁阵"模式存在着明显的区别。

该模式主要描述随着我国资源要素条件变化以及资本和技术的优势聚集，我国逐步推动"一带一路"沿线国家乃至全球各主要区域经济体进行产业转移和产能合作，起着"领头羊"的重要牵引作用，进而培育和形成市场新需求和发展新动力的一种全球趋势性经济现象。其主要内涵特征如下：

第一，国际产能合作中我国虽然还不能成为"雁行"模式的"领头雁"，但却可以成为新兴经济体和广大发展中国家的"领头羊"。

21 世纪以来，我国与其他国家的经济关系从原来的"一竞争一互补"转向"两竞争两互补"。所谓"一竞争一互补"，是指过去我国比较优势和产业结构与其他发展中国家存在较强竞争性，但与发达经济体则呈现高度互补性。所谓"两竞争两互补"，是指一方面我国的劳动密集型产业与其他发展中国家仍存在较强的竞争，而在船舶、新能源、通信设备、运输设备等资本和技术密集产业方面与发达国家的竞争日趋明显。另一方面，我国的要素禀赋和产业结构总体与发达国家相比，仍呈互补大于竞争的态势。同时，我国充裕的资本、完整的工业体系、强大的制造能力和素质不断提高的人力资本，又与大多数发展中国家形成明显互补。

在当前世界经济面临深度调整、发达国家经济增长放缓的背景下，我国作为世界制造业中心，积极开展以我国为主导的国际产能合作，不仅能够促进国内产业转型升级，迈向全球中高端水平，也能够促进相关国家的经济增长和世界经济的持续稳定复苏。而在此过程中，通过大力推动产能、装备、技术、服务、品牌走出去，我国可以充分发挥重要的带动和引领作用，成为新兴经济体和广大发展中国家的"领头羊"。

第二，国际产能合作中我国注重将产能、装备、技术输出和资本输出相结合，积极推动国内富余优势产能对外转移。

我国开展国际产能合作，既不是推动国内传统技术含量低、附加值低的劳动密集型产业对外转移，也不是推动国内高耗能、高污染、高排放的资源密集型产业对外转移，这些低端产能主要是通过国内"去产能"和淘汰"僵尸"企业加以处置和消化解决。事实上，我国推动的是国内富余优势产能和先进装备与技术及充裕资本共同对外转移或输出，并主要集中于一些传统产业领域和部分新兴产业领域。如劳动密集型产业和钢铁、冶金、建材和石化等重化工领域，以及工程机械设备、轨道交通设备、汽车、航天航空、通信等领域。这种合作理念和实践与发达国家推行的国际产业转移有着明显的不同。

第三，国际产能合作中我国既注重与周边重点国家的合作，也注重与全球各重点国家和重点地区的合作。

未来一段时期，我国主要推动产能、装备、技术和资本向新兴经济体和广大发展中国家转移。以"领头羊"模式开展的国际产能合作，并非仅仅局限于某一特定区域，而是面向全球各主要区域，聚焦于重点国家、重点产业和重点企业。

第四，国际产能合作中我国既注重与相关国家发展战略对接和产业衔接，也注重将"输血"和"造血"予以紧密结合。

实际上，发达国家的跨国公司推进产业转移，通常从其全球战略部署出发，以实现全球范围内资源要素高效配置和追逐利润最大化为目标，很少考虑东道国自身产业发展及其调整布局的需要。而我国开展的国际产能合作，倡导共商、共建、共享原则，注重加强与东道国发展战略对接，尊重和照顾各方切身利益诉求，是通过签署双边国际产能合作协议共同加以推进的。特别是在与相关国家开展双边重点产能合作过程中，我国不仅注重"输血"——转移产业，同时也注重帮助其培育形成"造血"功能——发展有竞争力的产业集群，从而为该国经济发展和产业结构升级提供重要助力。

第五，国际产能合作中我国既注重加强与新兴经济体和广大发展中国家的务实合作，也注重加强与发达经济体的全方位高水平合作。

一方面，积极推动与新兴经济体和广大发展中国家开展产能务实合作，有效发挥自身承上启下、协同带动、优势互补这一独特而重要的作用，不断推动双边产能合作大规模、高水平发展。另一方面，以绿地投资、并购等形式同美日欧等发达经济体进行全方位、高水平的双边重点产能合作，着力培育和提升我国产业合作竞争新优势。同时，还可与发达经济体联合开展第三方合作，共同开发第三方市场。比如，可围绕能源化工、基础设施、汽车、工程机械、船舶和海洋工程装备等重点领域，加强与美日等发达国家、"一带一路"沿线国家以及非洲、拉美地区的广大发展中国家开展双边重点产能合作。

综上所述，这些重要的内涵特征是日本主导的"雁行"模式和西方发达国家推行的国际产业转移所不具有的。可以预言，我国"领头羊"模式的初具雏形和进一步确立，是当前经济全球化和区域经济一体化深入发展、大国和平崛起的客观规律和历史必然，也是当今世界经济发展的一大重要产物，具有鲜明的时代特征和浓厚的中国特色。

四、新形势下优化国际产能合作模式的对策

当前和今后一个时期，我们要牢固树立和深入贯彻创新、协调、绿色、开放、共享的新发展理念，积极适应、把握和引领经济发展新常态，紧扣"一带一路"、京津冀协同发展和长江经济带等国家战略，在坚持互利共赢、义利并举、开放包容的同时，更加注重政府推动、企业主导、商业原则和风险可控，更加注重将国际产能合作与国内产业转型升级相结合，以基础设施联通合作为先导，以冶金、建材、铁路、电力、化工、汽车等行业领域合作为重点，以金融、科技和人才服务合作为支撑，积极探索创新对外合作机制和模式，将我国的产能、资本、技术、人才等优势和相关国家发展需求有效对接，着力推动国际产能合作实现以下"三个转变"。

（一）固本强基，着力推动国际产能合作由"虚"向"实"转变

1. 目标制定宜低不宜高，重在务实合理

要充分考虑当前我国开展国际产能合作的制约条件、东道国的合作潜力以及未来合作可能存在的不可预知性等因素，宁可将政策实施的阶段性目标设定得低一点，也不宜好高骛远、急功近利，关键是要将目标定得科学合理、符合实际。

2. 项目推进宜稳不宜急，重在落地生效

要明确"一核两轴三片区"中的重点国家、重点产业和重点项目，加强顶层设计，积极签署双边国际产能合作协议，抓紧编制相关国别产能合作规划，以相关规划和政策为导向，按照"建立合作机制、对接项目清单、明确融资安排、促成早期收获"的方式，准确把握重大项目推进的时机和条件，扎实推动重点项目落地，切忌操之过急或揠苗助长，要着力打造可复制、可推广的双边产能合作样板。

3. 境外产业园区建设宜细不宜粗，重在互利互惠

积极推动境外产业园区建设，充分借鉴国内外成功模式和先进经验，深入分析劳动密集型、资本密集型和技术密集型等不同行业在境外构建产业链过程中可能面临的供需矛盾、资源错配、标准困境、法律冲突以及制度"黑箱"等突出问题，以合作方产业衔接和互补需求为牵引，坚持互利互惠的原则，做到"事无巨细"，不做"夹生饭"、不留"合作死角"。

4. 风险预警宜早不宜迟，重在防范化解

在推进国际产能合作过程中，对可能产生的潜在风险一定要坚持以预防为主，将预

警预报机制变事后处理为事前防范化解，做到早排查、早发现、早预防、早化解，最大限度避免矛盾风险转化升级。国家层面的管理部门要对一些敏感国家、敏感区域以及敏感项目进行集中摸底排查，及时发布风险提示等动态信息，减少信息不对称带来的利益损失。

（二）立梁架柱，着力推动国际产能合作由非机制化向机制化转变

1. 注重发挥高层外交的统领作用

各国之间开展的高层外交是经济外交的重要抓手，对于加强政治互信、平息合作纷争以及深化双边合作关系具有极其重要的意义。推进国际产能合作，要利用好高层外交的统领作用，加快建立常态化的双多边国家领导人会晤机制，不断强化相关合作机制和政策沟通平台，增信释疑，求同存异，形成共识，寻求合作利益的最大公约数。

2. 注重发挥各类合作机制的协同联动作用

加快建立涵盖政府、企业、中介、行业组织、非政府组织等多层级、多维度的立体式合作机制，为开展经贸投资产业合作"保驾护航"。积极与相关国家签定双边投资协定，加快推进自由贸易区建设，在有效对接国际通行规则的基础上，充分发挥贸易监管制度、投资管理模式、金融创新制度以及政府事中事后监管制度等方面的示范和引领作用，使资本、技术、标准、服务、商品、人员等走出去，加速形成"正溢出效应"，为深入推进国际产能合作提供重要的机制支撑。

3. 注重加强合作模式创新和机制功能建设

加快构建国际产能合作的分工协调机制，不断强化与相关国家的产业融合与协作。依托龙头企业，加快构建高端人才培养和引进机制，创设"国际产能合作创新人才交流平台"。大力创新合作模式，统筹推进重点产业项目建设，全力打造具有国际水准的境外"中国企业集群"和"中国产业基地"。加快建立国际产能合作的长效机制，坚持从实际出发，借鉴国际惯例和法律规范，逐步将各类双多边的谈话、声明、备忘录、合作协议等上升到具有法律效力的层面，力争把我国主导的国际产能合作打造成为既有全球影响力又符合国际规范的区域合作大平台。

（1）注重方案顶层设计的高标准

推进国际产能合作要坚持高标准、高效率和高要求，通过编制规划摸清合作需求潜力、明确具体合作目标，统筹考虑双边合作的基础、平台、优势产业、投资项目以及政策保障等重点问题，使顶层设计的方案在具体实施过程中能够有效发挥引领、导向和约束作用。

（2）注重经济治理的高标准

首先，积极构建符合国际规范的高标准融资体系，逐步建立和完善包括政策性金融、商业资本和政府补贴等在内的综合性产业"走出去"的金融支持体系。其次，促进贸易投资便利化，积极与合作国签定既符合各自需要、又发挥促进、带动作用的高水平双边投资协定和自由贸易协定，为不断深化双边产能合作提供稳定且可预期的政策环境。最后，加强国际产能合作和国内产业转型升级的协同推进，着力推动我国产业向全球中高端迈进，培育和提升我国在全球范围配置资源要素的经济治理能力。

（3）注重政策保障的高标准

在推进国际产能合作过程中，合作的具体模式不仅要符合各自发展的实际需要，也要符合国际惯例和规范，确保合作利益的共享性和合理性。在坚持产能合作模式高标准的同时，要积极推动相关合作规则、合作平台以及合作体系升级，不断增强宏观政策和微观政策的叠加效应，力争使相关配套政策体系对国际产能合作的支持保障作用最大化。

（三）相关政策建议

第一，全面强化国际产能合作和国内产业转型升级的协同推进，不断激发双多边产能合作的内生动力。推进国际产能合作和国内产业转型升级是相互促进且互为条件的，应通过相应的政策设计，助力形成两者相辅相成、互为支撑的良性局面。一方面，通过国际产能合作助力推进国内产业转型升级、推动国内产业迈向全球中高端水平。密切跟踪全球新兴产业发展的新动态、新特点，坚持采用高标准、宽范围和跨领域的产能合作模式，整合聚集国内国际两种优势资源，促进国内产业转型升级更具方向性和前沿性。另一方面，以国内产业转型升级为重要基础支撑，以产业链支撑创新链，以创新链牵引产业链，深入开展更大范围、更宽领域、更深层次的国际产能合作。

第二，统筹利用自由贸易区、双边投资协定及官方对外发展援助等各类政策平台，切实做好国际产能合作这篇大文章。自贸区、双边投资协定以及官方对外发展援助对深入推进国际产能合作将起着不可或缺的重要作用，因此必须加以统筹推进。一是充分发挥自由贸易区的基础引领作用。一方面，落实好已生效的自贸协定，帮助我国企业"走出去"后更好享用相关自贸协定优惠政策，有效促进对外贸易和对外投资合作。另一方面，积极加快自贸区建设步伐，逐步建立与国际经贸投资高标准相适应的体制机制，为开展国际产能合作创造有利的外部环境。二是充分发挥双边投资协定的助推作用。积极与相关国家签定双边投资协定，促进投资便利化水平，着力降低企业开展境外投资的风险和成本。三是充分发挥官方发展援助的关键作用。当前，应进一步优化对外援助方式，逐步完善对外援助政策体系和法律法规，促进"政治"与"经济"有机融合，积极探索官方对外经济援助与东道国产能合作一体化发展的新模式。

第三，着力创新国际产能合作联动机制，助力我国富余优势产能全面对接国际大市场。一是要加快构建双多边合作机制，加强发展战略对接、宏观政策对话与重大项目协调沟通，抓紧与有合作潜力和合作意愿的国家签定共同推进国际产能合作的框架协议，并将地方推进国际产能合作遇到的重大问题纳入双多边合作机制中加以统筹考虑，鼓励和支持地方企业更多参与双多边合作机制及相关对接合作活动。二是进一步完善"中央—地方"联动机制，在明确"重点国别、重点领域、重点项目"的同时，在金融机构融资、设立合作股权投资基金等方面对符合条件的省份给予一定的支持。加强对国企和民企开展国际产能合作的统筹协调，引导市场主体正确参与国际产能合作，避免出现恶性竞争的现象。三是建立健全部门、省市、使馆、协会、金融机构、企业"六位一体"工作联动机制，形成"统一谋划、整体联动、部门协作、快速反应、责任落实"的工作新机制，不断推动国际产能合作工作的科学化和规范化。四是加快设立独立的国际产能合作管理机构，可考虑设立国际产能合作委员会，主要负责国际产能合作战略制定、管理协调和政策沟通等方面工作。

第四，全力打造高水平的金融服务支持体系，为提升我国全产业链条的国际竞争力提供重要支撑。一是积极调整政策改革思路，加快资本项目对外开放，以根治"走出去"企业"融资难"的痼疾。对于我国目前的情况来说，加快推进资本项目可兑换、利率市场化以及外汇监管方式改革是实现"走出去"企业在国际市场上自由融资并有效解决"融资难"的治本之策。近期应尽快启动合格境内个人投资者境外投资试点工作。二是在"内保外贷"等现有融资方式的基础上积极探索"项目融资""股权融资"和"债券融资"等新方式，着力发挥政策性金融机构在提供中长期贷款等方面的比较优势。可积极探索"项目融资"方式开展国际产能合作，适时引进财务投资者和战略投资者组成项目公司，切实提升企业整体融资能力，同时鼓励企业采用"股权融资"和"债券融资"等方式进行融资。同时，可借鉴中韩货币互换资金的成功经验，逐步简化项目资金使用程序，为企业提供长期、稳定、可持续的资金支持。三是完善境外融资的政策性保险机制，待条件成熟时可在开展产能合作的东道国设立投资损失准备金，由外汇储备和国家开发银行共同出资。加快双多边产能合作抵押担保协定谈判，对重大项目应尽可能做到应保尽保。四是加快构建我国海外金融服务体系，进一步增强我国境外金融服务功能。这方面，可借鉴日本、韩国、美国等经济体的成功经验和做法，即企业走到哪，金融服务就延伸到哪，特别是在金融机构分支机构设置和业务类别安排上多听取"走出去"企业和行业的意见和建议。当前，最为紧要的任务是推动中资银行赴境外设立分行，并在产品创新和业务开展方面为我国企业走出去提供高质量的金融服务支持。

第五，逐步构建政府"适度介入"的风险防范体系，将国际产能合作风险降至最低水平。一是抓紧完善相关法律体系，尽快制定中华人民共和国对外投资法，主要内容包括宏观监管、财税金融、监测预警和公共服务等，对企业开展境外贸易和投资给予必要的政策保障。二是健全境外企业管理体制，在资金、融资、股权以及其他权益转让、再投资、担保、税收方面加强监督和管理，从根本上防范境外经营风险。对于国有企业，国资委应强化对境外合作项目境外母公司的监管；而对于民营企业，国家发展改革委应联合投资母体所在的工商机构和税务机构等对其实行全过程监控。同时，加强对产能合作企业对外投资备案信息的真实性核查，利用"信用中国"等第三方平台对失信行为进行惩戒和警示。三是加强对高风险国家和地区贸易和投资的指导和管控，不断完善应对贸易摩擦和境外投资重大事项的协调机制和预警机制，及时对有关国家政治经济和社会重大风险进行预警提示，并提供有针对性的应对预案和风险防范措施。四是强化境外人员和财产安全保障，加强领事保护，完善企业"走出去"突出事件应对处理工作机制，加快实施"我国境外产业合作工作人员意外伤害保险"项目。"走出去"的企业要重点考虑以下五个方面的问题。一是要对东道国贸易投资环境进行尽职调查和深度调研，具体包括产业结构、政府运行、社会环境以及法律法规等内容，做到"心中有数""未雨绸缪"。二是涉及大型贸易投资项目时，必须提前预估社会风险，特别是对在土地征用、民众搬迁、技术安全以及生态环境保护等方面可能遇到的矛盾或冲突，应及早谋划，并做好相应应对预案。三是为了防范本币贬值及大宗商品价格下行等风险，企业应当积极推动贸易投资按人民币计价，以降低资产损失风险。四是为了增加产业合作安全系数，要充分发挥东道国华人商会和华侨社团的桥梁和纽带作用。华人商会和华侨社团可以充当"先行官"，通过华人媒体、社团活动以及学术交流等形式，积极向东道国广泛宣传我国倡导的互利共赢、共同发展的合作理念，最大限度地消除中资企业可能面临的"负面影响"。五是积极与东道国签署"一带一路"谅解备忘录和国际产能合作相关谅解备忘录，并创造条件适时联合设立"中国——××产能合作委员会"，统筹解决企业在推进双边产能合作过程中可能遇到的问题。

第六，高度重视行业协会等中介机构的桥梁作用，着手建立包含信息、标准、要素、人才、风险管控在内的综合类公共服务平台。一是加强培育和引导，大力创新服务模式，鼓励钢铁、有色、建材、石化、电力、船舶等重点行业协会或联合会赴境外设立分支机构和服务机构联盟等，加快构建起"政府—中介—企业"有机统一的服务支持体系，为企业走出去开展产能合作保驾护航。二是鼓励中介机构主动作为，加强与东道国中介服务机构沟通合作，深入开展形势分析、调查研究与数据挖掘，并应用微信、微博等信息平台和沟通渠道，及时向企业推送研究报告。同时，立足行业实际，广泛组织企业参与国际项目对接，合力推进东道国示范项目"落地生根"，全方位为企业走出去服务。三是优化"走出去"公共服务平台，在商务部《对外投资合作国别（地区）指南》的基础上，进一步细化国别贸易投资信息，并在各国报告中单列国际产能合作专章。加快设立"国际产能合作综合服务平台"网站，由财政部划拨专项资金委托专业部门进行管理，可分设统计数据、国别政策法规、贸易投资业务指南、企业目录、在线事项、风险警示以及专家智库等栏目，为企业"走出去"开展合作提供综合服务。

第七，加快培育和引进国际产能合作高端人才，全面提升我国在全球范围内配置资源要素的能力和水平。针对当前国际化人才严重匮乏的现实，应当通过专业培训、联合办学及实岗锻炼等多种方式，加快培养既懂国际市场又懂国际法律的跨国经营管理人才和专业技术人才。同时，加大高层次人才引进力度，逐步放宽人才准入限制，积极实施人才柔性引进办法，不断加强人才载体建设，以优势企业、优势管理、优势技术和优势产品吸引国际高端人才加盟。尽快建立"国际产能合作跨国专家库"，为企业走出去开展并购、重组以及战略合作提供一揽子智力支持。在深入推进国际产能合作的过程中，要进一步强化"走出去"企业履行社会责任的自觉性和主动性。一是做好各类宣传工作，严格遵守东道国的法律法规，妥善处理不同社会主体的利益关系，积极关注东道国的社会公益、税收、环保等事业，不断增强自身履行当地社会责任的意识和能力。二是充分尊重当地宗教文化的多样性，注重强化与当地非政府组织、社区、工会等的沟通联系，力争获得各方最大认同。三是适度推进"本土化"政策，在条件允许范围内，积极承担东道国就业、纳税及维持社会稳定等社会责任。四是引导境外企业建立和完善社会责任报告制度，定期公布境外履行社会责任的进展和措施，充分了解利益相关方的意见和建议，并对其重大关切和核心利益问题做出及时有效的回应。

第二节　国际学生教育体系的构建与思考

一、构建国际学生教育体系的意义

自 1950 年招收第一批国际学生，我国国际教育事业至今已有 70 余年的发展历史。2001 年中国加入世界贸易组织，之后中国国际教育事业也加入全球国际教育竞争之中。2019 年初，中共中央、国务院印发了《中国教育现代化 2035》，提出到 2035 年"高等教育竞争力明显提升"的发展目标。了解当代中国，是当代外国汉语学习者最为重要的任务。当代中国是全球发展的重要贡献者，围绕中国文化、中国智慧、中国方案和中国经验开发原汁原味的中国系列高端课程，能够有效增加国际教育的吸引力。

国际教育事业与国家和民族的命运紧密相连。习近平总书记在全国留学工作会议上指出，"新形势下，留学工作要适应国家发展大势和党和国家工作大局"。高校应当以"培养什么人、怎样培养人、为谁培养人"这个根本问题为导向开展国际教育工作。国际教育要服务于"两个一百年"奋斗目标的实现和人类命运共同体构建的推进，当前高校和教师需要加强导向意识。

中国文化作为时代世界文化的重要组成部分，在国际教育知识体系的构建中，应该得到更多的重视。"在人文科学里，所有门类的知识的发展都与权力的实施密不可分。"在未来全球治理和人类命运共同体的构建中，中国要获得更多的话语权、传递更多的中国价值，必然要求中国国际教育乃至整个中国高等教育必须在融会中西的基础上，塑造立足本土文化且具世界文明共识的知识体系。

二、构建国际学生教育体系的方法

2020 年 5 月 17 日，习近平总书记给北京科技大学全体巴基斯坦留学生回信。回信内容充分体现了以习近平同志为核心的党中央对新时代教育对外开放工作的高度重视和对广大来华留学生的亲切关怀，为下一步发展来华留学事业、加强优秀国际人才培养、加快和扩大新时代教育对外开放、提高我国教育国际影响力，指明了前进方向，提供了根本遵循。我们要深刻领会和贯彻习近平总书记回信中的精神，做好国际学生教育工作，不断提升中国教育国际影响力，推动教育对外开放，更好为党和国家外交工作大局，加快推进教育现代化、建设教育强国，人民群众服务。在百年未有之大变局中，国际学生教育面临着新的机遇、任务和挑战。在深刻理解新时代国际教育重大使命的基础上，确立"将学生培养成人类命运共同体的建设者、文明交流互鉴的推动者和具有全球竞争力的高素质国际化人才"的细化目标，并探索出一套富有实效的国际学生教育体系尤为重要。

（一）深化课程教学体系改革

教育部《关于一流本科课程建设的实施意见》指出："课程是人才培养的核心要素，课程质量直接决定人才培养质量。"以丰富、全面的课程供给为教学体系建设奠定基础，以中国特色社会主义制度优越性为引领，拓展"中国类"课程的教育内容；以人类命运共同体建设为引领，设计开拓国际视野的讲座课程。

依托语言文化教育和语言文化研究的特色和优势，开发出一系列中外语言、文化研究的"金课"，以"课程思政"思想为指导打造高端系列讲座课程，课程聘请专家、学者、高级别外交人员结合亲身经历讲解当代中国与国际社会中的重要问题，在润物无声中实现人类命运共同体理念的隐性传播。

（二）完善"三位一体"辅助教学体系

实践教学、科研教学和仪式化教学三位一体构成的辅助教学体系与课堂教学体系相配合。

实践教学方面，学校遵循由浅到深、由表及里、与课堂教学高度适配的原则，引领学生从认识中国到了解中国，再到理解中国乃至研究中国，并按照这个目标将实践教学划分为"行识中国""行读中国""行思中国"等三个层次。科研教学方面，学校充分引导国际学生发挥母语优势，结合本土背景参与到跨境语言文化研究中来，提高国际学生的学习能力和科研能力。仪式化教学方面，学校注重带领国际学生积极参加中国国家重大节日、庆典和外事活动。与亿万中国人民共同见证中国的历史时刻，能够更好地帮助国际学生认识中国、了解中国、思考中国。

（三）打造"多元共享"文化育人体系

围绕多元世界文化、中华优秀传统文化、红色革命文化、社会主义先进文化四个部分构建，并以世界多元文化和中国特色社会主义文化的正向价值为导引，力图在潜移默化中将国际学生教育成中国特色社会主义文化的认同者和世界文明交流互鉴的推动者。

学校通过世界文化节、演讲大赛、美食节等文化活动来推动世界文化多元共享，在多元文化校园中，不同地区、风俗、宗教背景的学生和谐共处、相互尊重。

在中华优秀传统文化、红色革命文化、社会主义先进文化教育方面，注重教育对象的特殊性和多元性、注重教育内容的代表性和时代性、注重教育方式的体验性和显隐结合。在深入研究教育对象特点的基础上，有针对性地探索主题化的实践教学新路径。围绕中国传统节日开展主题文化教育，重要传统节日例常组织国际学生开展特殊活动以及走进中国家庭体验民俗文化。积极拓展红色文化教育基地，组织国际学生赴红色文化教育基地开展革命文化教育。在社会主义先进文化教育方面，以"行识中国""行读中国""行思中国"实践活动为主要载体。

（四）健全"三全育人"的管理服务体系

全员、全程、全方位育人对需要面对跨文化适应困难的国际学生来讲格外重要。北京语言大学不仅为国际学生配备了专业化、职业化的辅导员队伍，还积极推动实施"青年世界成长导师"计划，为打造一支政治强，素质高、业务精、纪律严、作风正、具有国际视野的辅导员队伍提供了制度保障。"青年世界成长导师"计划选取在班级中有一定代表性、影响力，且有较强成长规划意愿的学生，聘请相关职能部门负责人担任导师，由导师带领学生深入了解中国社会，规划设计学生的成长发展。

学校还成立了国际学生工作委员会，贯彻全过程、全方位育人的要求。成员单位包括与国际学生教育相关的职能部门和教学单位，主要职能为研究审议、监督指导国际学生的招生管理、教学培养、安全保卫、后勤保障等各个环节的重点工作、重要决策、重大突发事件。通过委员会的日常分工和集体决策，将育人工作分解、融到学校各项具体工作中去，建立内容完备、运行科学、保障有力的"管理＋服务＋育人"模式。

（五）优化"德才兼备"的教师培育体系

在教育教学工作中，教师既要完成知识的有效传授、文化的传播交流，也要帮助学生解决跨文化适应中的困惑与问题。"教书""育人""跨文化"要求教师们不断提高政治素质、师德水平、育人意识，更新教育理念，全身心投入教育事业。

关注国际学生教师思想政治和师德建设工作，秉持"育人者先受教育"的理念，通过培训讲座、外派锻炼等方式，不断提高教师的教学水平和育人能力。派遣教师赴海外任教，在外期间，锻炼教学水平，开拓视野，铸就高尚的职业道德，展现中国教师的风貌。

三、构建国际学生教育体系的思考

以课程教学、辅助教学、文化育人、管理服务、教师培育五大体系为核心的新时代国际学生教育体系经历了从构建到完善的过程，从这套富有实效的教育体系的运行中，我们可以得出以下三项重要经验：①加强体系构建是首要关键；②完善组织架构是必要保障；③实施趋同管理是重要措施。

首先，加强体系构建是首要关键。高校是培养人的地方。围绕"培养什么人、怎样培养人、为谁培养人"这一教育根本问题，通过构建教育体系来落实培养目标是国际学生教育的首要关键。学校提出"将学生培养成人类命运共同体的建设者、文明交流互鉴的推动者和具有全球竞争力的高素质国际化人才"的细化目标，并围绕这一目标构建国际学生教育体系。在加强体系构建的过程中指导理念得到了明确树立，解决问题的关键难题得到了集中攻关，复杂关系得到了分析厘清，人、财、物可以在教育体系的框架下高效有序地配备流转。立足本校特点，明确和加强体系构建是完善国际学生教育工作的首要和关键问题。

其次，完善组织架构是必要保障。完善的组织架构是国际学生教育体系良好运行的必要保障。设置国际学生工作委员会，协调各职能部门保障国际学生教育工作。在教学管理层面，按照学习目标、基础教育、汉语水平的不同将国际学生划分为三个层次，并将他们分配到不同的教学单位。调整国际学生教育管理服务的组织架构，通过完善组织架构，明确相关部门的权力和责任，形成以教学为主、以服务为辅的教育教学、服务管理一体化的新格局。

最后，实施趋同管理是重要措施。趋同管理是发达国家管理国际学生的主要模式，能够有效提高国际学生培养质量。国际学生与中国学生同堂上课，为中外学生趋同管理奠定坚实的基础。第二课堂上，中外学生艺术团、中外学生志愿服务总队、学生会等学生组织在学生处、团委以及相关部门的领导下，探索出中外学生歌手大赛、中外学生旗袍大赛、中外学生艺术展演、中外学生志愿者活动等中外学生共同参与的各种活动。在管理服务上，不断探索中外学生教学部门、管理部门、服务部门的归口管理。近年来，越来越多的高校推进国际学生"校内管理校园化，校外管理社会化"的管理措施。中外学生趋同管理改革不会一蹴而就，在推进过程中遇到各种困难是符合预期的。趋同管理对于中外学生国际视野的拓展、文明交流互鉴能力的培养具有重要的促进意义，高校应当在探索中坚持和完善这一制度。

第三节　国际产能合作视野下的国际中文教育创新研究

国际产能合作指一国在建设中根据需求引进别国有竞争力的装备和基础设施建设所需的建材生产线、先进技术和管理经验。企业以国际市场需求为导向，运用国内的产业和资金优势与国外企业进行合作，开展各种形式的经营活动。"一带一路"沿线国家为国际产能合作的重点区域，伴随着国际产能合作项目的日益增加，国际人才的需求量与日俱增。

一、国际产能合作视野下国际中文教育的发展需求和发展趋势

即使受到疫情的冲击，"一带一路"沿线国家和地区的国际中文教育事业仍然有良好的内生动力。语言互通是"一带一路"互联互通的基础，各领域开展国际中文教育的刚性需求和弹性需求都很高。根据《中国语言生活状况报告（2020）》，截至 2020 年底，全球共有 180 多个国家和地区开展中文教育，外国正在学习中文的人数超过 2000 万。截至 2021 年 6 月，中国已经同 140 个国家和 32 个国际组织签署 206 份共建"一带一路"合作文件。设立孔子学院、留学生奖学金等汉语推广项目逐渐向发展中国家、周边国家、贸易往来频繁国家和地区倾斜，"一带一路"沿线国家和地区有望成为国际中文教

育事业新的增长点。在人类命运共同体理念的指引下，"一带一路"倡议发展动力强劲，国际中文教育市场潜力巨大。应着力在以下几方面寻求突破。

第一，将国际中文教育纳入国民教育体系至关重要，影响深远。全球已有七十多个国家将中文纳入国民教育体系，这标志着汉语在该国的地位和影响力提升到了新阶段。有国民教育体系的保障作用，可以更加科学系统地传授语言知识，训练语言技能；可以有计划、有步骤地培养语言人才和本土教师队伍；能够成规模、可持续地开展汉语教育合作和研究；也能为后续开展汉语职业教育和培养高级汉语人才奠定基础。

第二，培养"中文＋专业"的复合型人才。在与"一带一路"国家和地区开展"共商、共建、共享"合作的进程中，诸多领域亟需大量既能用汉语交流又具备专业素养的复合型人才。根据《一带一路大数据报告（2019）》，国内外互联网大数据，在"一带一路"人才需求方面，语言类人才分列国内媒体和网民关注度排名第一位、沿线国家媒体和网民关注热度第四位。

第三，教学模式变革会为国际中文教育带来新发展契机。线上教学、语言学习 App、慕课等语言教学方式随着现代教育技术的发展逐渐被教育机构和学习者所接受，积累并优化了大量高品质的教育产品。尤其在疫情防控期间，传统教育模式被打破了，全球范围开展的线上教学将国家间的时空界限冲破了，教师线上教学的意识和能力快速提升，学习者自主学习、利用碎片化时间在移动端学习，根据需要和兴趣进行个性化学习等更方便、更高效、更容易，被年轻人所接受的学习方式和学习途径给国际中文教育带来了新的可能性。同时，教育技术变革对汉语课堂教学提质增效也起到了积极作用，像翻转课堂、多模态教学等新的教学模式也随着现代教育技术的发展而产生。

第四，科技文化交流将进一步激活国际中文教育市场。科技、文艺、体育、电影节、会展等各个领域的合作、交流或援助项目都需要以语言交流为基础。除了各国贸易代表和导游在积极学习汉语，最近媒体还报道了为进入中国空间站工作、为与中国乒乓球运动员交流、为圆自己的功夫梦、为支持自己喜欢的中国明星等而学习汉语的外国人。随着中国国际影响力的不断提升，会有越来越多的国际友人加入中国科技、文化、艺术等领域的学习交流活动。

二、国际产能合作视野下国际中文教育发展策略

（一）围绕根本，抓住关键，促进国际中文教育提质增效

学习第二语言要付出相当多的时间、精力和经济成本，学习者事先会对自己的学习能力和学习回报做出评估。因此，让外国友人认识到汉语是一门"学得会且值得学"的语言，是吸引他们学习汉语的前提。"学得会"的自信主要来自对这门语言和自身能力

的认知，破除"汉语难"的刻板印象需要从教材编写、教学模式创新、教学策略调整、汉语与当地语言的对比研究等方面入手。"国际中文教育现阶段的根本目标是：以较为轻松的学习方式，用较短的学习时间，使更多的海外学习者走进汉语，学习汉语，并且能乐于学下去。"这是赵金铭教授十年前提出的目标，现在仍然是开展国际中文教育迫切需要解决的现实问题。"值得学"的认识来自学生对学习投入和产出效果的衡量，如果有足够大的回报，哪怕学习过程艰辛，学生也有决心、有毅力掌握这门语言。一方面，在"一带一路"国家和地区跟我国开展多领域合作的背景下，掌握汉语会有利于当地学习者学业和事业的发展；另一方面，如果能让学生通过学习汉语获得发展兴趣爱好、情感态度、自我认知等方面的满足感和成就感，将从更深层次激发其学习动机。在这方面，针对不同地区、不同文化背景的学习者，在吸收先进的教学理念和发掘国际中文教学规律的同时还要加强对国外教学环境及学习群体的案例研究，在国际化和国别化两个方向为国际中文教育取得实效提供理论支撑和参考范例。

尽管影响因素很多，但从行业自身发展来看，促进国际中文教育提质增效最关键的抓手仍是"三教"问题，即教师、教材和教法。"三教"问题早有提及，但针对"一带一路"沿线具体国家、低龄学习者、专门用途，这一问题仍然亟待深入研究。关于师资，要在培养一批熟悉本地语言和文化的国际中文教师的同时，大力培养和培训本土教师队伍；要在提高教师国际中文教学能力的同时，培养和鼓励教师掌握国际贸易、电子商务、旅游管理、医疗卫生等方面的专业知识和技能；要在要求教师具备课堂教学能力的同时，让教师掌握线上教学及相关网络教学资源利用与开发的技能。为适应新冠肺炎疫情后"一带一路"国家和地区学习国际中文的需求，要制定长期的人才培养规划及相应的政策引导。关于教材，要着力解决教材供需不平衡、不匹配、不系统、不专业的问题；要继续开发和优化不同语种版本的经典教材；要支持沿线国家开发本土国际中文教材；要针对线上教学的特点加快编写线上教材；要整合和优化网络教学资源；要对电子教材、汉语学习应用软件和平台的开发利用出台相关管理办法。关于教法，目前对"一带一路"国家和地区国际中文教学法探索的经验十分不平衡，大部分教学法的探讨集中在少数几个国家，亟需加强对不同环境、不同制度、不同文化背景下的学习群体进行深入研究；汉语与"一带一路"国家语言的对比分析对教学方法有直接影响，而我们对相应小语种的人才储备明显不足，相关基础研究还十分薄弱；线上教学模式刚刚兴起，教学生态和教学环境的变化必然会影响教学法的选择和应用效果，在教学环节安排、教学活动组织、师生互动、操练巩固、检查测验的方式等诸多方面还有很多值得探讨和总结的课题。

（二）扩大格局，拓宽渠道，为促进民心相通搭建语言桥梁

认清"为什么要开展国际中文教育"是把握国际中文教育"教什么"和"怎么教"的前提，人类命运共同体理念从更高站位上为理解开展国际中文教育的宗旨提供了新思路、描绘了新愿景。人类生活在同一个星球，各国共处一个世界，追求本国利益时兼顾他国合理关切，在谋求本国发展中促进各国共同发展。推动"一带一路"建设高质量发展，也是中国推动建设新型国际关系、推动构建人类命运共同体的实践探索。崔希亮指出，"人类命运共同体理念为国际中文教育指明了方向"，"国际中文教育的根本使命就是要为人们扫除语言障碍和文化障碍，让不同国家和地区的人们合作和交流更顺畅，让偏见和误解越来越少，让理解和共识越来越多，从这个角度来说，构筑人类命运共同体离不开国际中文教育"。推行国际中文教育不可强加于人，不能一味"输血"，也不要"自嗨式"地强调中国语言文化，而应以"文明互鉴"和"民心相通"为主旨，推行国际中文教育是"由民心相通推进'政策沟通、设施联通、贸易畅通、资金融通'，进而推进'建设持久和平、普遍安全、共同繁荣、开放包容、清洁美丽的世界'的一种努力过程"。

国际中文教育更强调受教育者的知识需求、情感需求和发展需求，注重发挥语言教育的服务功能和交流作用，因此，要根据当地社会、企业、学校、个人的需求拓宽国际中文教育渠道。比如，在推动当地医疗水平提升项目中，为医护人员提供汉语培训；在中外企业合作和经贸活动中，为当地企业培养"中文＋专业"的复合型人才；为当地开展汉语教育的学校培训本土教师，和当地合作开发本土化教材；为有意愿从事中外科技、经贸、人文等各领域的学生提供深造机会。国际中文教育的需求是多领域和多层次的，汉语教育资源的合理供给会拉动汉语资源的消费，使用汉语教育资源的人越多，汉语教育的市场就越大。灵活采取不同的汉语国际人才培养方式，坚持高校常规教育的同时要探索校企合作的订单式教育模式，坚持语言教育为本的同时要尝试开发中外职业教育合作项目，坚持做好学历教育的同时也要重视短期培训、职业继续教育、学术交流活动、游学和文化体验项目等多种教育形式。现代教育技术的发展和全球互联的大势为开展国际中文教育提供了多种可能性，关键是在实施过程中要始终遵守"一带一路"建设"共商、共建、共享"的原则，在符合当地社会发展需求的基础上，寻求可持续发展的合作方式，在坚持语言教学核心工作的基础上，实现中国文化的有效传播。

（三）发掘优势，对接需求，探索市场化可持续发展模式

"一带一路"国家和地区情况各异，对国际中文教育的需求也不尽相同。应对国内教育资源进行统筹协调，发挥各地方和各教育机构的优势，利用好教育市场的调节功

能，有针对性地开展国际中文教育。比如，我国东北地区高校与俄罗斯、蒙古、韩国等高校有良好的合作基础，而南方高校与东南亚地区交流广泛并有丰富的校友资源，那么不同地区的高校就可以利用自身的优势有针对性地开展国际中文教育。北京、上海、武汉等城市则可以发挥现代化高等教育资源和历史文化教学资源丰富的优势，开展校际合作和高端专业人才和学术人才培养；西安、苏州、郑州、重庆等地是中欧班列的重要枢纽城市，有针对性地开展"中文＋经贸""中文＋电子商务""中文＋物流"等方面的培训不仅能培养复合型人才，还可以让留学生切身感受当地的经济发展、营商环境、文化传统。中国与"一带一路"沿线国家合作进展迅速，潜力巨大。《一带一路大数据》丛书连续数年对我国各省市参与"一带一路"建设进展及潜力做出分析评估，各地教育部门要关注发展形势，各展其能，发挥区位优势，发掘资源优势，切实做好"语言先行"和"语言铺路"的工作。

通过对接沿线国家的政策和经济发展战略、组建不同层次的行业联盟、缔结友好城市、举办各级各类会展或论坛、共建国家间的合作协调机制和沟通合作平台等多种渠道，可以了解"一带一路"沿线国家和地区的发展需求和发展愿景，从而能结合本地区的资源优势实现国际中文教育供给的精准对接和高效对接；还要对接国家和地区间联动发展的短期需求和长期需求、外在需求和内在需求，发挥合力，促进国际中文教育的可延展和可持续发展。

三、国际产能合作视野下"中文＋技能"人才培养模式

国际产能合作视野下"中文＋技能"人才培养模式旨在为"一带一路"国家和地区经济合作、文化交流发展培养复合型技能人才，将人才培养方向与国际产能发展目标相统一，发挥职业技能优势，协助优质企业和优势产能走出去。

（一）构建"中文＋技能"人才培养模式的意义

国际中文教育推动世界政治、经济、文化的交流与发展。西方发达国家积极利用占据的全球学生市场优势，强化以留学经济利益为目的的政策价值取向。国际学生教育在促进民心相通，构建人类命运共同体等方面有着深远且积极的作用。"中文＋技能"人才培养模式将中国特色的职业技术教育推向世界舞台，有效传播中华优秀技能、技术、技艺。为"一带一路"国家和地区建设提供技能人才保障，有效帮助优质企业和优势产能走出去，"走出去"企业携手国内优质职业技术类院校形成协同培养模式，解决境外企业人才难以本土化的困境，是企业实现长期人力资源战略的有效途径，也是高等学校助力"一带一路"建设的重要方式。在构建新发展格局背景下，需要扩大职业教育的对

外开放，通过引进来、走出去、再提升，加快培养国际产能合作急需人才。

以助力国际产能合作项目为出发点确定人才培养方向，反向设计人才培养方案，使国际中文教育更具有针对性和有效性，根据企业所需定向培养技能人才，有效提高国际学生的就业匹配度。国际产能输出是扩展国际学生规模的关键途径。不同类型的人才培养在产能合作中地位不可忽视。国际产能合作双方制度体系的逐渐完善也是缩小双边贸易摩擦、扩大国际学生规模的重要因素。

（二）国际产能合作区域"中文＋技能"人才短缺

国务院提出《关于推进国际产能和装备制造合作的指导意见》，要求加快人才队伍建设，提出实施"教育开放行动计划"，明确加快培养国际产能合作急需人才，加强职业院校与境外中资企业合作，助力中国职业教育走出去，提升国际影响力。

国际产能合作区域主要集中在"一带一路"沿线国家，东南亚、南亚、西亚、俄罗斯及中亚、北非、西欧、中东欧等区域。根据《"一带一路"人才培养白皮书》数据分析，交通运输、能源、建筑行业、信息通信、金融为国际产能合作的重点产业，在这些领域中会说中文的技能人才除东南亚地区占 21.22%，其他地区平均水平为 2.15%，行业内拥有海外留学经历的人数不超过 9%，语言和文化的差异成为导致企业缺少海外人才的重要因素之一。中国企业在"一带一路"国家和地区累计投资超 180 亿，提供超 16 万个就业岗位，国际产能合作平台不仅需要高端装备制造的尖端人才，也需要大量一线技能型人才。

我国高职院校国际中文教育起步晚，开展国际产能合作项目的高职院校仅占高职院校总和的 28%，且区域分布不均，主要集中在沿海地带。以湖南省为例，2020 年湖南省发布 93 个"一带一路"暨国际产能合作重大项目，对水电、城建、农业、交通、建设等领域国际技能人才需求量大。湖南省卓越高职院校 61 所，80% 的高职院校未招收国际学生，开展国际产能合作的院校不超过 5 所。企业亟须通过与学校联合培养区域技能人才，解决海外技能人才缺口问题，高职院校应当与"一带一路"发展同频共振。

（三）国际产能合作视野下"中文＋技能"人才培养路径

为助力优势产能走出去，解决企业海外人才困境，提升国际学生教育质量，在"一带一路"发展战略契机下，国际学生教育应以政府、学校、行业、企业四位协同为基础，以调整国际学生培养方向为切入口，在招生、教学、就业等方面，强化与国际产能合作项目之间的互动，为"一带一路"国家建设培育熟悉境外国家政策、通晓国际贸易规则、精通中华文化的复合型、国际化技能人才。实施路径框架如图 6-1。

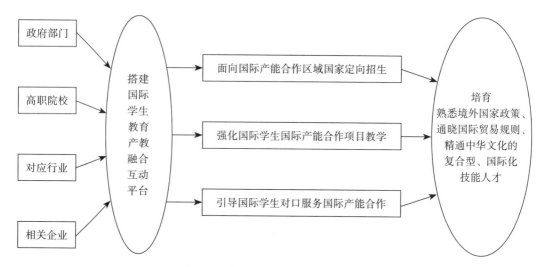

图 6-1 "中文 + 技能"人才培养路径

1. 搭建国际学生教育产教融合互动平台

为推进"一带一路"建设暨国际产能合作，成立以发展改革委、商务厅、外事侨务办、教育厅、贸促会、工商联等政府机构与协会组织构成的领导小组，形成高效率、强有力的沟通机制。如何搭建平台，平台怎样运行？这些问题依然处于探索阶段。有鉴于此，在政府职能部门指导下，参照国内学生专业教育产教融合、校企合作模式，由开设相应专业的院校与对应的行业、企业组成国际学生联合培养产教共同体，为国际学生培养与国际产能合作互动搭建平台；以平台为基础，统筹完善国际学生招生、教学、就业等方面的衔接机制，提高产教双方供需的契合度；借鉴职业教育诊改机制，以一年为小周期、三年为大周期，对国际学生产教互动培育平台进行诊断和改进。

2. 面向国际产能合作区域国家定向招生

招生是引导国际学生服务国际产能合作的首要关口。当前，一些院校在国际学生招生中，存在面向欧美、追求数量等趋势，以彰显所在院校教育开放的成效。但是，这种自主式的国际学生招生，较少考虑职业教育服务区域经济发展的职责与使命，对于实现国际学生培养与国际产能合作的互动作用较少。政府部门应当做到有效测控，根据国际产能合作现状与规划，围绕项目建设，明确当前及今后一个时期内国际产能合作的国家地区，及其相应的国际人才需求总体数量、技能要求等信息，为定向培养国际学生提供依据。充分利用国际化媒体平台在国际产能合作对象国家的传播优势定点宣传，吸引对象国家学生申请留学国际产能合作中方院校。院校应当侧重吸收，根据自身的专业布局，对照政府国际产能合作人才需求状况，重点考虑吸收容纳合作国家地区国际学生，将国际产能合作对人才的需求转化为自身的培养任务，实现国际产能人才需求与国际学生专业培养的初步对接。

3. 强化国际学生国际产能合作项目教学

以服务国际产能合作为导向培养国际学生，必然需要在教学内容方面予以调整。分析"一带一路"国家一线技能本土人才的培养方案，探索将与国际产能合作相关的历史、现状、项目等情况融入教学计划的途径。优化"国际中文＋职业技能"培养模式，发挥高职院校技能专业平台优势，以国际产能合作需求为导向，为满足国际制造业、服务业发展所需人才针对性开展教学工作。普及两国经贸往来历史，帮助国际学生了解两国之间的交流发展过程，尤其是经贸往来方面的互补、互助、互帮等情况，让国际学生对合作产生浓厚兴趣。介绍两国产能合作现状，以湖南为例，在《湖南省"一带一路"暨国际产能合作重大项目库》中遴选与两国相关的项目，如中车时代电气伊朗项目，华菱钢铁印尼无缝钢管生产线等，从项目的规模、作用、意义方面进行介绍，为学生今后服务项目建设提供参考。推动参加合作企业实践，采用校企合作方式，引导国际学生参加当地国际产能合作项目，承载企业的顶岗实习实践，帮助国际学生了解今后可能从事的工作的环境与技能要求。

4. 引导国际学生对口服务国际产能合作

当前，国际学生就业较少从国际产能合作方向加以引导。而以新华联印尼高炉镍铁项目、特变电工喀麦隆输变电线路、俄罗斯喀山潇湘农机产业园等为代表的国际产能合作重大项目，需要大批量、高素质的本土化技能人才。院校有效推动国际学生对口就业，应加强与分管国际产能合作的政府机构的互动，了解项目合作对国际学生的数量与质量等方面的要求，为培养具有国际视野、通晓国际规则、熟悉法律体系的复合型国际学生做好充分的准备；应积极引导国际学生多接触、熟悉国际产能合作状况，认同国际产能合作项目的运行机制，激发国际学生为国际产能合作项目服务的意愿，使学生集中学习方向，钻研专业技能，为履职国际产能合作项目做好充分准备；应增进与国际产能合作项目承担企业的沟通，实时把握项目建设进度，有效了解国际学生学习、生活、规划等方面信息，为最终实现国际学生到对应的国际产能合作项目就业提供全过程指导。

总之，国际产能合作视野下"中文＋技能"人才培养模式既有利于企业海外发展，也有利于中国特色职业教育国际化发展。将国内院校人才培养的产教融合、校企合作模式推广应用到国际学生培养领域，通过政府、院校、行业、企业联合搭建互动平台，面向国际产能合作区域国家定向招生，强化国际学生国际产能合作项目教学，引导国际学生对口服务国际产能合作的方式创新国际学生教育路径，提高国际学生专业技能与企业人才需求适配度，切实解决企业海外发展的难题。

参考文献

[1] 李睿，冷冰雪，王锐. 跨文化视域下汉语国际教育研究 [M]. 哈尔滨：哈尔滨出版社，2020.

[2] 宋雨涵. 对外汉语教学理论研究 [M]. 北京：北京工业大学出版社，2016.

[3] 施春宏，等. 汉语教学理论探索 [M]. 北京：商务印书馆，2021.

[4] 吴涧生，等. 国际产能合作的思路、重点及对策研究 [M]. 北京：经济科学出版社，2017.

[5] 鲁健骥. 初级汉语课本 [M]. 北京：北京语言大学出版社，2003.

[6] 李德津，李更新. 现代汉语教程：读写课本：第 1 册 [M]. 北京：北京语言大学出版社，1988.

[7] 崔希亮. 汉语国际教育和华文教育 [J]. 世界华文教学，2019（01）：9-14.

[8] 崔永华. 对外汉语教学的目标是培养汉语跨文化交际能力 [J]. 语言教学与研究，2020（04）：25-36.

[9] 王路江. 汉语国际教育硕士专业学位的人才培养 [J]. 北京教育（高教），2010（06）：49-50.

[10] 马箭飞，梁宇，吴应辉，等. 国际中文教育教学资源建设 70 年：成就与展望 [J]. 天津师范大学学报（社会科学版），2021（06）：15-22.

[11] 吴勇毅. 国际中文教育"十四五"展望 [J]. 国际汉语教学研究. 2020（04）：9-15.

[12] 文秋芳，杨佳. 从新冠疫情下的语言国际教育比较看国际中文在线教育的战略价值 [J]. 语言教学与研究，2020（06）：1-8.

[13] 李宝贵，庄瑶瑶. 中文纳入"一带一路"沿线国家国民教育体系的特征、挑战与对策 [J]. 语言文字应用，2020（02）：89-98.

[14] 吴应辉. 汉语国际教育面临的若干理论与实践问题 [J]. 云南师范大学学报（哲学社会科学版），2016，48（01）：38-46.

[15] 李丹宁. 对外汉语教育与俄汉跨文化交际人才培养 [J]. 继续教育研究，2018（05）：113-119.

[16] 王策三. "三维目标"的教学论探索 [J]. 教育研究与实验，2015（01）：1-11.

[17] 陆俭明. 新时代国际中文教育理念创新和实践探索的若干思考 [J]. 语言教学与研究，2022（04）：1-8.

[18] 刘珣. 浅议汉语国际教育专业 [J]. 国际汉语教学研究，2020（01）：4-9.

[19] 陈贤纯. 对外汉语中级阶段教学改革构想：词语的集中强化教学 [J]. 世界汉语教学，1999（04）：3-11.

[20] 胡铁生，黄明燕，李民. 我国微课发展的三个阶段及其启示 [J]. 远程教育杂志，2013，31（04）：36-42.

[21] 焦建利. 微课及其应用与影响 [J]. 中小学信息技术教育，2013（04）：13-14.

[22] 黎加厚. 微课的含义与发展 [J]. 中小学信息技术教育，2013（04）：10-12.

[23] 赵杨. 汉语国际教育的"变"与"不变"[J]. 天津师范大学学报（社会科学版），2021（01）：7-14.

[24] 刘斐菲. 远程教育技术在对外汉语教学中的应用研究 [J]. 戏剧之家，2017（16）：212-213.

[25] 刘东青，李晓东. 新冠肺炎疫情背景下的"一带一路"汉语国际教育发展策略 [J]. 黑龙江教育（高教研究与评估），2022（05）：10-13.

[26] 袁毓林，詹卫东，施春宏. 汉语"词库—构式"互动的语法描写体系及其教学应用 [J]. 语言教学与研究，2014（02）：17-25.

[27] 赵杨. 汉语作为第二语言的习得研究四十年 [J]. 国际汉语教育（中英文），2018，3（04）：92-101.

版权声明

根据《中华人民共和国著作权法》的有关规定，特发布如下声明：

1.本出版物刊登的所有内容（包括但不限于文字、二维码、版式设计等），未经本出版物作者书面授权，任何单位和个人不得以任何形式或任何手段使用。

2.本出版物在编写过程中引用了相关资料与网络资源，在此向原著作权人表示衷心的感谢！由于诸多因素没能一一联系到原作者，如涉及版权等问题，恳请相关权利人及时与我们联系，以便支付稿酬。（联系电话：010-60206144；邮箱：2033489814@qq.com）